KB089621

배
창
호
의

영화의 길

배 창 호 의

배창호 지음 ｜ 안재석 대담

영화의 길

작가

책머리에 _____

　　얼마 전 책장을 정리하다가 오래된 잉마르 베리만의 대담집이 눈에 띄었다. 책을 펼쳐보니 속지에 1978년 가을 미국에서 샀다는 내 글씨가 적혀 있었다. 영화를 하기 위해 현대종합상사의 아프리카 케냐 지사에서 귀국하던 길에 미국 형 집에 들렀을 때 산 책이었다. 자본이 영화를 지배하게 된 이 시대에 인간의 영혼을 탐구한 베리만의 작가적 세계가 무슨 소용이 있을까 하는 생각을 하며 겉표지가 다 해진 낡은 책이라 버릴까 하다가 영화 예술에 대한 청년 시절의 초심을 기억하며 표지를 테이프로 붙여 책장에 다시 꽂아두었다.

　　영화 예술의 길을 개척한 여러 감독들-장 르누아르, 비토리오 데 시카, 존 포드, 윌리엄 와일러, 프랭크 카프라, 데이비드 린, 미조구치 겐지, 스탠리 큐브릭, 안드레이 타르코프스키 등-의 작품 세계와 그들의 영화적 표현들에 관심을 가졌었다. 나는 상업영화, 예술영화로 구분하는 것에 거부감을 가지고 있는데, 왜냐하면 이미 영화 자체가 대중을 위해 존재하는 예술적 표현 매체이기 때문이다. 단지 관객의 말초 신경을 자극하는 영화인가 인생을 느끼게 하는 영화인가 하는 구분이 있을 뿐이다.

이 책은 어린 시절부터 지금까지의 나의 영화 체험과 작품을 만들면서 고민했던 생각들과 느낀 것들을 대담으로 정리한 것이다. 독자들이 내 작품들을 기억하면서 이 대담을 읽는다면 더욱 이해가 깊어지겠지만 읽는 자체만으로도 쉽게 전달되도록 노력했다. 대담을 위해 수고한 안재석 감독에게 감사하고 출판사의 손정순 대표께도 감사 인사를 전한다. 내가 감독한 열여덟 작품들의 제작자, 연기자, 스태프들께 감사드리고 그 영화들을 사랑해주신 관객들께 감사한다. 30년 동안 나를 많이 도운 아내에게 고맙고 늘 나를 응원하는 사랑하는 딸에게 고맙다. 그리고 많이 부족한 나를 늘 인도하시는 주 예수 그리스도께 감사드린다.

2022년 7월

목 차

일러두기

1. 이 책의 표기는 현행 맞춤법에 따르되 대담집의 특성상 저자만의 독특한 어휘나 어투 등은 가급적 살렸다.
2. 외국인 인명과 지명 등 고유명사의 표기는 외래어 표기법을 기준으로 하였고 일부는 통용되는 방식을 따랐다. 원어를 첨자로 병서하였고, 여러 번 되풀이되는 경우 첫 번째 단어에 한하여 병서하였다.
3. 영화, 연극, TV·라디오 프로그램 제목은 〈 〉, 신문, 잡지명은 《 》, 단행본, 장편소설 제목은 『 』, 중·단편소설, 시, 시나리오, 희곡, 논문 등은 「 」, 회화, 노래 등은 ' '를 사용하였다.
4. 이 책에 수록된 영화 사진은 저자의 소장 자료이며 일부 사진은 한국영상자료원으로부터 제공받았다. 표지 사진을 비롯한 대담 사진은 사진가 세이큐(www.sayqstudio.com)의 작업물이다.

제1장

시작의 길, 1953~1981

유년 시절
중·고등학교 시절
대학 시절
직장 시절
충무로 아웃사이더 시절
조감독 시절

유년 시절

안재석 먼저 감독님의 생년월일과 출생지 확인부터 하겠습니다. 1953년 5월 16일 대구에서 태어나신 걸로 알고 있는데요?

배창호 맞습니다. 대구 삼덕동에서 태어나서 1년 동안 살다가 은행원이셨던 아버지가 서울로 전근을 오시게 되어 서울 신당동으로 이사 왔어요. 그러니까 대구가 출생지이고 고향은 서울인 셈이죠.

안재석 대구에 연고가 있으셨던 건가요?

배창호 아버지가 경남 함양이 고향이신데, 한일은행의 대구지점에서 근무하셨습니다. 어머니의 고향이 대구 근처 영천입니다.

안재석 감독님께서 쓰신 글에 보면, '피난 시절'이라는 표현도 쓰셨더라구요?

배창호 예전에 했던 인터뷰나 심지어 내가 직접 쓴 글에도 오류나 잘못된 표현이 가끔 있습니다. 그런 것들을 바로잡으려는 것도 이 대담의 목적이기도 합니다. 한국전쟁 때 가족이 부산에서 잠깐 피난 생활을 하신 이후에 다시 대구로 올라오셨다고 해요. 태어나자마자 그해 7월에 휴전이 되었으니 내가 전쟁을 겪었거나 피난 간 적은 없습니다. 그러나 그 당시 우리나라에 퍼져있던 전후의 공기는 마시고 산 셈이지요.

안재석 영화를 좋아하셨던 어머님 때문에 뱃속에서부터 영화를 보면서 자랐다는 말씀을 많이 하셨습니다.

배창호 어머니는 내 유년 시절 때까지도 영화를 많이 보신 걸로 알고 있습니다. 당시 구하기 힘든 영화 잡지 《스크린スクリ一ン》 일본어판을 오랫동안 사서 보실 정도로 영화를 좋아하셨어요. 어린 저도 그 잡지에서 〈해녀Boy on a Dolphin〉(1957)의 소피아 로렌Sophia Loren이나 〈태양은 가득히Plein Soleil〉(1960)의 알랭 들롱Alain Delon 같은 배우의 모습을 본 기억이 납니다. 특별한 동기가 있어서가 아니라 어린 시절부터 영화를 좋아했어요.

안재석 어머님은 어떤 분이셨습니까?

배창호 1925년생이신 어머니는 기독교 신앙심이 깊은 분이었는데, 〈길〉을 촬영하던 2003년 봄에 돌아가셨습니다. 돌아가실 때까지 꼬박 20년 동안을 뇌출혈로 인한 반신불수로 지내셨지요. 아버지는 몸이 불편하신 어머니를 오랫동안 보살피시다가 먼저 세상을 떠나시고 저와 형제들이 번갈아 어머니를 돌봐드렸습니다. 교회에 모시고 가기 위해 휠체어에 어머니를 태우고 바깥 외출을 할 때면 감성이 예민하셨던 어머니는 계절의 변화를 섬세하게 느끼셨지요. 봄날 아파트 광장에 활짝 핀 꽃을 보시라고 잠시 휠체어를 세워놓고, 말을 잘 못하시는 어머니를 대신해 "어머니 좋지요?" 하고 어머니의 마음을 표현하면 미소 짓던 어머니 모습이 떠오릅니다. 어머니는 〈7인의 신부Seven Brides for Seven Brothers〉(1954)라는 미국 뮤지컬 영화를 몹시 좋아하셨습니다. 돌아가시고 나서 그다음 해던가 DVD숍에 갔다가 문득 어머니가 왜 이 영화를 그렇게 좋아하셨을까 하는 의문이 들어 DVD를 사가지고 와서 다시 보았습니다. 어릴 때 본 영화라 내용도 잘 기억이 나지 않아 처음 보는 느낌으로 영화를 보다가 이내 어머니가 그토록 좋아했던 이유를 알게 됐습니다. 여자 주인공이 미국 산골에 사는 7형제의 맏형수로 들어가서 그 집안을 고생 끝에 일구고 해피엔딩으로 끝나는 이야긴데, 어머니로서는 4남 1녀의 자식을 키우고 장녀로서 여동생들도 돌봐야 하는 고단한 삶을 사셨기 때문에 〈7인의 신부〉의 주인공 입장을 잘 이해하셨던 것 같아요. 전후에 많은 사람들이 힘들었던 시절, 영화는 삶의 위안을 주었지요. 어머니는 예술적인 감수성이 있으신 분이었어요. 당시 판소리의 명창이신 김소희 선생을 모시고 동네 부인들을 모아서 취미로 판소리를 배우기도 하셨다고 합니다. 그래서 '춘향가' LP판을 거의 따라 할 정도가 되셨어요. 나도 어머니 곁에서 '춘향가'를 하도 들어서 '쑥대머리' 정도는 흥얼거릴 줄 압니다.

안재석 어머님께서 캐럴 베이커Carroll Baker 주연의 〈기적The Miracle〉(1959)이라는 영화를 보시고 기독교인이 되셨고, 감독님께서도 초등학교 3학년 때 〈벤허Ben-Hur〉(1959)를 보시고 기독교인이 되셨다는 글을 쓰신 적이 있는데, 감독님께 기독교는 어떤 의미고 이후 감독님의 삶에 어떤 영향을 끼쳤습니까?

배창호 어머니가 〈기적〉을 보시고 기독교인이 되신 건 아니고 기독교인이 되실 즈음에 본 그 영화가 어머니의 신앙심을 심화시켰을 것입니다. 〈기적〉의 줄거리는 중세 스페인의 젊은 수녀가 세상에 호기심이 생겨서 파계하고 인생 유전을 겪다가 삶에서 여러 실패를 겪고 수녀원으로 다시 돌아온다는 내용입니다. 나 자신도 기독교인이 된 것이 어머니의 영향이지 〈벤허〉 때문은 아닙니다. 어쨌든 〈벤허〉가 어린 나에게 상당히 감동을 주고 신앙심도 고취시킨 것은 확실합니다. 기독교는 어린 시절부터 지금까지 내 작품의 뿌리여서 여기서는 짧게 이야기하고 대담을 통해 차차 말하기로 하지요. 하여튼 내 작품 속에는 기독교의 정신이 녹아들어 있어요. 내 어린 시절에는 성서를 바탕으로 한 종교영화가 많았어요. 〈벤허〉뿐만이 아니라 〈쿼바디스Quo Vadis〉(1951), 〈십계The Ten Commandments〉(1956)와 같은 종교영화가 당시의 기독교인에게 큰 감명을 주었습니다. 〈삼손과 데릴라Samson and Delilah〉(1949), 〈왕중왕King of Kings〉(1961), 〈소돔과 고모라Sodom and Gomorrah〉(1962) 같은 종교영화도 기억이 나는데, 유독 나는 그런 종교영화를 좋아했습니다. 또한 어린 시절부터 어머니를 따라서 교회 가는 것을 좋아했어요. 교회에 가서 느끼는 경건함이 좋았지요. 이미 내 마음 속에 기독교인적인 마음이 있었던 것입니다. 그래서 내 기질이 인간의 선성善性을 다루는 영화를 좋아했던 것이지요. 〈십계〉 같은 영화를 본 감흥은 오래갔습니다. 그 영화의 특수효과는 당시에는 아주 획기적인 것이었어요. 바다가 갈라진다든지 하나님의 불로써 돌 위에 십계명이 새겨지는 장면에서는 신자가 아닌 관객들까지도 어떤 거룩한 분위기를 느낄 수 있을 정도로 내 어린 눈과 마음은 압도되었습니다. '1962년은 〈벤허〉의 해'라는 영화의 광고 문구가 말해주듯 서사적인 작품 〈벤허〉는 서울뿐 아니라 전국적으로도 선풍적인 인기를 끌었어요. 유대인 귀족 청년 벤허는 친구의 배반으로 파란만장한 삶을 살다가 십자가를 지고 가는 예수를 목격하고, 나환자가 되었던 자신의 어머니와 여동생이 치유되는 과정을 통해 기독교를 받아들입니다. 그 영화를 본 동네 아이들이 골목길에서 패를 갈라서 "나는 주다 벤허", "나는 멧살라" 하고 외치면서 칼싸움을 하며 놀았습니다. 나는 한 편의 영화를 자주 보는 편이 아닌데 〈벤허〉는 여러 번 봤습니다. 재상영할 때마다 보고 명절날 TV로 자주 봤고 DVD도 가지고 있습니다. 그만큼 그 영화를 좋아했고, 대한극장의 70㎜ 웅장한 화면으로 중간 휴게시간까지 가지면서 4시간 가까이 영화를 보던 그때의 감흥이 생생하게 남아 있습니다.

안재석 1960년에 초등학교에 입학을 하시는데, 어느 초등학교를 다니셨나요?

배창호 입학은 신당동에 있는 청구초등학교에 했는데, 우리 아버지가 굉장히 자상하신 분이셨어요. 나를 입학시킬 때 입학 가능한 학교가 두 군데가 있었는데, 찻길을 건너지 않게 하려고 두 학교 다 같이 걸어보시고 청구초등학교로 입학시켰다고 하시더군요. (웃음) 그러다가 4학년 때 성수동으로 이사를 가게 돼서 서울교대부속초등학교로 전학을 했고, 그곳에서 졸업했습니다.

안재석 감독님의 초등학교 시절은 어떠셨습니까?

배창호 초등학교 때 나는 뭐 그렇게 특별한 캐릭터의 소년은 아니었던 거 같고, 대신 어린 시절부터 초등학교 시절까지 영화 본 얘기를 해봅시다. 어릴 때 꽤 많은 영화를 보았지만, 어린 시절을 대변할 수 있는 정서적으로 큰 영향이 있었던 영화는 세 편 정도일 것 같습니다. 먼저 〈셰인 Shane〉(1953)이라는 영화예요. 조지 스티븐스George Stevens 감독의 총천연색 서부영화인데, 남자 주인공 소년하고 아주 일체화가 되었던 것 같아요. 예를 들면 주인공 셰인이 소년을 읍내 가게에 데려가서 막대 사탕을 사주는데, 내가 먹어보지 못한 줄무늬가 있는 사탕 맛이 몹시 궁금했어요. 그리고 셰인이 소년에게 만들어주던 목총도 너무 갖고 싶었지요. 영화 마지막에 셰인이 떠나고 소년이 "셰인, 셰인~" 하면서 달려갈 때면 어린 나도 서럽게 흐느끼던 기억이 납니다. 그 당시의 영화들에는 권선징악적인 내용들이 많았습니다. 존 포드John Ford의 서부극이나 인간의 선善이 이긴다는 그런 영화들을 좋아했습니다. 물론 선과 악을 영화의 대립 구도로 이용해 단순히 구분하는 것은 문제가 있다는 것을 깨닫게 된 것은 훨씬 후의 일이지요. 〈셰인〉에도 주인공 총잡이가 어린 소년에게 총 쏘는 법을 가르쳐주는 장면이 나오는데, 지금 생각해보면 그 장면 대신 주인공이 소년에게 "얘야, 총을 배우면 오히려 위험에 빠질 수 있다"라며 총 쏘는 법을 가르쳐주지 말았으면 어땠을까 아쉬움이 들어요. 존 포드 감독도 후일 그의 서부극에서 인디언을 주인공을 괴롭히는 단순한 인물들로 그린 것을 깨닫고 〈샤이안Cheyenne Autumn〉(1964)이라는 인디언 입장의 영화를 만들었다고 합니다. 그다음에 두 번째 영화가 다섯 살 때 본 〈길〉입니다.

안재석 페데리코 펠리니Federico Fellini 감독의 〈길La Strada〉(1954) 말이죠?

배창호 맞아요. 영화 제목도 모른 채 아주 오래전에 꾼 꿈의 조각들처럼 몇 장면이 마음 속에 남아 있었는데, 그 영화가 〈길〉이라는 것을 나중에 알았어요. 지금도 트럼펫 연주로 된 〈길〉의 주제 음악을 들으면 마지막 장면이 떠오릅니다. 만취한 주인공 잠파노가 자신이 버린 순진무구한 처녀 젤소미나가 죽은 것을 알고 자책감에 싸여서 해변에 무릎 꿇은 채 흐느끼며 두려운 듯 하늘을 바라보는 장면 말입니다. 니노 로타Nino Rota의 주제곡의 선율도 잊을 수 없구요. 그다음 영화가 〈피터 팬Peter Pan〉(1953)이라는 만화영화예요. 당시 극장에 레드 카펫 깔린 데는 서울의 대한극장뿐이었어요. 천장에 샹들리에가 번들거리고 화려한 카펫이 깔려있는 극장 안에 들어서자 알 수 없는 고소한 냄새가 나서 그 냄새를 찾아가 봤더니 빨간 통 안에서 과자가 튀겨져 나오고 있었어요. 바로 팝콘이었지요. 태어나서 처음 맛보는 고소한 팝콘을 먹으며 쿠션이 푹신한 의자에 앉아 〈피터 팬〉이 펼치는 동화 속의 세계는 어린 나에게 환상에 젖어 들게 만들고도 남았습니다. 세월이 흘러 〈깊고 푸른 밤〉을 촬영하기 위해 1984년 미국에 갔을 때 극장에서 팝콘을 샀는데, 너무 큰 사이즈에 버터까지 듬뿍 뿌려가지고 그걸 다 먹느라고 팝콘에 질린 적이 있어요. 어쨌든 환상에 젖게 만드는 영화의 문제점에 대해서 알게 된 것은 훗날의 얘기지만, 어린 내게 영화가 삶에 대해 부분적으로 환상을 심어준 것은 사실입니다. 어린 시절에 영화로부터 두 가지 영향을 받은 것이지요. 첫째는 영화가 현실 도피적인 환상을 주는 영향, 다른 하나는 영화를 통해 삶을 체험하는 배움터의 역할도 했습니다. 이후 신당동에서 왕십리 그리고 성수동 뚝섬으로 이사를 가게 되는데, 이 일대의 극장을 자주 다니며 한국영화, 외국영화 할 것 없이 영화를 많이 보며 초등학교 시절을 보냈습니다. 초등학교 졸업 무렵 때 강렬한 인상을 준 영화가 있었는데, 〈스팔타커스Spartacus〉(1960)라는 영화입니다. 그때 그 영화가 달튼 트럼보Dalton Trumbo 각본, 스탠리 큐브릭Stanley Kubrick 감독의 작품인지는 몰랐고, 단성사에서 보았는데 당시의 다른 시대극보다는 사실적이었습니다. 검투사들 지하 숙소의 갈색 톤의 음울한 색조 등 그 영화의 영상뿐 아니라 내용에 대한 감흥도 오래갔습니다. 피터 유스티노브Peter Ustinov, 찰스 로튼Charles Laughton이나 로렌스 올리비에Laurence Olivier의 로마 조각상 같은 얼굴의 배우들이 펼치는 연기도 인상적이었습니다. 마지막 부분에 이런 장면이 있습니다. 로마군에게 패한 노예들이 포로가 돼서 로렌스 올리비에 앞에 끌려와요. 로렌스 올리비에는 반란군을 진압한 로마의 집정관입니다. 로렌스 올리비에가 노예들에게 스팔타커스가 누군지 고발하지 않으면 모두 십자가형에 처한다고 말합니다. 십자가형은 가장 고통이 심한 처형 방법이지요. 노예들 모두 잠잠해집니다. 이때 숏이 스팔타커스한테로 갑니다. 커크 더글라스Kirk Douglas가 맡은 역이지요. 스팔타커스가 부하들을 희생시키지 않으려고 "내가 스팔타커스요"라고 입을 열려는 순간 다른 노예가 "내가 스팔타커스요" 하고 먼저 일어섭니다. 그러자 여기저기 노예들이 일어나 저마다 자신이 스팔타커스라고 외칩니다. 그리고 다시 스팔타커스 얼굴로 카메라가 가면 스팔타커스의 두 눈에 눈물이 맺힙니다. 굉장히 감동적이었어요. 결국 집정관은 스팔타커스를 잡아냅니다. 그리고는 집정관이 아꼈음에도 그에게서 달아나 스팔타커스의 부관이 된 자신의 노예와 스팔타커스 사이에 결투를 붙여 이기는 자를 십자가형에 처하겠다고 합니다. 그러니까 스팔타커스와 그의 부관은 서로의 고통을 덜어주기 위해 싸웁니다. 십자가형보다 자기 칼에 죽는 것이 고통이 훨씬 덜한 죽음이니까요. 또 재미있는 것은 로버트 알드리치Robert Aldrich의 〈베라 크루즈Vera Cruz〉(1954)라는 서부 영화에 대한 기억인데, 미국의 남북전쟁이 끝난 시절 멕시코 내전을 이용해 한몫 잡으려고 손잡은 게리 쿠퍼Gary Cooper하고 버트 랭카스터Burt Lancaster가 마지막 장면에서 결투하게 됩니다. 어린 시절의 내 기억에는 그 마지막 장면이 이렇습니다. 두 사람이 거의 동시에 총을 뽑고 쏩니다. 잠시 후 버트 랭카스터가 풀썩 땅에 쓰러집니다. 게리 쿠퍼가 다가가 죽은 버트 랭카스터의 총잡이 부분이 상아로 된 총을 빼내 보고는 눈물을 흘립니다. 나는 버트 랭카스터가 빈 탄창이 장전된 총으로 결투를 한 것으로 오랫동안 기억하고 있었어요. 우정을 위해 자신이 스스로 죽음을 선택했던 것으로요. 근데 최

근에 VOD로 그 영화를 다시 보니 실제로 둘 다 총알을 쏜 것으로 되어 있어요. 아마 어린 내 마음으로 그렇게 상상했던 것 같습니다. 내 작품 〈흑수선〉에 총알이 장전되지도 않은 총으로 상대를 겨누다가 경찰에 의해 저격당하는 인물 손지혜(이미연)가 나옵니다. 애초부터 누굴 해칠 의사가 없었음을 나타내기 위해 설정했던 것이지요.

안재석 종교영화와 서부영화에 대한 추억이 많으신 거 같습니다. (웃음) 공포영화는 별로 안 좋아하시죠?

배창호 그렇습니다. 어린 시절의 경험을 통해서도 좋아하지 않을 뿐더러 인간의 불안과 공포를 자극적으로 유발하는 공포영화뿐 아니라 피 흘리는 것을 즐기게 하려는 영화들의 해악을 잘 알기 때문입니다. 내 체험을 말하자면 〈드라큐라Dracula〉(1958)라는 영화가 있었는데, 초등학교 들어가기 전에 봤어요. 특히 어린아이로서는 보지 말아야 할 영화를 본 것이지요. 예민하게 영화를 보던 어린아이인 내게는 그 영화의 괴기하고 기분 나쁜 장면들이 오랫동안 남아 있었습니다. 어린 나를 무심코 극장에 데려간 어른들이 섬세하게 생각하지 못했던 것이지요. 그렇다고 그 이후에 공포영화를 무조건 거부하지는 않고 대학 시절까지 〈오멘The Omen〉(1976)이라든지 〈서스페리아Suspiria〉(1977) 같은 영화를 아무 의식 없이 봤어요. 그러다가 선혈이 낭자하게 튀는 공포영화를 그만 봐야겠다고 느낀 것이 〈13일의 금요일 2Friday the 13th Part 2〉(1981)부터인데 계속되는 살인 장면에 상영 중에 극장을 나와 버렸습니다. 감독이 되어 어쩔 수 없이 화제작이라는 영화를 볼 때가 있는데, 너무 잔혹한 장면이 나오면 아직도 시선을 내립니다. 예전의 공포영화들은 그나마 영화라는 인식이 들게끔 걸러내는 표현을 썼는데, 이제는 사실적인 표현이라는 구실로 영화적으로 걸러내는 것조차 없습니다. 잔혹한 장면들이 펼쳐지는 복수극이나 유혈이 낭자한 공포영화는 만드는 감독들의 생각과 감각이 무디기 때문에 그렇게 만들어진다고 생각하는데, 그런 영화를 관객들이 쾌락적으로 즐기면 관객들의 정서에 해를 끼칠 수 있습니다.

안재석 어린 시절 집 근처에 왕십리 촬영소가 있어서 그곳에서 〈하녀〉(김기영, 1960)에 출연 중인 어린 안성기 선생님의 연기를 선망 어린 눈으로 본 적이 있다는 감독님의 글을 봤습니다.

배창호 예, 본 기억이 납니다. 그 시절 어머니가 수요일과 일요일 밤 예배가 있는 날 집에 늦게 돌아오실 때가 있는데, 그건 외출하신 김에 촬영소까지 구경하고 오시기 때문이었지요. 그럴 때면 아버지가 "창호야, 엄마 모시고 와라" 하시며 저를 촬영소로 보내곤 하셨습니다. 왕십리의 옛 광무극장 옆에 있던 촬영소인데, 어느 날 밤 그곳으로 어머니를 찾으러 가니까 어머니는 카메라 근처에서 촬영 장면을 구경하고 계셨어요. 어머니는 촬영 현장을 구경할 때 나름대로의 노하우가 있었어요. 카메라 멀찌감치 있지 않고 뒤에 가깝게 있는 겁니다. 어머니 설명인즉 그래야 배우나 스태프 가족인 줄 알고 쫓아내지 않는다고. (웃음) 그때 촬영장에 내 또래의 아역 배우가 있었고 그 아역 배우가 안성기 씨라는 걸 알게 되었는데, 지금 연도를 따져보니 그

때 촬영 중인 영화가 〈하녀〉인 것 같습니다. 안성기 씨는 당시 〈10대의 반항〉(김기영, 1959) 같은 히트작으로 많이 알려진 아역 배우였거든요. 안성기 씨의 스크린에서의 모습은 중학교 3학년 때 출연한 〈얄개전〉(정승문, 1965)을 마지막으로 한동안 만나볼 수 없었습니다. 나중에 성인 역으로 영화계에 복귀하고 나서 실제로 만나게 될 때까지는.

안재석 한국영화에 대한 추억과 당시 극장 문화에 대해서도 말씀해 주세요.

배창호 미국영화의 본편이 시작되기 전 MGM의 사자나 컬럼비아의 자유의 여신상 같은 영화사의 상징물이 먼저 펼쳐지면 영화에 대한 기대감으로 마음이 설레곤 했는데, 한국영화를 볼 때도 유명한 영화사의 상징물들이 있었어요. 영화사 신필름의 상징물이 향로였는데, 영화 시작 전 향로에서 은은히 향불이 피어오르고 신필름이라는 회사 로고가 떠오르면 가슴이 두근거리며 곧 펼쳐질 영화를 기대하곤 했습니다. 그밖에 태창영화사의 독수리, 한진흥업의 종이 기억에 남는 영화사의 상징물이었지요. 신필름의 경우 영화 기술도 홍콩에 전파하고 아시아의 메이저 영화사로서의 위상이 대단했다고 합니다. 당시 명절날 극장에 가면 극장 앞 광장에는 만국기가 걸려 있고 새 옷으로 갈아입은 동네 처녀, 총각뿐 아니라 학생, 아저씨, 아주머니 모두 축제를 즐기듯 극장으로 몰려들었습니다. "명절 때 무대에 개만 올려도 흥행이 된다"는 말이 있었다고 할 정도였으니까요. 그 시절의 극장에는 가끔 쇼 공연도 해서 그런지 어느 극장이든 스크린뿐 아니라 무대를 갖추어 놓았습니다. 좌석이 차면 비좁은 통로에도 앉고 무대 위에 앉아 커다란 스크린 바로 코앞에서 고개를 180도 돌려가면서 영화를 보기도 했습니다. 명절날이나 인기 있는 영화가 상영되어 극장 앞에 손님들이 넘쳐나면 건장한 극장 기도들이 손님들한테 고압적인 자세로 정리를 했습니다. 손님과 주인의 입장이 뒤바뀌어진 것인데도 사람들은 극장 안에만 들어가길 바랐습니다. 한국판 〈시네마 천국Cinema Paradiso〉(1988)을 만든다면 나올 만한 장면들이지요. (웃음) 또 그때는 대중들에게 별다른 위안거리가 없던 시절, TV가 없던 라디오 데이즈Radio Days였습니다. 우리 집에 TV를 처음 들여놓은 중학교 2학년 때까지는 집에서 라디오 드라마를 즐겨 들었지요. 인기 있는 연속방송극 〈악인은 없다〉, 〈현해탄은 알고 있다〉 같은 드라마가 시작되면 식구들이 모두 라디오 앞에 모여 앉아 소리만 듣고 상상력으로 드라마를 느꼈습니다. 소설을 읽는 데 상상력이 필요하듯이 들은 것을 머릿속으로 변환하는 데에는 상상력이 필요한 것입니다. 다시 영화 이야기로 돌아가서, 나는 외국영화뿐 아니라 한국영화도 많이 봤다고 했잖아요? 그래서 내 영화는 외국영화, 한국영화 어느 한쪽으로 치우치지 않고 골고루 양분이 들어왔는데, 신상옥 감독님의 〈연산군〉(1961) 같은 영화는 그 컬러가 정말 강렬했어요. 푸르른 하늘색, 임금의 황금색 도포가 어린 내 눈을 사로잡았지요. 나중에 다시 보니까 〈연산군〉의 근정전 장면이 세트가 아닌 실제 궁궐의 근정전이더군요. 요즘 시대극이 요란을 떨어도 〈연산군〉 같은 무게감을 가질 수 없는 것이 의상이나 촬영 장소의 사실감이 떨어지기 때문입니다.

안재석 초등학교 4학년 때 성수동 뚝섬으로 이사를 갔다고 하셨는데, 감독님께서 「그리운 시네마 뚝섬」이라는 글에서도 밝히셨듯이 뚝섬으로의 이사가 감독님께 영화를 더욱 꿈꾸게 한 계기가 되기도 했습니다. 뚝섬에 대한 이미지라든가 거기에 얽힌 추억들에 대해 듣고 싶습니다.

배창호 4학년 때 새집을 뚝섬에 마련해서 이사를 했습니다. 그 당시 뚝섬은 작은 공장이 들어서 있긴 했지만, 한강이 흐르고 유원지가 있고 배추밭이 많은 서울 속의 시골 같은 곳이었습니다. 1960년대의 서울 변두리는 거의 전원 같은 곳이었지요. 그래서인지 내 영화 속에 도시적인 정서도 있으면서 한편 전원적인 시정이 있는 이유가 뚝섬에 살 때 체험했던 것에서 온 것 같습니다. 집 밖으로 나가면 푸른 밭이 펼쳐있고 한강이 가까이 있었어요. 포플러나무가 우거진 강변의 유원지로 놀러 가면 한복 입은 할머니, 아주머니들이 덩실덩실 춤을 추며 노는 모습도 볼 수 있었지요. 그때 유원지 건너편에 있는 강남의 봉은사 쪽으로 가려면 통통배를 타야 했습니다. '뚝방으로 막은 섬'이라 해서 뚝섬이라 불렀는데, 답십리 쪽을 마주보고 있는 긴 둑 위에 언제부터인가 빈민촌이 들어서기 시작했습니다. 그냥 판자 몇 개와 가마니로 만든 움막들이었지요. 영화감독이 되어 첫 작품으로 〈꼬방동네 사람들〉을 만들 때 그 둑 위에 살던 빈민들에 대한 기억이 작용했을 겁니다. 그때 뚝섬 지역에는 극장이 뚝도극장이라는 곳 한 군데였습니다. 〈김약국의 딸들〉(유현목, 1963)을 본 곳도 그곳입니다. 시설이 낡아 등받이도 없는 긴 나무 의자에, 영화 사운드가 극장 밖으로까지 새어 나왔어요. 덕분에 주머니에 극장표 값이 없을 때면 극장 밖에 앉아 사운드만 듣기도 했었지요. 뚝섬에서 대학 졸업하고 회사 취직하고 1977년도까지 살았습니다. 지금은 세월이 흘러 부모님 다 돌아가시고 나도 꽤 나이가 들었는데, 가끔씩 초등학교 때 아주 평범하고 평화로웠던 뚝섬 집에서의 하루를 떠올릴 때가 있습니다. 마치 잉마르 베리만Ingmar Bergman의 〈산딸기 Smultronstället〉(1957)에서 주인공이 과거의 단란했던 가족의 추억을 한 화면 속에서 바라보는 것처럼 말입니다. 나는 과거 지향성의 사람은 아니지만 지나간 것들을 떠올리면 그리움이 생겨나지요. 시간이라는 체에 곱게 걸러진 그런 추억들 말입니다. 뚝섬의 공식 이름이 성수동인데, 왜 성스러운 물이라는 뜻의 성수동인지는 몰라도 거의 해마다 물난리를 겪었습니다. 어머니만 집을 지키기 위해 대표로 남고 남은 가족은 시내 친척 집으로 피난을 가기도 했습니다. 물난리가 나면 동네를 조각배 타고 다니고 베니스Venezia가 따로 없었지요. (웃음) 어른들한테는 고생이었겠지만, 누런 물 위에 가재도구가 둥둥 떠다니는 풍경이 어린 나한테는 신기한 풍경이었습니다. 페데리코 펠리니가 자신이 어린 시절에 살던 동네 리미니Rimini를 무대로 자전적인 영화 〈아마코드Amarcord〉(1974)를 만들었는데, 이런 체험들이 작품을 만드는 데 소중한 자산이 되는 거지요.

중·고등학교 시절

안재석 감독님께서는 그동안 초등학교 시절 이야기는 많이 하셨는데, 중·고등학교 때 이야기는 별로 안 하셨거든요?

배창호 그랬던가요? 평범했던 학생이라서 특별히 얘기할 만한 것이 없었겠지요. (웃음)

안재석 그래도 당시 감독님께서는 영화배우를 꿈꾸셨던 시긴데, 학교나 교회 등에서 연극 활동을 하시거나 그러지 않으셨나요?

배창호 내가 다니던 서울중·고등학교에는 그 당시 연극부가 없었습니다. 저희 선배 세대에는 연극부가 있었다던데. 지금 돌이켜보면 중·고교 시절 연기 활동을 못한 아쉬움보다는 화실을 다녔더라면 하는 아쉬움은 있습니다. 어릴 때 그림을 잘 그렸어요. 초등학교 때 전국대회 상을 두 번이나 받고 경복궁 전시장에 내 그림이 걸리기도 했는데 더 이상 발전이 없었습니다. 고등학교 2학년 때 미술 시간에 학교 야외에서 먼 산을 대상으로 수채화를 그리는데 여름이라 산이 푸르를 때였습니다. 그런데 나는 산을 온통 빨갛게 칠했습니다. 수업이 끝날 무렵 공작새 그림으로 유명한 화가이신 미술 선생님이 내가 그린 그림을 선정해서 학생들에게 보여주며 그림은 이렇게 강렬하고 느낌 있게 그려야 한다면서 칭찬했습니다. 그때 내 마음이 붉게 타고 있던 시절이었으니까요. (웃음)

안재석 감독님이 그리신 자화상을 본 적이 있는데요?

배창호 그건 내 나이 50살이 되어 늘 미루어 왔던 데생 공부를 뒤늦게 배워 그린 거지요. 그때 데생을 하면서 영화 연출법에 대해서도 느낀 바가 많았지요. 회화나 영화나 창작의 원칙은 같으니까요.

안재석 그러니까 배우가 되기 위해서 따로 연기 수업 같은 건…?

배창호 전혀 없어요.

안재석 영화 보고 공부하신 거밖에…. (웃음)

배창호 그때도 대학 입시가 중요하니까 공부를 게을리할 수는 없었지만, 영화 보는 일이 더 좋았어요. 영화감독이 되어 우연히 『한국영화연감』을 보는데 고등학교 2학년 때 그해 수입된 영화의 80% 이상을 보았더라구요. 그만큼 영화를 많이 보러 다녔지요. 다수가 미국영화였지만 다른 나라 영화도 꽤 수입됐어요. 스페인 영화, 남미영화, 인도영화도 들어왔고, 프랑스의 갱영화, 이태리의 마카로니 웨스턴macaroni western 영화는 자주 수입됐고, 클로드 를루슈Claude Lelouch의 〈남과 여Un Homme et une Femme〉(1966)나 소위 작가주의 영화도 가끔 수입되어 볼 수 있었습니다. 그러나 역시 그 나이 때의 내가 좋아하던 영화는 전쟁영화, 서부영화, 시대극 같은 서사적이며 스펙터클한 그런 영화들이었습니다. 특히 데이비드 린David Lean의 〈콰이강의 다리The Bridge on the River Kwai〉(1957)는 무척 좋아했던 영화 중의 하나인데, 조감독 시절 내러티브 스토리텔링을 독학할 때 이 영화의 시점 숏 등을 여러 번 보며 연구하기도 했습니다. 고교 시절에 특별히 기억에 남는 영화로는 〈나바론 요새The Guns of Navarone〉(1961), 〈대탈주The Great Escape〉(1963), 〈황야의 7인The Magnificent Seven〉(1960) 그리고 세르지오 레오네Sergio Leone의 서부극 등입니다. 〈황야의 무법자Per un Pugno di Dollari〉(1964)를 보는데, 이색적인 음악과 함께 떠오르는 애니메이션인 타이틀백 장면부터 눈길을 사로잡았어요. 영화의 기법도 강렬했구요. 극단적인 클로즈업을 많이 사용한 영화더군요. 물론 이런 영화들은 그 당시 내가 좋아했다는 것이지 지금의 내 관점은 아닙니다. 지금 세르지오 레오네의 영화는 과시적인 스타일의 영화들이라고 생각하지만. 어쨌든 그때 〈황야의 무법자〉의 음악이 너무 좋아 어머니께 전축을 사달라고 졸라서 사운드트랙 LP판을 정말 마르고 닳도록 들었어요. 그때가 중학교 2학년 때로 기억이 나고. 그다음 해 본 〈방랑의 결투大醉俠〉(1966)라는 홍콩 영화는 아마 최초로 수입된 무협영화일 텐데, 무척 재미있는 영화였습니다. 호금전胡金銓 감독의 영화는 마치 경극을 보는 듯한 무용과 오페라적인 연출이 특징이지요. 스튜어트 로젠버그Stuart Rosenberg의 〈탈옥Cool Hand Luke〉(1967)에서의 폴 뉴먼 Paul Newman의 연기가 매우 인상적으로 남아 있고, 고교 후반에는 뉴 아메리칸 시네마New American Cinema를 접할 수 있었습니다. 사회 고발적인 내용의 아서 펜Arthur Penn의 〈체이스The Chase〉(1966), 쫓기는 자의 입장에서 그려 낸 서부극인 조지 로이 힐George Roy Hill의 〈내일을 향해 쏴라Butch Cassidy and the Sundance Kid〉(1969) 같은 영화는 대중적으로도 인기를 끌었습니다. 프랜시스 포드 코폴라Francis Ford Coppola의 초창기 작품인 〈레인 피플The Rain People〉(1969)도 이 무렵 보았습니다. 인디언을 인간적인 시선에서 그린 〈작은 거인Little Big Man〉(1970)도 당시 새로운 영화였구요. 감독의 작업에 대해 눈을 뜨기 시작한 것도 그즈음인 것 같습니다. 대학 진학을 앞두고 반드시 영화를 전공을 해야 그 분야에서 일을 할 수 있다는 생각은 하지 않았어요. 그래서 연세대학교 경영학과에 입학했습니다. 아버지 권유도 있었고.

안재석 감독님께서는 아버님의 말씀을 잘 따르는 아들이신 거 같습니다.

배창호 아니, 그렇지 않아요. 아버지 말씀을 순종적으로 잘 듣고 하는 그런 아들은 아니었어요. 오히려 아버지가 내 얘길 잘 들어주셨지. 아버지는 권위의식이 없고 자식을 매우 사랑하는 분이었습니다. 내가 잘못한 일이 있어도 아버지께 매를 맞아본 기억도 없어요. 그래서 훗날 아버지가 날 좀 엄격하게 대해주셨으면 좋지 않았을까 하는 아쉬움이 있었어요.

안재석 〈기쁜 우리 젊은 날〉에 그런 아버님의 모습이…?

배창호 극 중 영민(안성기)의 아버지 캐릭터(최불암)에 저희 아버지 모습이 투영되어 있지요. 술 취해 집에 들어와 토하는 아들의 등을 두드려 주는 자상한 아버지로 말입니다. 근데 영화나 시나리오는 개인적인 삶을 소재로 했어도 실제 인물과 일치시키면 오해가 생깁니다. 영화는 현실을 재료로 감독이 느낀 바를 재창조하는 작업이거든요. 〈기쁜 우리 젊은 날〉은 내 대학 시절의 경험을 소재로 했지만, 영화의 대학 생활 이후의 스토리는 모두 픽션입니다. 또한 실제 나와 극 중의 영민은 달라요. (웃음)

안재석 그럼 〈기쁜 우리 젊은 날〉에 영민의 아버지가 영민에게 "종합 상사 가라" 하는 대사가 나오는데, 아버님이 실제 그런 말씀을 하신 적이 없으신 건가요?

배창호 (웃음) 그런 말씀은 없었어요. 현대종합상사는 두 번째 직장인데 내 의지였고. 아버지가 훈계를 드물게 하시는 분인데, 한국개발리스라는 금융계 회사인 첫 직장에 첫 출근하는 날 "창호야, 두 가지만 내가 당부한다" 그래요. 하나는 "간하고 쓸개는 집에다 두고 회사에선 없다 생각하고 집에 와서 찾아라." 그리고 두 번째는 "매사에 확인하거라." 내 기질을 잘 파악하고 계셨던 것이지요. 첫 번째 충고는 직장 생활이라는 것이 조직의 일원이 되는 일인데, 쓸데없이 자존심을 내세우면 안 된다는 뜻이었습니다. 그다음으로는 나의 성급함을 조심시키셨던 것입니다. 40년 가까이 무사하게 은행원으로 일하셨던 분이니 얼마나 매사에 세심하고 정확하고 조심하셨겠습니까? 그런 아버지이니 사회에 처음 나가는 스물다섯 살의 청년인 아들을 바라보며 마음을 조아리셨겠지요. 아버지의 치밀성과 정확성은 은퇴 후에는 차차 강박증으로까지 가서 자신뿐 아니라 가족들을 힘들게 하셨어요. 이런 아버지에 대한 내 회상은 『창호야 인나 그만 인나』라는 수필집에 잘 나와 있습니다. "창호야 인나 그만 인나"라는 말은 아버지가 학창 시절의 저를 깨울 때 쓰시던 경상도 어투인데, 그 말을 들을 때마다 짜증을 부리곤 했었지요. 더 자고 싶은데 자꾸 깨우니까. 이제는 내가 딸아이를 그렇게 깨우는데 아버지의 그 지겨웠던 소리가 많이 그립습니다. 아버지가 어린 나를 재울 때 〈황야의 결투My Darling Clementine〉(1946)의 주제곡으로 나왔던 "넓고 넓은 바닷가에~"로 시작되는 노래를 불러 주시곤 했습니다. 이야기를 곁들여서요. "바닷가에 어부와 딸이 살았는데, 어느 날 폭풍우가 몰아쳐 아버지를 찾아 나선 딸이 죽고 아버지가 돌아와 죽은 딸을 그리워하며 이 노래를 불렀단다" 하고 노래를 불러주시면 어린 나는 잠들기는커녕 엉엉 울곤 했습니다. 아버지가 오래전 내게 하신 충고의 말씀을 지금은 내가 사회에 첫발을 내딛는 젊은이들에게 전합니다. 매사에 확인해야 한다고. 〈여행〉 만들 때 연출부들한테도 늘 확인하라고 했는데 종종 실수가 있었어요. 예를 들어 엔딩 크레딧에 틀린 이름들이 나옵니다. 부주의한 것이지요. 연출부에게는 사소한 실수일지 몰라도 당사자에게는 자신의 이름이 아닌 다른 이름이 나오는 것이니까요. 물론 시행착오나 실수를 통해서 배우는 것이 많지만, 지금은 실수가 잘 용납되지 않는 냉정한 시대니까 사회에 나오기 전에 많은 훈련을 해야 됩니다.

안재석 방금 말씀하신 수필집에 아버님께서 술을 좋아하셨다고 쓰셨던데요?

배창호 예, 좋아하셨어요. 초등학교 시절 아버지 음주 때문에 어머니가 힘들어하신 적이 있었지요. 나에 관한 어느 책에 아버지가 술에서 헤어나지 못했다고 적혔는데 그건 사실이 아니에요. 말이 나온 김에 확실히 하자면, 내 수필집에서 밝혔듯이 아버지는 기독교 신앙에 의지하여 후일 술을 완전히 끊으셨습니다.

대학 시절

안재석 1971년에 연세대 경영학과에 입학하셨는데, 상경대 연극반에 들어가 대학 생활의 많은 시간을 연극 활동을 하면서 보내신 걸로 알고 있습니다.

배창호 대학교에서 연극부를 두 군데 가입했어요. 연세대 전체 연극부인 연희극예술연구회와 상경대학 연극부인 연상극우회입니다. 대학 들어가면 연극을 해야겠다고 마음먹고 있던 일이라 동아리 공고 나자마자 연희극회에 입회원서 내고 연상극우회에도 내고. 근데 연상극우회의 공연이 빨랐어요. 〈제17포로수용소Stalag 17〉라고, 3월부터 연습이었으니까 입학식 하자마자 얼마 안 돼서 연습을 시작했어요. 요즘은 대학로에서 연극 공연이 넘쳐나지만, 그때는 극단도 그리 많지 않을 때라서 대학 연극을 보러 오는 대학생 관객들이 꽤 많았습니다. 〈제17포로수용소〉의 공연장이던 연세대

상경대학 강당에 관객이 꽉 찰 정도였으니까요. 나중에 연희극회에서 〈슬픈 카페의 노래The Ballad of the Sad Cafe〉를 공연할 때는 노천극장의 2천 석이 거의 찰 때도 있었습니다. 그래서 대학극 공연날은 축제 같았습니다. 첫 출연작에서부터 내가 관객을 압도했었어요. 스토슈라는 익살스러운 역할이었는데 애드립까지 해냈습니다. 무대 위에서 연기를 하다 보니까 자연스레 관객 호흡이 느껴지더라구요. 연출이신 오태석 선배님에게 함부로 애드립을 했다고 야단맞을 줄 알았는데, 역할의 성격에 어울리는 애드립이니까 그냥 내버려두셨어요. 예를 들어 "실탄 대신 연습탄을 쓰겠소"라는 번역 대사가 재미없으니까 "실탄 대신 연탄을 쓰겠소." 이렇게 바꿔버렸지요. 그랬더니 객석에서 폭소가 터져 나오고 반응이 좋았습니다. (웃음) 공연이 끝나고 합평회날 오태석 선배님이 이런 말씀을 한 것이 오랫동안 기억에 남아 있었습니다. "연기자는 극본이나 연출의 구속 안에서 자신의 자유를 찾아야 한다." 아마 나를 의식해서 칭찬의 말을 전하시는 것 같았습니다. 첫 무대 경험을 하고 연희극회에서 T.S. 엘리엇Eliot의 〈칵테일 파티The Coacktail Party〉, 카슨 맥컬러스Carson McCullers의 〈슬픈 카페의 노래〉, 상경대 연극부에서 클라이스트Heinrich von Kleist의 〈깨어진 항아리Der Zerbrochene Krug〉, 서울고 동문 연극회에서 에드워드 올비Edward Albee의 〈동물원 이야기The Zoo Story〉 등을 공연했습니다. 이런 무대 경험들이 훗날 감독이 되었을 때 큰 자산이 되었습니다.

안재석 제가 알기로 연희극회에서 함께 공연하셨던 명계남 선생님과 중학교 때부터 친구셨는데, 감독님 영화에 한 번도 안 나오시지 않았나요?

배창호 〈젊은 남자〉에 우정출연 한 번 했어요. 명계남 씨와는 대학 3학년 때 연희극회에서 〈슬픈 카페의 노래〉에서 함께 연기했지요. 대학교 졸업하고 서로 오래 못 만나다가 내가 제작사를 차리고 〈젊은 남자〉를 시작할 무렵 다시 만났습니다. 그 후 명계남 씨가 제작자로 일할 때 내가 연출하기로 하고 추진을 하다가 성사는 못 시킨 적이 있습니다. 창조적인 열정이 가득 찬 사람이에요.

안재석 대학 2학년 때부터 프랑스문화원을 드나드셨고, 그곳에서 할리우드 영화에서는 발견할 수 없었던 일상성의 영화를 배웠다고 쓰신 글을 봤습니다. 감독님뿐만 아니라 당시 많은 젊은이들이 프랑스문화원이나 독일문화원 등에서 영화에 대한 새로운 자극을 받은 걸로 알고 있는데, 그 시절 분위기에 대해 말씀해주세요.

배창호 경복궁 앞 사간동에 있던 프랑스문화원은 1970년대 젊은 날의 추억이 깃든 곳입니다. 그곳은 얼마 안 되는 입장료를 내고 무검열, 무삭제 영화를 볼 수 있는 곳이었고 프랑스 유학을 꿈꾸는 대학생들과 영화를 좋아하는 젊은이들의 문화 공간이었습니다. 그 당시 우리나라 영화계에는 외화 수입 쿼터제라는 것이 있어서 1년에 고작 20편 내외의 영화만 수입이 됐어요. 주로 흥행작들만 볼 수 있었으니 나 같은 감독 지망생들은 다양하고 새로운 영화에 목말라 있었습니다. 1960년대에는 루이 말Louis Malle, 비스콘티Luchino Visconti, 안토니오니Michaelangelo Antonioni 같은 감독의 작품들도 간혹 수입이 되어 일반 극장에서도 상영되었는데, 쿼터제가 시행되고부터는 그런 작가 감독들의 작품을 볼 기회가 귀해졌던 것이지요. 그런 시절에 프랑스문화원 지하 1층에 자리한 '살르 드 르누아르Salle de Renoir', 즉 '르누아르의 방'이란 이름의 작은 극장에 들어서면 프랑스영화에 국한되기는 했지만 영화사를 훑으면서 작품들을 볼 수 있었습니다. 프랑스 무성영화 시대의 르네 클레르René Clair에서부터 줄리앙 뒤비비에Julien Duvivier, 르네 클레망René Clement의 영화들, 누벨바그Nouvelle Vague 작품들에서 장 피에르 멜빌Jean-Pierre Melville의 영화에 이르기까지 많은 영화들을 보았습니다. '르누아르의 방'은 우리들의 학교였고 도서관이었던 셈이지요. 그곳에서 미국영화와는 또 다른 프랑스영화의 한 특질인 일상성을 배웠습니다. 카리스마보다는 친근감을 주는 배우들도 좋았구요. 이를테면 미셸 피콜리Michel Piccoli 같은 배우입니다. 평범하면서도 중년의 고독이 보이는 그런 배우였지요. 프랑스문화원에서 영화를 볼 때는 직접 채록 시나리오를 만들어가며 공부를 했어요. 영화 잡지도 영화 이론서도 몇 권 없을 때였으니까 영화 전공이 아닌 사람이 스스로 배울 수 있는 길이 별로 없었고, 아직 비디오도 없었던 시절이었으니까요. 채록하고자 하는 영화를 일단 한 번 보고 나서 다시 보면서 장면의 개요를 빨리빨리 적습니다. 집에 와서 바둑을 복기하듯 작품을 되새김질하면서 장면들을 정리해보는 거지요. 노트에 적힌 장면의 요약을 읽고 머릿속으로 영화를 리플레이 하는 것이니까 집중력과 기억력이 좋아야 할 수 있는 일이었습니다. 감독이 되어서도 간혹 채록 시나리오를 만들었어요. 1985년도에 동경국제영화제Tokyo International Film Festival에 갔을 때 영화를 보면서 뭘 적고 있으니까 옆에서 같이 보던 기자가 뭐 하는 건지 궁금해하길래 설명해준 일도 있었어요. (웃음) 〈칼리가리 박사의 밀실Das Cabinet des Dr. Caligari〉(1919) 같은 작품을 독일문화원에서 볼 수 있었고, 1977년도 인가 빔 벤더스Wim Wenders가 내한하여 개최한 뉴 저먼 시네마New German Cinema의 순회 상영 주간에는 작품을 거의 다 보았습니다. 회사원 신분으로 빔 벤더스의 GVGuest Visit에도 참석하여 질문하기도 했었지요. 20년 넘은 세월이 흘러 빔 벤더스가 부산국제영화제에 왔을 때 같은 감독으로 다시 만날 기회가 있었습니다. 영국문화원에서는 로만 폴란스키Roman Polanski의 〈맥베스Macbeth〉(1971)를 볼 때 "이 영화를 보다가 구토한 관객도 있었으니 주의를 환기시킨다"는 상영 전의 멘트를 들은 기억이 납니다. 그렇게 찾아다니며 영화에 대한 갈증을 해소했던 시절이 있었습니다. 그리고 대학 졸업이 가까워지자 이제는 영화계에 뛰어들 생각을 행동으로 옮겨야 할 때라고 여겨 화천공사라는 영화사를 찾아갔던 것입니다.

안재석 그럼 화천공사에 찾아가신 게 언제쯤인 거죠? 1976년 8월에 졸업하셨는데….

배창호 1976년 초, 겨울이었던 것 같아요. 그때는 조감독이 감독으로 데뷔하는 데 오랜 기간이 걸렸습니다. 이장호 감독님이 빨리 데뷔하신 편이었는데도 8년인가를 조감독 생활을 했어요. 그런 얘기를 주위에서 듣고 떠올린 생각이 영화 기획 일을 하면서 기회를 찾자는 것이었습니다. 그때 그냥 맨손으로 찾아간 게 아니라 나하고 연배가 같은 대학생 방송작가와 함께 쓴 시나리오를 들고 갔습니다. 라디오 극본 공모에서 1등으로 당선된 젊은 작가를 내가 끌어들인 것이죠. 나중에 최인호 선배님이 《스크린》이란 영화 잡지에 내가 내 대학 선배이시기도 한 화천공사 박종찬 사장님한테 무릎을 꿇고 "형님, 기획실장을 시켜주면 금방 몇십만 명이 드는 영화를 만들 자신이 있습니다"라고 했다고 쓴 적이 있는데, 그것은 최인호 선배님이 나의 저돌적인 행동을 강조하기 위해 과장되게 묘사했던 것이지 내가 실제로 무릎을 꿇은 적이 없습니다. 그런데 세월이 흐르다 보니 그것을 팩트로 여겨 내게 실제로 무릎을 꿇었느냐고 질문하는 사람이 있었어요. (웃음)

안재석 이장호 감독님께서 쓰신 글에 보면, 1975년 8월에 있었던 '영상시대' 신인배우 공모에 감독님께서 배우 지망으로 지원을 했었다는 에피소드가 있더라구요?

배창호 그때가 대학에 막 복교할 때인데, 한국영화에서 가장 활발히 활동하는 감독들이 모여서 '영상시대'라는 그룹을 결성하면서 연기자와 연출자를 양성하기 위해 공모를 했어요. 그때는 우선 연기자로서의 기회를 갖고 싶은 생각에 분명히 연기 부문에 지원서를 썼습니다. 그런데 얼마 후 연출 부문의 면접을 보라고 통지가 왔어요. 이장호 감독님이 기억을 하고 계시던데, 내가 지원서에 쓴 글이 당연히 연출 지망의 글이라 여겼다고 합니다. 연출 부문 면접에는 가지 않고 연기 부문의 면접 통지를 기다리다가 오지 않아 '영상시대'에 참여하지 못했습니다. 영화계에 들어오고 나서 배우나 감독이나 시나리오 작가가 되겠다는 많은 젊은이들에게서 그때의 내 모습을 자주 보게 되었습니다. 아직 갖춰지지 않았는데 될 수 있다는 자신감만 있고 꾸준히 실력을 쌓아 때를 기다릴지 모르는 성급한 젊은이들 말입니다. 내가 직접 시행착오를 겪은 일이니까 그런 사람들을 보면 늘 안타까웠습니다. 물론 지금도 그렇지요. 영화를 직업으로 삼는다는 일은 자칫 인생의 다른 큰 부분을 희생시킬 수 있는 일이기에 시작하기 전에 신중히 잘 판단해야 합니다.

안재석 감독님의 대학 시절 하면 베티 데이비스Bette Davis를 닮은 여대생을 짝사랑했던 일화가 유명한데요, 이 때문에 〈적도의 꽃〉이나 〈기쁜 우리 젊은 날〉 같은 감독님의 결혼 이전 영화들에서 "여성 캐릭터가 항상 남자 주인공의 대상으로 존재하고, 그의 환상적인 시선으로 숭고하고 고결한 이미지로 그려진다"는 평가가 있습니다. 이런 평가에 대해 어떻게 생각하십니까?

배창호 〈기쁜 우리 젊은 날〉 같은 작품에서 남자 주인공 캐릭터에 여성을 대할 때 다소 자의식이 있었던 젊은 시절의 내 기질을 참고한 것은 맞습니다. 어릴 때부터 여성을 보는 시각이 좁았던 것 같아요. 성장기에 이성으로서의 여성을 자연스럽게 대하지 못하고 멀리 바라보는 대상으로 느꼈던 것 같습니다. 영화 때문에 여성에 대해 환상적인 시각도 가지게 된 면도 있습니다. 낭만적인 영화들이 어린 내게 심어준 기사도 정신 같은 여성을 높이 보는 시각 말입니다. 영화가 내게 준 환상이지요. 젊은 날 여성을 입체적으로 알고 바라보는 눈이 부족했던 편입니다.

안재석 그 연장선상에서 감독님의 초기 영화를 보면 여자 주인공들이 하얀색 옷을 자주 입고 나오는데, 어떤 의도가 담겨 있는 건가요?

배창호 여성을 고결하게 생각한 이미지 때문은 아닙니다. 흰색 의상을 설정하면 촬영감독이 좋아하지 않았습니다. 조명하기 힘들거든요. (웃음) 여배우들에게 흰색 의상을 자주 입게 한 것으로 나를 심리학적으로 분석할 그럴 필요는 없어요. (웃음) 꼭 심리학적으로 추리하자면 아까 말했듯 어릴 때 인상 깊게 보았던 로맨틱한 영화나 기사도 정신을 발휘하는 영화들의 여주인공에 대한 순백의 이미지가 남아 있었는지는 모르지요.

안재석 당시 1970년대 초반에 영상연구회 같은 아마추어 영화 소모임이 결성되어 단편영화도 만들고 상영회도 개최하고 그랬었는데, 감독님께서는 대학 시절 직접 영화를 만드신 적은 없으십니까?

배창호 내가 단편영화, 즉 소형영화를 하게 된 건 직장에 들어가 캐논 518SV라는 기종의 8mm 카메라를 사고부터였습니다. 몇 달 월급을 저축해서 영사기와 함께 구입했어요. 당시에는 비싼 장비라 대학생들이 영화를 만들기가 쉽지 않았습니다. 유현목 감독님이 고문으로 계시던 한국소형영화동호회라는 모임에 가입을 해서 단편영화를 한두 편 만들었지요. 회원으로는 의사나 직장인, 자영업자 이런 분들이 있었어요. 처음에는 풍경이나 시장 등을 찍다가 차츰 재미가 없더라구요. 비싼 필름을 이렇게 쓸 게 아니라 스토리텔링을 해봐야겠다 하는 생각에 십여 분짜리 첫 단편영화를 찍게 되었던 거지요. 마침 내 동생이 대학 시험에 재수를 하고 또 떨어진 때였는데, 동생이 대학 입시에 낙방한 날의 하루의 일상을 심리와 함께 담아보자는 것이었습니다. 그리고 동생을 직접 출연시켜서 촬영을 다녔습니다. 아직 대학의 합격자 명단이 붙어 있는 것을 그대로 찍었어요. 야단을 잘 안 치던 아버지가 그때 나무라시더라구요. 대학에 떨어져 마음 아파하는 동생의 상처를 내가 또 한 번 휘적인다구요. 사실 동생은 즐거워했습니다. 나도 물론이구요. 그 8㎜ 영화가 남아 있었으면 좋았을 텐데. 십여 년 전까지는 있었는데 이사 다니다가 분실한 것 같습니다. 제목은 〈다른 사람들은 모른다〉였는데, 타이틀백 글씨를 사진작가인 구본창 씨가 써주었어요. 구본창 작가는 고등학교, 대학교 동창인데 그림을 잘 그려서 내가 연출한 대학극의 팜플렛도 늘 그 친구가 디자인해주었습니다. 비록 짧은 소형영화였지만 현상은 미국에서 해와야 했고 소형영화라도 35㎜ 영화의 축소판이라 중요한 경험이었습니다. 직접 제작, 촬영, 각본, 감독, 편집을 담당하고 녹음 연출도 하고 너무 신나고 재미있었어요. 그래서 대학교수 하던 때 학생들이 단편영화 만들어서 성취감을 느끼는 거 보면 이해가 됐지요.

안재석 대학에서 경영학을 전공하신 것을 후회하지 않으셨나요?

배창호 결과적으로 경영학을 공부한 것이 감독이 되면서 실질적으로 도움이 되었다는 것을 나중에 느꼈지요. 영화감독은 창작자이면서 또한 경영자이기도 합니다. 스태프를 지휘하고 예산과 시간을 관리해야 한다는 측면에서입니다. 나중엔 제작도 겸하며 회계 업무도 처리했으니까요.

직장 시절

안재석 1976년 8월에 대학을 졸업하시고, 첫 직장이 한국개발리스라는 외국 합작 금융회사였다구요?

배창호 예, 그곳에서 해외 차관 도입 업무를 했어요. 한국개발리스 다닐 때 「정오의 미스터 김」이라는 시나리오를 쓰기 시작했어요. 소설가 김승옥 선생이 쓰신 〈안개〉(김수용, 1967) 같은 시나리오를 구해 읽으며 혼자서 시나리오 쓰는 법을 공부했습니다. 그때에도 나는 창작의 재료로 체험을 상당히 존중했던 거 같아요. 처음 만든 단편영화의 소재는 내 동생의 체험이었고 「정오의 미스터 김」의 내용도 직장 생활을 하는 내 자신을 바탕으로 했습니다. 그 서투른 시나리오를 들고 최인호 선배님을 찾아갔어요. 최인호 선배님은 중·고등학교, 대학교, 연희극회 선배로 인연이 있었지요. 최인호 선배님은 문학성과 대중성 모두 인정받은 베스트셀러 작가일 뿐 아니라 대히트를 한 영화 〈별들의 고향〉(이장호, 1974)의 원작자이며 〈바보들의 행진〉(하길종, 1975)의 원작과 시나리오를 써서 영화계에 명성을 떨치고 있는 분이었는데, 나를 만난 자리에서 "이장호 감독을 소개해줄 테니까 만나 봐라" 하고 이장호 감독님에게 나를 소개하셨습니다. 이장호 감독님은 그때 연예인 대마초 사건으로 정부 당국으로부터 연출 활동을 중지당해 있을 때였는데 격의 없이 저를 대해주었어요. 정장에 넥타이 매고 서류 가방을 든 채 찾아 뵈니까 처음에는 무슨 기관에서 나온 사람인 줄 알고 다소 경직됐었다고 나중에 웃으면서 말씀하시더라구요. (웃음)

안재석 근데 왜 갑자기 조감독을 하고 싶다는 생각을 하셨나요? 아까 말씀하시기론 8년이나 조감독 생활하는 게 자신이 없었다고 하셨잖아요?

배창호 이 감독님을 자주 만나 뵈면서 대화하다 보니 영화 연출에 대한 애기에 귀 기울이게 되었고, 영화들에 대한 내 견해도 잘 들어주시고 해서 자연스레 연출부로 일해야겠다는 생각을 굳히게 되었습니다. 내 직장이 소공동의 센터빌딩에 있었는데, 근무 중 휴게시간에 유리창으로 밖을 내다보면 공사 중이던 롯데호텔이 보였어요. '저 호텔이 다 세워지기 전에 회사를 그만두고 영화를 해야지'라는 생각을 자주 했습니다. (웃음) 그때 본 영화 중에 가장 기억 남는 영화가 밀로스 포먼Milos Forman의 〈뻐꾸기 둥지 위로 날아간 새One Flew Over the Cuckoo's Nest〉(1975)예요. 지금도 좋아하는 영화의 하나로 주저 없이 손꼽는 영화지만 그때 그 영화를 본 감동이 컸습니다. 내 자신도 빨리 직장이란 둥지를 떠나 영화계로 날아가야지 하는 생각을 늘 하고 있을 때니까요. 당시에는 이장호 감독님의 활동 재개가 불투

명했지만 반드시 활동하실 것이라는 확신이 있었습니다.

안재석 그때가 이장호 감독님 모친께서 잠시 술집을 하실 때죠?

배창호 명보극장 뒷골목에 '모랑'이란 술집이었는데, 그곳에 유명 감독들과 영화인들이 자주 모였어요. 영화계의 사랑방 구실을 했었던 것이지요. 이 감독님이 그런 자리에 나를 자주 합석시키셨습니다. 문학인이나 지인들을 만날 때도 자주 나를 데리고 가셨죠.

안재석 현대종합상사로 직장을 옮기신 건 언제인가요?

배창호 제1기 공채 사원으로 들어갔는데, 1977년 늦은 봄이었던 같네요.

안재석 입사 후 다음 해인 1978년 초에 케냐로 출국을 하신 건가요?

배창호 1977년 현대종합상사에 입사해서 기획실 근무로 발령이 났어요. 그러다가 세계 여러 곳에 지사를 설치하기 시작하면서 1978년 1월인가 아프리카의 케냐 지사로 발령이 났어요. 그때는 아프리카가 정말 머나먼 땅이어서 두려운 생각이 들었지만, 이장호 감독님의 활동은 여전히 묶여 있을 때고 해외 경험도 쌓고 싶고 해서 떠날 결심을 했습니다. 한국개발리스에서 현대종합상사로 옮긴 큰 이유가 이왕에 직장 생활을 할 바에는 해외로 자주 나가 볼 수 있는 직장을 택한 것이었지요. 그때만 해도 외국 여행은 누구나 쉽게 할 수 있는 것이 아니었으니까. 들뜬 마음으로 유럽에 첫발을 내딛고 암스테르담Amsterdam의 고흐미술관Van Gogh Museum에서 '감자 먹는 사람들The Potato Eaters'을 보는 기쁨이 컸습니다. 금성출판사에서 나온 『세계명화전집』을 사서 책으로만 보던 그림을 직접 내 앞에서 보는 감격에 젖었지요. 영화에서만 보던 유럽의 거리, 소설에서 읽은 장소들을 한발 한발 걸어보는 것이 신기했습니다. 지금의 젊은이들이야 쉽게 해외 여행을 할 수 있으니까 그때 나만큼의 감격을 느끼지 못하겠지만. 프랑스 배우 미셸 피콜리가 바바리코트의 깃을 세우고 필터 없는 지탕Gitanes 담배를 피워 물고 걸었을 파리의 생 미셸Saint-Michel 거리를, 서머싯 몸Somerset Maugham의 소설 『인간의 굴레Of Human Bondage』에 묘사된 런던의 첼시Chelsea 거리를 영화의 주인공처럼 걸어 보았습니다. 런던에서 비행기를 타고 케냐의 나이로비Nairobi 공항에 도착해서 셔틀버스를 타고 호텔로 가는 길에 펼쳐진 풍경이 인상적이었습니다. 푸른 초원과 가시나무 그리고 손에 잡힐 듯 가까이 떠 있는 목화솜 같은 하얀 구름 아래 뻗어 있는 현대식 고층빌딩들이 눈에 들어왔어요. 나이로비를 처음 보는 이방인의 눈에는 붉은 부겐베리아 bougainvillea가 피어난 거리에 한가로이 사람들이 오가는 풍경이 평화로와 보였습니다. 동아프리카의 관문임을 자랑하는 나이로비는 비교적 세련된 국제적인 도시의 모습을 하고 있었고, 국제회의장과 유명 호텔 주위에는 서양 관광객들로 북적거렸어요.

안재석 나이로비에서 영화를 많이 보셨다구요?

배창호 2층에는 담배를 필 수 있는 스톨석stall seat까지 갖춘 영국식의 극장이 시내 몇 군데 있었는데, 영사 시설이나 음향 시설도 최신식이었고 상영하는 영화도 최신작뿐 아니라 〈2001 스페이스 오디세이2001: A Space Odyssey〉(1968) 같은 지나간 화제작도 상영했습니다. 케냐 오길 정말 잘했다 싶었어요. 일을 안 하는 시간에는 한국에서는 결코 볼 수 없었던 영화를 많이 보면서 시야를 넓게 되었습니다. 영화를 보는 것이 주된 영화 공부였거든요. 케냐에 있을 때 본 대표적인 영화가 마틴 스콜세지Martin Scorsese의 〈택시 드라이버Taxi Driver〉(1976)인데, 첫 장면에서부터 매료되었습니다. 버나드 허만Bernard Herrmann의 음악이 트럼펫 연주로 들리면서 주인공의 택시가 수증기 속에 모습을 나타내는데, 택시가 살아 움직이는 것 같이 느껴질 정도로 매우 강렬했어요. 처음 본 로버트 드 니로Robert De Niro란 배우의 분위기에도 많이 이끌려서 1980년대 초 안성기 씨하고 일할 때 그 비디오를 구해서 같이 보기도 했지요.

안재석 〈택시 드라이버〉, 당시에 우리나라에 안 들어왔나요?

배창호 제작된 지 한참 뒤인 1990년대에 들어왔어요. 폭력성 때문에 수입이 안 되었던 것으로 알고 있어요. 파졸리니Pier Paolo Pasolini 감독 작품도 케냐에서 처음 봤습니다. 〈아라비안 나이트Arabian Nights〉(1974)란 작품인데, 모든 장면을 핸드헬드hand-held로 찍은 것이 기억이 납니다. 나이로비 교외에 드라이브 인drive-in 극장도 있었는데, 자가용이 없어서 택시를 전세내 영화를 보곤 했습니다. 할 수 없이 따라온 단골 택시의 케냐인 운전수는 옆에서 졸고. (웃음) 그때 케냐에서 다양한 영화들을 본 것이 영화감독 초년의 자양분이 되었지요.

안재석　당시 감독님의 직책이 주재원이셨나요, 지사장이셨나요? 감독님의 예전 글엔 주재원이라고 하시다가 어느 순간부터 지사장으로 바뀌더라구요?

배창호　1인 지사였으니까 주재원이기도 하면서도 지사장이기도 했습니다. 영화 보느라 회사 일을 게을리하지 않았어요. 운도 따라 주어 2백만 불이 넘는 수출 실적을 올릴 수 있었습니다. 아프리카 지역의 수출액으로는 큰 액수였어요. 참치잡이 어선 두 척을 케냐 국영 어업공사에 팔았는데, 한국 최초의 동아프리카 선박 수출이어서 그곳의 《네이션Nation》이란 신문에 게재될 정도였습니다.

안재석　1978년 말, 이장호 감독님의 활동 재개 소식을 듣고 회사에 사표를 제출하고 무작정 귀국하신 것으로 알고 있습니다. 이장호 감독님의 활동 재개 소식은 어떤 경로로 듣게 되신 겁니까?

배창호　한국 신문을 보고 소식을 알게 됐어요. 아버지께서 《일간스포츠》를 정기적으로 보내주셨거든요. 이제는 귀국해서 이 감독님 연출부를 해야겠다고 굳게 결심했습니다. 그때 업무에 관한 일은 우체국의 텔렉스telex로 본사와 교신할 때였는데, "일신상의 사유로 귀국하겠으니 빨리 후임

자를 보내달라"고 텔렉스를 보내니까 본사에서는 일신상의 이유가 뭐냐고 회신이 왔었지요. 선박 수출 건의 마무리 작업을 해야 했지만, 계속 회사 생활을 해서 승진도 하고 그러면 영화에 뛰어들기가 더 어려울 것이라 생각했기 때문에 귀국 의사를 밀어붙였지요. 사직하겠다는 사유를 텔렉스로 알릴 수는 없었어요. 본사로서는 납득하기 어려운 이유니까 밝히지 않고 귀국했지요. 나한테 화가 나 있는 담당 이사님께 영화 일을 하기 위해 사직한다고 말씀드렸더니 뜻밖의 이유에 어안이 벙벙하신지 화도 금방 풀리시더라구요. 그렇게 1978년 11월 나이로비 공항을 빠져나와 귀국을 해서 사표를 내고 이장호 감독님 연출부 일을 하기 시작했습니다.

안재석 케냐를 떠나실 때 아쉬운 마음은 없으셨나요?

배창호 케냐의 자연과 이별하는구나 하는 아쉬움이 있었지요. 초원 위로 붉은 태양이 떠오를 무렵 만년설이 쌓여 있는 킬리만자로산 밑으로 물을 찾아 끝없이 줄을 지어 묵묵히 걸어오는 수많은 누gnu 떼의 모습은 경이로웠습니다. 그런 대자연의 장관을 바라보며 내 자신의 미래도 넓은 마음으로 여유롭게 보게 될 수 있었던 것 같아요. 그때 케냐에서 일하는 한국인 의사 한 사람을 알게 됐어요. 국제협력단에서 파견된 의사였는데, 영화 소재가 떠올려지더라구요. 그래서 스스로에게 소년 같은 약속을 했죠. '영화감독이 되면 케냐에서 일하는 의사를 주인공으로 하는 영화를 만들기 위해 다시 오자.' 그 약속을 한 후 15년이 지나 실제로 그 영화의 시나리오 헌팅을 위해 케냐에 다시 가게 되었습니다. 〈나의 사랑 아프리카〉라는 제목의 영화였는데 제작이 이루어지지 못했어요. 몸바사Mombasa의 니얄리Niyali 비치 호텔 앞에 해변이 있는데, 눈부신 햇살 아래 하얗게 빛나는 은빛 모래사장과 인도양의 푸른 바다가 펼쳐진 아름다운 곳입니다. 그 해변의 어느 야자나무 밑에 케냐의 1실링짜리 동전 하나를 묻어두고 영화감독이 되어 다시 이곳을 오게 되면 찾아보리라 다짐하며 떠났었지요. 그 기억을 잊을 수 없어 15년 만에 아내와 그 야자나무를 찾아보았습니다. 위치는 대충 알 것 같았지만 오래전 일이라 확실치 않고 그저 재미 삼아 아내와 마주 앉아 어느 야자나무 밑의 모래를 파기 시작했어요. 그때 문득 내 마음에 들어오는 것이 있었습니다. 내 마음에 보인 것은 동전이 아니라 15년 전 그 동전을 묻던 스물여섯 살 난 청년의 모습이었어요. 그렇게도 영화감독이 되기를 갈망하던 평범한 샐러리맨인 젊은 날의 내 모습이 떠올려졌던 것이지요. 세월이 흘러 벌써 열 편 이상의 작품을 만들고서야 다시 케냐를 찾아온 감회가 컸습니다.

안재석 다시 귀국 시점으로 돌아가서요, 아버님도 그렇고 어머님도 그렇고 회사를 그만두고 영화 한다고 하셨을 때 반대를 하시진 않으셨나요?

배창호 어머니가 반대하셨어요. 아버지는 내가 갑자기 귀국하니까 짐작을 하시고 겉으로는 표현을 안 해도 각오를 하셨던 거 같아요. 대학 시절에 라디오 드라마 작가를 집에 몇 달 숙식시키며 시나리오를 쓰고 했던 영화에 대한 내 열정을 알고 계셨으니까 내 의사를 존중하셨지요. 어머니가 반대를 하셨지만 이미 사직을 한 상태니까 어쩔 수 없었습니다.

안재석 근데 어머님은 영화를 많이 좋아하셨던 분인데…?

배창호 어머니가 영화를 좋아하는 것과 자식이 영화계에 뛰어드는 것은 다른 문제지요. 그때나 지금이나 영화감독의 길을 밟는다는 것은 삶의 다른 부분의 희생이 뒤따를 수 있는 일이었으니까요. 그런데 막상 내가 감독이 되어 첫 작품 〈꼬방동네 사람들〉을 만들자 영화를 좋아하시는 분답게 여러 번 보시며 즐거워하셨습니다. 조감독 시절에 영화진흥공사에서 제1회 창작 시나리오 공모가 있었는데, 「정오의 미스터 김」이 최우수작으로 당선되자 몸이 아파 자주 누워 계셨던 분이 일어나 기뻐하시며 나와 손잡고 방 안에서 같이 뛰었어요. 아버지나 저나 주된 수입이 없어 생활이 어려웠을 때 당선작 상금 3백만 원은 큰돈이었고 내 능력도 인정받는 것이어서 너무 좋은 일이었습니다. 내가 영화 일을 하면서 수입이 줄어들자 부모님은 아무 내색 않고 살던 집을 팔아 작은 집으로 이사하면서 생활을 꾸려나갈 때였으니까요.

충무로 아웃사이더 시절

안재석 귀국하신 후 처음 참여하신 작품이 현진영화사에서 이장호 감독님이 준비하시던 〈갑자기 불꽃처럼〉이라고 알고 있습니다. 그러다 잠시 제작이 중단되었다가 이후 홍파 감독님이 완성을 하신 작품인데요, 이 영화를 준비하시던 당시 상황에 대해 듣고 싶습니다.

배창호 1978년도 11월부터 이 감독님 연출부로 일하기 시작했는데, 감독님 작업실이 퇴계로 중대부속병원 맞은편의 하니맨션이라는 곳에 있었습니다. 아직 연출부가 구성이 안 되어 있을 때인데, 내가 갑자기 귀국하게 되어 먼저 혼자서 연출부 일을 하게 된 거지요.

안재석 진짜 일찍 가신 거네요?

배창호 좀 더 나중에 귀국해도 될 수 있었겠지만 당시에는 앞날을 계산해서 행동한 것이 아니었으니까. 그 당시 기억나는 일화가 있어요. 이 감독님이 커다란 스크랩 용지를 책상 위에 펼치고는 나더러 가로세로 연필로 줄을 그으라고 지시하시는 거예요. 아마 장면 구분표를 만들기 위해서였던 것 같습니다. 처음 해보는 연출부 일에 의욕이 왕성했던 내가 줄을 그으면서 이렇게 여쭤보았습니다. "조감독은 무슨 일을 해야 되는 겁니까?" 그러자 이 감독님이 잠깐 생각하시더니 "우선 이거 줄 그으면 돼" 하고 대답하셨어요. (웃음) 어떻게 몇 마디 말로 연출부의 그 많고 복잡한 일들을 설명할 수 있었겠습니까? 선문답 같은 대화였어요. 후일 영화 일을 처음 시작하는 연출부들에게 이 일화를 들려주며 하나씩 차근차근 몸으로 배워나가라는 말을 하곤 했지요. 하여튼 그때 작업실에서 「무진기행」의 작가 김승옥 선배님이 〈갑자기 불꽃처럼〉의 초고를 쓰셨어요. 그리고 몇 개월 후에 본격적으로 팀이 꾸려졌는데, 퍼스트 조감독이 새로 들어왔고 나는 세컨드의 직책을 맡게 됐어요. 내 밑으로 두 사람의 연출부가 이미 있었는데도 이 감독님이 영화평론가이며 서울예대 교수인 안병섭 선생님 추천으로 서울예대 졸업생 두 사람을 연출부로 받아들였어요. 그중 한 사람이 이명세 감독이에요. 그렇게 연출부가 구성되고 첫 촬영을 갔어요, 부산으로. 1979년도 초, 겨울이에요. 촬영 전날 이장호 감독님이 나한테 시킨 일이 주연을 맡은 신인 여배우의 코트 단추를 바꿔오라는 거였어요. '내가 무슨 신인 여배우 단추 달아주러 영화계 들어왔나.' 속으로 투덜거리며 그 여배우를 데리고 시장에 단추 구하러 간 기억이 납니다. (웃음) 그렇게 부산에서 하루를 촬영하고 와서 얼마 안 가서 제작 진행에 브레이크가 걸렸어요. 문공부에서는 이 감독님의 활동을 승인했지만, 활동이 안 풀린 다른 연예인들과 형평성 문제로 제동이 걸려 결국 제작이 중단된 거지요. 작품을 못하게 되자 가장 낙담하셨던 분은 이 감독님 자신이었겠지만 나에게도 몹시 당황스러운 일이었습니다. 졸지에 실업자가 되고 말았으니. 꼬박꼬박 나오던 월급 생각도 나고. (웃음) 결국 연출부도 해체되어 뿔뿔이 흩어졌지요. 이명세 감독은 김수용 감독님 연출부로 들어갔다가 곧 군에 입대했고. 그때 영화사 제작부장, 제작상무 이런 분들이 나를 잘 봤던지 다른 작품의 연출부 세컨드를 권유했는데 내가 사양했습니다.

안재석 이후 〈바람 불어 좋은 날〉(이장호, 1980) 조감독 하시기 전까지 근 1년여 동안 어떻게 지내셨나요?

배창호 촬영이 중단되어도 이장호 감독님을 매일같이 만났지요. 강남 끝자락에 있는 염곡동에 새집을 지어서 사실 때였는데, 한동안 그 집으로 출근하듯 찾아가서 함께 외출도 하고 시간을 같이 보냈습니다. 그러던 어느 날 자신만 믿고 회사도 그만둔 나에 대한 부담감이 크셨던지 "다른 감독 소개시켜줄까?" 하시길래 내가 다른 사람 밑에서는 연출부 할 의사가 없고 이 감독님과 함께 시간을 보내겠다고 했습니다. 그때 내게는 그분이 반드시 활동을 다시 할 거란 믿음이 있었고 친동생처럼 대해주신 분 곁을 떠난다는 것도 서로에게 서운한 일이고 해서 곁에 남아 있기로 했던 겁니다. 그렇게 확실한 소속 없이 소위 충무로 아웃사이더 생활을 한 10개월가량 했습니다. 이 감독님은 활동성이 강한 분이라서 작품은 안 하셔도 충무로에 들르는 일은 많았어요. 자주 들른 곳이 강한영 사장님이 운영하는 선우광고라는 광고회사였습니다.

안재석 이분이 〈별나라 삼총사〉(1979)라는 장편 애니메이션 영화를 만드신 분이죠?

배창호 예, 〈별나라 삼총사〉를 제작하신 분인데 그 작품을 배급하면서 이장호 감독님에게 대구 지역의 배급권을 맡겼습니다. 이 감독님은 일종의 아르바이트를 하신 것이지요.

안재석 제가 그때 대구시민회관에서 그걸 봤거든요. (웃음)

배창호 그래요? 반갑네요. 그때 〈별나라 삼총사〉 상영하던 시민회관에서 내가 표도 팔고 회관 앞에서 스틸 사진도 팔았는데. (웃음) 그때 내 자세는 가급적 영화 일은 무엇이든 경험해보고 배우려는 자세였어요. 그 만화 영화의 배급 일은 마케팅의 중요성이나 지방 배급 조직의 저변을 접해보았던 소중한 경험이었죠. 조감독 참여 작품인 〈바람 불어 좋은 날〉이 개봉될 즈음 외출할 때면 작품 선전을 위해 회사 다닐 때 쓰던 007 가방 위에다 그 영화 포스터를 붙이고 다니기도 했습니다. 대학교 앞에서 팜플렛도 돌렸구요. 〈별나라 삼총사〉 배급 일을 성공적으로 마치고 다시 서울로 올라와 앞날이 막연한 충무로 생활을 계속하고 있는데, 어느 날 김승옥 선배님이 나를 집으로 부르셨어요. 김승옥 선배님은 「서울 1964년 겨울」, 「무진기행」

같은 소설을 써서 '1960년대 문학의 기수'라는 평가를 받아온 분인데, 〈감자〉(1968)라는 영화도 감독하셨고 시나리오 작가로도 유명한 분이었습니다. 그분이 자신의 원작 소설인 『강변부인』의 시나리오 작업을 시작하려던 참에 나를 불러 초고의 대필을 시키셨습니다. 날 가르치기 위해서였던 것이지요. 김 선배님이 몇 장면씩을 구술해주면 나름대로 살을 붙이고 정리해서 오고 다시 다음 장면들을 불러주고 해서 몇 달에 걸쳐 작업을 마쳤습니다. 그분이 불러주는 장면들은 영상을 시각적으로 상상케 하는 장면들이었습니다. 예를 들면 "대리석처럼 찬 그녀의 손에 하얀 아침 햇살이 닿자 생기를 얻은 듯 꿈틀거렸다." 이런 식의 표현들이었습니다. 나로서는 귀중한 훈련을 받은 기회였습니다. 혼자서 시나리오를 공부하다가 좋은 스승을 만난 것이지요. 어느 날, 김승옥 선배님과 나란히 충무로를 걸어갈 때였어요. 그분이 불쑥 내게 물어보셨습니다. "배창호 씨, 유명해지고 싶지?" 그래서 나는 당연히 "네" 하고 대답했습니다. 그랬더니 "우리나라에서 유명해지는 건 어렵지 않아" 하고 말씀하는 거예요. 그때 그분 표정에 약간의 허무감이 비춰졌던 것으로 기억됩니다. 아마 그 당시 젊은 내 속에 잠재해 있는 성취욕을 읽고 말씀했던 것은 아닌가 후일 생각하게 되었지요.

안재석 그 시나리오로 영화화가 되었습니까?

배창호 그렇게 시나리오를 끝내고 며칠 후에 김 선배님이 "수고했다. 술 한잔하러 가자." 그러시는 거예요. 그래서 술집으로 가서 술을 몇 잔 마시는데 갑자기 "배창호 씨, 이거 다 다시 써야 될 거 같아." 이러시는 겁니다. (웃음) 내가 얼마나 실망이 컸겠어요? 몇 달이나 애썼던 건데. 결국 김승옥 선배님이 시나리오를 완성하지 못하고 다른 작가가 쓴 시나리오로 그 영화가 만들어진 걸로 알고 있습니다. 미켈란젤로Michelangelo가 '천지창조The Genesis'를 그릴 때 어느 부분을 완성하고 식당에 들렀는데, 식당 주인이 술이 시어졌으면 버려야지 하며 시어버린 술을 내다 버리는 것을 보고 다시 돌아가 작품을 고치기 시작했다는 일화가 있습니다. 김승옥 선배님이 나와 함께 쓴 시나리오를 버린 일은 자신이 완성한 작품을 언제나 객관화된 시선에서 새롭게 다시 보아야 한다는 교훈을 내게 심어 준 셈이지요.

안재석 이장호 감독님의 글에 보면, 이 무렵 감독님께서 현진영화사 김원두 사장님의 비서실에서 일했다고 하시더라구요?

배창호 비서실이 아니라 영화사 사무실 공간에 여유가 없어 김 사장님 사무실 안에 내 책상을 함께 놓고 일했어요. 일종의 기획실 직원이었지요. 현진영화사에서 일하기 얼마 전 피카디리극장 앞에서 신문기자이던 고등학교 선배를 만났는데, 회사 그만두고 영화 일을 하고 있다니까 그분 말씀이 "너 잘못하면 깡통 찬다." 그러시는 거예요. 그 말이 문득문득 불안으로 다가오더라구요. 그 당시 충무로에 나처럼 꿈을 품고 들어온 젊은 연출부들이 많았어요. 기회가 주어졌으면 재능을 발휘할 수 있었던 사람들도 많았을 겁니다. 그러나 경제적인 어려움을 버틸 수 없어 하나둘씩 충무로에서 모습이 사라져갔지요. 이장호 감독님의 활동 재개는 여전히 불확실하고 나도 마음이 흔들릴 무렵 이 감독님이 추천을 해 현진영화사에 임시로 둥지를 틀게 된 겁니다. 김원두 사장님도 나를 신뢰했구요. 대학교 때 시도하던 대로 영화사 기획실에서 일하게 된 것이지요. 그런데 출근한 지 한 달이 조금 넘을 무렵인가 10·26이 나고 뒤이어 12·12사태가 일어나고 곧바로 대마초 관련 연예인 활동 금지가 해제되었습니다. 이 감독님이 언젠가는 반드시 활동을 다시 하게 될 것이라는 믿음이 있었지만 갑자기 찾아온 너무 기쁜 소식이었지요. 벅찬 마음으로 현진영화사를 나와 이 감독님의 당당한 퍼스트 조감독이 되어 새 작품을 준비하기 시작했습니다.

안재석 김원두 사장님은 어떤 분이셨습니까? 감독님께 데뷔 기회를 주신 분이기도 한데요.

배창호 제작을 하시기 전에는 이만희 감독님의 작품을 쓰기도 한 시나리오 작가이셨는데, 제작을 하면서 감독도 하신 분이었습니다. 작가 출신답게 순수한 면이 많은 제작자이셨고. 당시 영화 제작업은 정부의 허가를 받아야만 할 수 있는 독과점 산업이었는데, 1970년대 말에 정부에서 몇 개 영화사를 추가로 허가해주었어요. 그때 김기영 감독님, 정창화 감독님, 김원두 사장님 등의 영화인들이 제작사를 설립했습니다. 김원두 사장님은 영화인들을 좋아해 자주 어울리셨습니다. 사업가 기질보다는 예술가 기질이 많은 분이었지요. 지난 1996년도에 병환으로 일찍 세상을 떠나신 아까운 분입니다.

조감독 시절

안재석 이제 이장호 감독님께서 활동 금지가 풀리시고 〈바람 불어 좋은 날〉을 복귀작으로 준비하시게 되는데, 〈바람 불어 좋은 날〉은 어떻게 기획된 작품인가요? 이장호 감독님께서는 감독님하고 같이 기획하고 준비했다고 그러시더라구요?

배창호 발상과 기획 모두 이장호 감독님이 하신 것이고 나는 이 감독님 생각을 지지하고 조감독으로의 일을 한 것뿐입니다. 활동이 금지된 기간에 이 감독님의 사회의식이 많이 형성된 것 같았습니다. 어느 날, 〈바람 불어 좋은 날〉 시작할 때쯤인지 그 전인지 시점은 기억이 안 나는데, 감독님 집으로 걸어가는 밤길에서 이런 말씀을 하셨어요. "창호야, 민중영화를 하자." 당시 문단에서는 민중문학이 민주화를 위해 나서고 있을 때였고 영화계에서도 그런 의식 있는 영화를 만들어야 한다는 뜻이었습니다. 그때 나는 이 감독님의 제의에 분명한 대답을 드리지 않았던 것으로 기억됩니다. 물론 내 자신도 부패한 독재 정치와 모순된 자본주의의 구조로 인해 억압받고 가난하게 살아가는 사람들을 위해 영화가 역할을 해야 한다고 생각하고 있었습니다. 그러나 영화가 사회구조를 변혁시키는 목적성을 지니는 것보다는 인간의 고통과 상처를 깊이 껴안는 보편성을 지니기를 바랐습니다. 영화라는 낱말 앞에 '민중' 같은 표현을 내세울 필요가 없다고 생각했습니다. 당연히 영화는 대중으로 표현하든 민중으로 표현하든 삶에 지치고 힘들어하는 사람들의 더 나은 삶을 위해 만들어져야 한다고 느꼈으니까요. 민중의식을 표현하는 방법의 차이겠지만, 나는 그런 의식을 내세우지 않고 영화 내용 안에 녹아 있기를 바랐습니다. 나중에 이 감독님은 〈과부춤〉(1983)이라든지 〈바보선언〉(1983) 같이 사회에 대한 비판의식을 풍자적으로 계속 만드시고, 나는 〈고래사냥〉이나 〈그해 겨울은 따뜻했네〉처럼 사회의식들을 인물의 삶 속에서 그려나갔습니다. 다시 〈바람 불어 좋은 날〉 얘기로 돌아갑시다. 〈바람 불어 좋은 날〉은 최일남 선생의 「우리들의 넝쿨」이라는 중편소설이 원작입니다. 이 감독님이 그 소설을 읽고 문득 다른 제목이 떠오르시더래요. 그 당시 사회 분위기가 오랜 독재 정치 이후에 불어올 민주화의 바람을 기대하고 있던 때이기도 했습니다. 그래서 어느 날 밤에 흥분을 하신 이 감독님이 집 앞까지 날 찾아오셨어요. 나를 불러내서 생맥주집에서 "창호야, 제목이 떠올랐다. '바람 불어 좋은 날' 어떠냐?" 물어보시는데, 느낌이 아주 좋았습니다. 이 감독님에게서 새로운 영화가 탄생할 것 같은 기운이 느껴졌습니다.

안재석 이 영화의 시나리오를 시인이자 소설가인 송기원 선생님께서 쓰신 걸로 알고 있는데, 크레딧에는 이장호 감독님의 각본으로 돼 있거든요?

배창호 송기원 선배가 초고를 썼는데 이 감독님이 다시 고쳐 쓰셨습니다.

안재석 혹시 이 영화의 시나리오 작업할 때 감독님도 같이 하지 않으셨나요?

배창호 조감독 입장에서 의견을 낼 수 있는 것들은 항상 이 감독님께 전달했습니다. 조감독이란 단지 기능적인 일만 하는 것이 아니라 자신의 모든 역량을 작품에 쏟아야 한다 생각했습니다. 물론 감독님이 받아들이는 범위 안에서요. 지금도 그런 생각은 변치 않아 내 작품의 조감독들이 마치 자신의 작품처럼 일하기를 바라왔고, 또 조감독들의 그런 자세가 자신의 발전에 도움이 된다고 여겼으니까요. 당시 이장호 감독님은 재능이 보이는 작가 지망생 몇 명을 가까이 두고 다른 영화의 시나리오도 개발하셨어요.

안재석 감독님께서는 연출부를 제대로 안 해보시고 첫 작품부터 퍼스트 조감독이 되셨는데, 부담스럽진 않으셨나요?

배창호 그래서 신승수 감독을 세컨드로 영입했어요. 신 감독은 나이는 나보다 한 살 아래지만 '영상시대'를 통해 영화계에 먼저 들어와 현장 경험은 선배였어요. 회사 시절 때부터 이장호 감독님을 통해서 이미 알았던 사이여서 내가 부탁을 했지요. 그때 충무로에서는 같은 조감독들 중에서 누가 먼저 데뷔하면 서로 조감독으로 도와주는 경우가 종종 있었습니다. 연출부의 실무적인 일은 신승수 감독이 나를 잘 받쳐주었습니다.

안재석 이장호 감독님께서 쓰신 글에 보면, 자신은 즉흥 연출을 주로 했었는데 〈바람 불어 좋은 날〉부터 처음 콘티storyboard라는 걸 그리고 준비를 많이 해서 촬영을 했다고 하시거든요? 콘티 작업할 때도 감독님께서 의견을 내셨나요?

배창호 콘티 작업은 감독님이 혼자 하셨고 감독님이 내 의견을 물어보실 경우에는 말씀을 드렸지요. 나는 준비 작업을 철저히 하려고 했습니다. 촬영 전 연기자 대본 리딩도 하도록 말씀드리고, "제가 경험이 부족하기 때문에 미리 콘티를 주셔야 촬영 준비를 잘할 수 있습니다" 하면서 이 감독님이 콘티 작업을 게을리하지 않도록 했습니다. 시나리오 작업을 시작할 무렵 이 감독님이 나하고 같이 새벽에 남대문 인력시장에 갔었어요. 어둑어둑한 새벽의 북창동 골목길에는 그날 하루의 일을 구하는 근로자들과 중국집 배달부 일을 구하러 나선 십대의 소년들이 서성거렸습니다. 잠시 후 중국집 주인 같은 남자들이 나타나 소년들 사이를 기웃거리며 "야, 너! 야, 너!" 하고 뽑아 가는 광경이 눈에 들어왔습니다. 그 소년은 이름 없이 "야"로 불리어지는 존재였어요. 그날 이 감독님은 인권의 사각지대에 있는 근로 청소년들에 대해 많은 생각을 하게 되었고 그런 생각들이 〈바람 불어 좋은 날〉의 방향을 제시했던 것 같습니다. 제작사인 동아수출공사가 있는 장충동 골목에 어린 구두닦이가 있었는데, 이 감독님이 그 소년을 알게 되어 인터뷰도 하고 단역도 시키셨습니다. 이 감독님의 그런 모습에서 실제 현장을 직접 느끼는 것의 중요성을 알게 됐지요. 나는 그때 가장 가까운 스태프로서 이 감독님이 조언을 구하실 때 그분의 의도나 생각을 객관적으로 확인해 드리려고 노력했습니다. 정말 아닌 것 같을 때는 직언을 하곤 했지요. 이 감독님이 〈바람 불어 좋은 날〉로 성공적인 컴백을 하시면서 대종상 감독상을 받았어요. 그때 어느 신문의 인터뷰에서 "배창호 같은 조감독과 스태프들의 공이 컸다"고 겸손하게 말씀하셨습니다.

안재석 〈어둠의 자식들〉(이장호, 1981) 때 나영희 선생님의 인터뷰를 보면, 감독님을 굉장히 엄한 조감독으로 기억을 하시더라구요? 이때도 그러셨나요?

배창호 (웃음) 나는 현장에서 연기자들을 대하는 데 부드러움이 부족했어요. 경험 부족에서 오는 것도 있었고 일에 집중하고 있으면 유난히 예민해지는 내 기질에서 오는 탓도 있었구요. 그래서 어느 때는 이 감독님이 "내가 화를 안 내는데 왜 네가 내냐?" 하면서 넌지시 충고를 해주셨습니다.

안재석 〈바람 불어 좋은 날〉의 촬영은 언제부터 언제까지 진행되었습니까?

배창호 1980년 봄에서부터 여름까지 찍었습니다. 중국집 배달부(안성기)가 여대생(유지인)과 양수리 강변에서 데이트하는 장면을 한창 더운 여름날에 찍었으니까요. 여대생이 나무 위로 올라가는 장면에서는 강바람이 시원하게 불어왔던 기억이 납니다.

안재석 그러면 시나리오 쓰는 기간이 그렇게 길지 않았던 거네요?

배창호 영화계뿐 아니라 지난 시대의 일들을 지금의 기준으로 보지 말고 그때의 입장에서 바라보면 더 잘 이해가 됩니다. 제작자나 흥행사가 시나리오의 세부에 대해 일일이 판단하지 않았던 시대입니다. 기획적인 면, 시나리오의 큰 줄기나 캐스팅이 마음에 들면 곧바로 촬영에 들어가는 경우도 많았습니다. 시나리오의 재량권이 감독에게 있었지요. 물론 제작비가 지금처럼 크지 않았기에 가능했던 일이지요. 그래서 감독에 따라 촬영을 해나가면서 시나리오를 고쳐나가는 경우가 많았습니다. 이 감독님도 그런 감독이셨고 나도 작품에 따라 그런 편이었구요. 사실 제작 진행에 지장을 주지 않는다면 그렇게 시나리오를 쓰는 것이 더 나을 때가 있습니다. 찍은 느낌들을 살려가며 그 영화의 호흡을 만들어 나갈 수 있으니까요. 그러니까 시나리오 완성 기간이 편집을 마칠 때까지라고 할 수도 있습니다. 그러나 시대가 지나면서 영화의 규모도 점점 커지고 내용도 더 세밀해지고 더 사실적으로 발전해온 면이 있습니다. 그러기 위해 과거보다 시나리오 집필 기간이 더 길게 소요되어야지요. 제작자나 투자자들의 흥행 강박 때문에 몇십 번씩 고치는 것을 뜻하는 것이 아니라 정말 영화의 완성도를 위해서 말입니다.

1980년대 초에는 지금과 정반대로 초스피드로 시나리오를 써서 영화를 완성해야 하는 경우도 종종 있었습니다. 외화 수입 쿼터를 따기 위한 의무 제작 편수를 채우기 위해 심지어 몇 주 만에 완성한 영화도 있었다는 얘기를 들었으니까요. 〈바람 불어 좋은 날〉은 적절한 기간에 시나리오를 끝마쳤습니다.

안재석 근데 또 감독님께서 하신 인터뷰를 보면, 안성기 선생님 이전에 어떤 실제 사시인 청년을 캐스팅했었다구요?

배창호 비토리오 데 시카Vittorio De Sica 감독이 〈자전거 도둑Ladri di Biciclette〉(1948)을 만들 때 연기 경험이 전무한 실제 노동자 출신을 캐스팅한 것처럼 이 감독님도 원작의 덕배라는 인물이 사시이기 때문에 실제 사시를 캐스팅하려고 했습니다. 그래서 주간지에 공모를 해서 정말 사시인 청년을 뽑아서 이 감독님 집에다 기거를 시키며 내가 연기 연습을 시켰어요. 그 청년이 연기에는 재능이 없고 또 너무 실험적인 시도라서 우려가 많이 되었지요. 그래서 내가 많이 만류를 했고, 결국 이 감독님은 개인 돈으로 그 청년에게 사시 교정 수술을 시켜주고 시골집으로 돌려보냈습니다. 그즈음에 시청 뒤의 어느 다방에서 성인 연기자로 컴백한 안성기 씨를 마주치게 되었는데, 그 모습을 보는 순간 새로운 분위기의 배우라는 느낌이 들었습니다. 강한 개성이 있는 것은 아니지만 친근한 모습이라 서민적인 인물도 잘 표현해줄 수 있겠다 싶었어요. 그래서 안성기 씨를 주인공 중국집 배달부 역으로 이 감독님께 추천했습니다.

안재석 촬영지는 주로 어디였나요?

배창호 원작의 배경이 서울의 신흥 개발지라서 그 당시 한창 개발 붐이 일어났던 강남과 강동 지역이었습니다. 역삼동, 선정릉 일대, 길동, 방배동 등이에요.

안재석 세트를 따로 짓거나 그러진 않구요?

배창호 현장감을 위해 모두 현장에서 찍은 것으로 기억됩니다. 좁은 중국집 주방도 핸드헬드로 찍었고. 여관방도 실제 방이고. 이 감독님과 서정민 촬영감독님과는 호흡이 잘 맞으셨어요. 서정민 감독님의 카메라는 힘이 있고 역동적이었습니다.

안재석 혹시 감독님께서 직접 맡아서 진행하신 신이나 숏이 있으십니까?

배창호 없어요. 인서트 하나도 다 이 감독님이 하셨고. 주인공 덕배(안성기)가 고향에서 농악대와 어울려 춤을 추는 장면이 있어요. 경기도 시골 마을에서 찍었는데, 전날 내가 미리 가서 준비를 해놓고 실제 촬영 날 감독님과 촬영팀이 도착할 때까지 나는 시골 농악대와 함께 어울려 춤을 추고 있었지요. 그래서 감독님은 현장에 도착하자마자 농악대 장면을 생생하게 찍을 수 있었습니다. 화가가 그림을 그릴 때 그림 자체를 그리는 것뿐 아

니라 준비를 하는 것도 다 작업에 포함되듯이 영화 연출은 준비가 반이거든
요. 그래서 조감독으로서 준비를 잘하려고 노력했습니다.

안재석 촬영 스케줄은 당시 조감독이 짰었나요?

배창호 스케줄 짜는 것은 일종의 경영에 속하기 때문에 내가 잘할 수
있는 일이었어요. 그 당시에는 대부분 후시녹음이라 배우의 대사를 읽어주
는 프롬프터prompter가 있던 시절이었는데, 〈바람 불어 좋은 날〉의 촬영 때
는 가급적 프롬프터를 배제했어요. 그런데도 오랜 습관 때문에 대사를 못
외우고 프롬프터를 원하는 연기자들이 간혹 있었습니다. 프롬프터는 퍼스
트 조감독의 일이었는데 내가 아주 잘했지요. 후반 녹음 작업을 할 때 녹음
기사들이 사운드가 없는 러쉬 필름rush film을 보며 작업 계획을 짜는데, 내
가 영화의 모든 대사를 거의 다 외우고 있으니까 혼자서 변사처럼 연기자들
의 입에 맞춰 대사를 했어요. 신이 날 때는 "쾅~" 하는 효과 소리도 해주면
서요. (웃음) 그랬더니 녹음기사 한 분이 감탄하며 "조감독, 당신 성우 한 번
해보지." 그러기도 했지요. (웃음)

안재석 그 당시 한국영화계에 대한 불만 같은 것은 없으셨나요?

배창호 외국 여행을 통해 많은 영화를 보고 돌아왔을 때라 눈이 높아
져 있었는데, 막상 현장에서 일을 하고 보니 우리 영화의 발전을 막고 있는
문제가 많이 있음을 느꼈습니다. 열악한 제작 환경, 전국에 프린트 6벌을 떠

서 배급하는 영세한 구조, 빈약한 기자재와 낙후된 극장 시설, 표현의 자유를 제약하는 심의와 검열의 이중 구조 등. 그러니 한국영화를 봐도 비판을 못하겠더라구요. 물론 아쉬운 점도 많이 있었지요. 우선 한국영화에는 세련된 스토리텔링이 부족한 경향이 있었어요. 리듬감이 결여되어 거칠고 대사도 관습적인 것이 많았구요. 예를 들면 아빠가 "내일 창경원 놀러 갈까?" 하면 어린 딸이 "정말? 아이, 신나" 하는 대사법도 여전히 사용되고 있었습니다. 또 카메라 구사에도 1970년대식의 유행이 남아 있어 이유 없이 퀵 줌quick zoom을 남발했어요. 쓰기 편하니까요. 그리고 큰 문제는 성우들의 후시녹음이었습니다. 그래서 〈바람 불어 좋은 날〉은 가급적 연기자들이 직접 대사 녹음을 하도록 했습니다.

안재석 〈바람 불어 좋은 날〉 끝내고 나서 자작 시나리오를 쓰기 위해 설악산 여행을 하셨다는 감독님의 글을 봤습니다. 금강굴을 올라가다 갑작스런 폭우로 등산을 포기하고 내려오는데 어느 남녀는 폭우 속에도 끝까지 금강굴로 올라가는 것을 보고 마음을 다잡고 시나리오를 완성해 그해 시나리오 공모전에서 수상을 하셨다는 일화였는데, 그 시나리오가 「정오의 미스터 김」이잖아요?

배창호 「정오의 미스터 김」 맞아요.

안재석 이 시나리오는 한국개발리스 다니실 때 쓰신 거 아닌가요? 최인호 선생님께도 보여드리고….

배창호 회사 생활 할 때 써놓은 것을 새로 쓰다시피 많이 고쳤죠. 현장 경험을 통해 연출에 대해서도 더욱 알게 되었고 다른 시나리오도 써본 경험이 생겼으니까요.

안재석 《영화》지에 이 시나리오가 수록되어 있어서 읽어봤는데, 특히 후반부에 교차 편집 되면서 진행되는 시퀀스가 아주 인상적이었습니다. 당시 감독님께서는 그런 편집, 몽타주에 관심이 많으셨던가요?

배창호 특별히 어떤 영상 언어에 관심이 있었다기보다는 내가 배울 수 있는 것은 습득을 해야 되겠다는 때였으니까.『영화 언어의 문법Grammar of the Film Language』이라는 두꺼운 책을 통해 편집의 기본 원칙도 이론으로 익혔어요. 교차 편집뿐 아니라 롱 테이크long take도 좋아했어요.

안재석 당시 이 시나리오에 관심을 보인 제작사가 있었을 것 같은데요?

배창호 두 군데 회사에서 제의가 들어왔어요. 그래서 당선작으로 데뷔하려고 했죠. 한 작품 조감독 하고 데뷔하는 것은 당시 흔치 않는 일이었지만. 1981년도 초가 되겠네요. 근데 어느 날 충무로에서 이장호 감독님이 나보고 술 한잔하자 하시면서 "그걸로 꼭 데뷔해야 되겠냐? 좀 더 큰 기회를 잡아 보지 그래" 하며 내게 속 깊은 충고를 해주었습니다. 그래서 즉각 "알겠습니다. 안 하겠습니다." 대답했습니다. 직관적으로 때가 아니라는 걸 느꼈어요. 그때 내 오리지널 시나리오로 데뷔를 했다고 작가 감독의 길로 들어설 수 있었을까요? 우리나라 여건에서 힘들었을 겁니다. 결국 기획적으로 더 주목받고 더 대중들한테 인지시킬 수 있는 첫 작품을 만들어서 단계를 밟아나가야 된다는 생각이 든 거지요.

안재석 후회는 안 하십니까?

배창호 후회 안 해요. (웃음) 내가 〈여행〉까지 열여덟 작품 아니에요? 그중엔 성공작도 있고 범작도 있는데, 그 하나하나만큼 결정할 때 정말 힘들게 했어요. 어떤 때는 하고 싶은 작품을 위해 여러 작품을 거절하면서 했을 때도 있고 그러니까.

안재석 또 이 무렵《영화》지에 프랑수아 트뤼포François Truffaut의 〈쥘과 짐Jules et Jim〉(1961) 시나리오나 「007 시리즈 12편 〈당신의 눈만을 위하여 For Your Eyes Only〉(1981) 제작 배경」 같은 글도 번역을 하셨던데, 어떤 계기가 있으셨나요?

배창호 원고료도 받고 번역하면서 공부도 할 수 있으니까.

안재석 뭐랄까 생활이 어려워서 그러셨던 건 아니구요?

배창호 조감독 시절이니까 경제 사정은 어려웠죠.

안재석 〈어둠의 자식들〉 같은 경우에는 이장호 감독님께서 〈그들은 태양을 쏘았다〉(1981)와 동시에 준비를 하신 걸로 알고 있는데, 당시 상황에 대해 말씀해주세요.

배창호 〈어둠의 자식들〉 먼저 시작해놓고, 다른 영화사에 이전의 계약 관계가 남은 작품을 해야 하는 사정이 있으셨던 거예요. 그래서 내가 이 감독님께 "두 작품을 동시에 하시려면 연출팀을 나누십시오. 그것이 나중에 스케줄이 엉킬 때 나을 것 같습니다"라고 건의를 했고, 나는 〈어둠의 자식들〉 조감독만 맡기로 했습니다.

안재석 〈어둠의 자식들〉도 아까 말씀하셨던 것처럼 이장호 감독님이 민중영화의 일환으로서 준비를 하신 건가요?

배창호 〈어둠의 자식들〉의 원작이 실제 삶의 이야기라서 아주 생생하고 사실적이었어요. 단지 사회의 그늘진 곳을 다룬 소재가 정부의 심의를 거쳐 영화화가 될 수 있을까 하는 우려가 있었어요. 그때 시절이 5공의 서슬이 시퍼렇던 시절이거든요. 이 영화를 박종찬 사장님이 제작하셨고 황기성 사장님이 기획하셨는데, 이장호 감독님과 고민을 하다가 결국은 멜로드라마의 옷을 입고 그 난관을 뚫고 나가기로 했어요. 그래서 원작에서 '카수 영애'라는 챕터를 가져온 거예요. 원래 초고는 내가 썼는데, 주인공 이동철의 이야기를 간추린 원작에 충실한 초고였지만 이장호 감독님의 작업팀에서 할 수 있었던 내부적인 일이었고 영화사에도 전달하지 않았어요.

안재석 이장호 감독님의 글에 보면, 이 영화는 완성된 시나리오 없이 촬영이 진행됐고 스토리라인을 굵직하게 장면 구분만 해놓고 촬영 현장에서 대사와 동작을 만들어 나갔다고 하시던데요?

배창호 그래도 문공부 심의를 위한 시나리오는 냈죠. 그래야 사전 심의를 내주니까.

안재석 아, 그게 통과가 돼야 촬영을 시작할 수가 있었나요?

배창호 예, 반드시 그랬어야 했어요.

안재석 이 영화 같은 경우는 〈바람 불어 좋은 날〉 때와는 작업 방식이 달랐잖아요? 즉흥 연출도 많았고….

배창호 〈바람 불어 좋은 날〉보다 사전 콘티를 덜 해오신 거지요. 즉흥 연출이 많았어도 큰 틀은 벗어나지 않았어요. 이때 특히 기억나는 거는 주인공 영애(나영희)가 팔려가서 일하는 지방 쇼단의 인원 구성을 내가 했어요. 물론 조감독의 일이었지만요. 쇼단의 사회자부터 가수, 무용수, 밴드까지 실제 쇼단원들로 팀을 만들어가지고 강원도 남애항에서 실제 공연을 하며 주민들을 모아 촬영을 했어요. 라이트를 켜고 해변에서 갑자기 시끌벅적하니까 동해안 경비를 맡은 총 든 군인들이 무슨 일인가 해서 오기도 했어요. 실제 영화의 유랑극단처럼 촬영팀과 출연팀이 강원도 산골의 비탈진 눈길을 굽이굽이 다니며 고생했던 기억이 생생합니다.

안재석 원작자이신 이동철 선생님은 당시 빈민 운동가로 알려지신 분인데요?

배창호 자전적 소설 『어둠의 자식들』에 이동철 선배의 삶이 나타나 있습니다. 후일 DJ정부가 들어서고 이철용이라는 본명으로 국회의원도 한 분이지요. 이 작품 촬영 때는 이동철 선배가 자문팀으로 합류를 해서 여러 가지 조언도 해주었는데, 실제 직업여성들하고 인터뷰할 수 있는 기회도 만들었어요. 그 여성들이 우리와 대화를 나누면서 굉장히 수줍어했어요. 그때 '아, 내가 사람에 대한 고정관념이 있구나. 저 사람들이 손님들을 끌기 위해서 길거리에서 하는 행동들은 그런 자의식을 없애기 위해서 그러는 거구나' 하고 느꼈어요. 그래서 곁에서는 드러나지 않는 직업여성들의 인간적인 모습을 봤던 거지요. 그리고 사실감을 위해서 실제 윤락가였던 양동에서 촬영을 감행했는데, 그 동네 주먹 쓰는 사람들로부터 돌멩이가 날아와 조명기가 깨지고 촬영 현장이 마치 전쟁터 같았어요.

안재석 이 영화에는 감독님이 첫 장면부터 단역으로 출연하시거든요? 어떤 계기가 있으셨던 겁니까?

배창호 첫 장면에 원래 이 감독님이 출연하려고 하셨어요. 그런데 내가 반대를 했어요. 얼굴이 많이 알려진 감독님이 첫 장면부터 나온다면 관객들의 영화에 대한 몰입도를 깰 수 있다는 것이 내 이유였어요. "그럼 촬영이 내일인데 누가 하냐?", "저라도 하겠습니다." 그래서 내가 하게 된 거예요. 세월이 흘러 인터넷에 '배창호 감독 배우 데뷔작'이라고 이력이 나오더라구요. (웃음)

안재석 이장호 감독님과 두 작품을 같이 하시면서 많은 영향을 받으셨을 것 같습니다.

배창호 이 감독님은 영화계로 나를 이끌어준 스승이죠. 이미 말했던 것처럼 발로 뛰는 자세, 그리고 감독으로서의 리더십, 또 사람들에 대한 포용력, 그리고 영화의 사실성과 사회성을 공유하게 된 점…. 이 감독님과는 음력 생일이 같아요. 4월 4일. 그래서 기질이 서로 비슷한 게 많으면서도 다르고 세대도 다르고 그러니까 취향이 또 다른 게 있죠.

제2장

성공의 길, 1982~1985

〈꼬방동네 사람들〉
〈철인들〉
〈적도의 꽃〉
〈고래사냥〉
〈그해 겨울은 따뜻했네〉
〈깊고 푸른 밤〉
〈고래사냥 2〉

〈꼬방동네 사람들〉

안재석 〈꼬방동네 사람들〉을 데뷔작으로 선택하시게 된 경위가 궁금합니다.

배창호 〈어둠의 자식들〉원작자인 이동철 선배와 서로 신뢰가 생겼고, 마침 이 선배가 『꼬방동네 사람들』이라는 실화 소설을 출간했어요. 빈민촌이라 불리는 산동네에 살면서 원작자가 목격한 실제 삶의 이야기들이었습니다. 그런 면이 마음에 끌렸습니다.

안재석 그 당시 조감독 경력으로는 빠른 데뷔셨는데요?

배창호 현장 경험의 기간으로는 빨랐지만 나름대로는 기다림과 인내와 오랜 준비가 있었습니다.

안재석 당시 이중 검열 때문에 〈어둠의 자식들〉이나 〈난장이가 쏘아 올린 작은 공〉(이원세, 1981) 같은 작품들이 심의 과정에서 어려움이 있었다는 사실을 알고 계셨을 텐데, 그 어렵고 힘든 작업을 하려고 마음먹게 된 이유가 있으십니까?

배창호 그 작품에 대한 열정 때문이지요. 열정이 없으면 무슨 일을 이룰 수 없잖아요?

안재석 이 영화의 시나리오가 시나리오 심의에서 여러 번 반려된 걸로 알고 있는데, 당시 상황에 대해 듣고 싶습니다.

배창호 처음에는 주인공을 한두 사람으로 두지 않고 빈민촌으로 들어오게 된 여러 사람의 이야기가 영화 안에 같이 어우러지는 작품을 만들고 싶었어요. 예를 들면 구로사와 아키라黑澤明의 〈도데스카덴どですかでん〉(1970) 같은 구성을 떠올렸지요. 당시 문공부의 담당자들은 사회의 그늘진 곳이나 소외계층을 문제의식을 가지고 만들려는 영화를 탐탁해하지 않았어요. 그래서 초고, 재고, 삼고 시나리오가 매번 반려되었어요. 그땐 우리나라에 지하영화underground film가 있지도 않았고 독립영화로 찍을 수 있는 때도 아니었습니다. 결국 처음 의도를 수정해서 '검은 장갑'이라는 별명의 여자 명숙(김보연)과 그녀의 전남편인 소매치기 전과자 주석(안성기), 그녀와 현재 동거중인 동네 건달 태섭(김희라)의 이야기를 중심으로 시나리오를 풀어나갔습니다. 몇 번의 개작 지시 이후에 60여 군데의 수정 사항과 함께 '검은 장갑'이라는 제목으로 바꾸라면서 간신히 심의를 통과했습니다. 제작 과정에서 수정 사항을 무시하면서 찍었고 제목도 나중에는 '꼬방동네 사람들'로 되돌릴 수 있었어요.

안재석 원작 소설이나 시나리오에는 검은 장갑 명숙과 주석의 아들인 준일이가 등장하지 않습니다. 준일이를 특별히 설정하신 계기가 있으십니까?

배창호 준일이는 제작자의 아이디어예요. 나는 아이는 전혀 생각을 안 했었어요. 그때 당시 멜로드라마에 아이를 등장시켜서 관객들의 심금을 울리는 그런 흥행 코드가 있었거든요. 제작자가 그 얘길 해서 식은땀이 났어요. '아, 올 게 왔구나. (웃음) 이건 거부할 수가 없겠구나' 하고 생각했어요. 문제는 아이를 어떻게 묘사하느냐였죠. 관객의 눈물을 짜느라 일부러 설정하지 않고, 주인공 검은 장갑의 삶을 더 사실적으로 그리기 위한 설정으로 풀고, 아이의 심리를 파고 드니까 작품이 더 자연스럽게 되었습니다.

안재석 감독님의 영화에는 선과 악이 분명한 스테레오 타입의 인물이 등장하지 않는다는 특징이 있습니다. 사실 이것이 감독님의 영화를 사랑할 수밖에 없는 이유이기도 합니다. 근데 이 영화에는 주석을 두 번이나 체포하고 과잉 취조하는 김 형사(홍성민)라는 캐릭터가 등장하는데, 혹시 이 인물을 통해 공권력에 대한 반감 같은 걸 은연중에 담으신 건 아닙니까?

배창호 그런 면도 있었죠. 체제 비판까지는 아니지만 소외된 자들에 대한 냉정한 사회상을 그렸습니다. 주석이 가족을 데리고 서울에 올라와 일자리를 찾으러 다니다가 배고픔 때문에 결국 다시 소매치기를 하다가 몰매를 맞잖아요? 그런 장면이라든지. 직업을 찾기 위해 혼자 거리를 배회할 때 아무도 이 도시에서 받아줄 데 없고 알아주지 않는 그런 고립감 등을 표현했지요.

안재석 촬영을 정광석 촬영감독님께서 하셨는데, 정 감독님과의 호흡은 어떠셨나요?

배창호 정광석 촬영감독님은 영상은 내용과 녹아있어야 한다는 내

상을 받으면 외화를 수입할 수 있는 쿼터를 줬어요. 그러니까 영화사로서는 큰 수익이 되는 일이었어요. 그 기획자에게 내가 물었어요. "흥행하고는 상관이 없는 기획입니까?" 그러자 흥행은 신경 안 써도 좋다는 거예요. 나는 소재에 계몽성이 있다는 것이 문제 되지 않았어요. 정부의 선전영화를 만들 생각은 없었고 어려운 환경을 극복하는 근로자들의 실제 이야기인 점에 관심이 갔습니다. 그러나 대중성이 있는 내용이 아니니 흥행에 대해 물었던 것입니다. 그리고 이 기획은 당시로는 대작이었어요. 신인 감독한테 이런 대작을 할 수 있는 기회가 빨리 오는 것도 쉽지가 않았고, 작품을 계속해서 만들고 싶은 에너지가 넘쳐 있던 때였습니다.

안재석 근데 사실 흥행에 대한 부담은 더셨지만, 만약에 대종상을 못 받으면 하는 우려는 없으셨나요?

배창호 그건 걱정 안 했어요. 관객을 감동시키는 작품을 만들면 심사위원들도 감동시킬 수 있다고 자신했습니다. 2008년 특별전 때 오랜 시간이 지나 관객의 입장에서 〈철인들〉을 다시 보니 감동이 있었습니다. 특별전을 기획한 김성욱 프로그래머는 존 휴스턴John Huston의 〈백경Moby Dick〉(1956)을 보는 것 같다고 했습니다.

안재석 크레딧에 보면, 원안이 백시종이라는 분으로 되어 있는데요?

배창호 백시종 선생은 소설가인데, 당시 현대그룹 홍보실에 계신 분

이었어요. 내가 작품을 수락하기 전 이미 그분이 초고를 쓰셨는데, 철 구조물을 운반하는 항해에 초점을 둔 시나리오라 내가 방향을 바꾸었습니다.

안재석 시나리오를 같이 쓰신 이세민 감독님과는 어떤 계기로 함께 작업하게 되셨습니까?

배창호 이세민 감독은 나하고 연대 동문인데, 한진흥업 기획자하고 아는 사이라 〈꼬방동네 사람들〉을 좋게 본 이 감독이 나를 추천했어요.

안재석 시나리오 작업은 어떤 방식으로 진행되었습니까?

배창호 먼저 한 일은 이세민 감독하고 울산 현대중공업에 내려가서 그때 그 철 구조물을 만들었을 때 참여했던 작업반장을 만나서 긴 인터뷰를 했어요. 인터뷰를 토대로 인물들의 설정과 구성을 시작했죠. 우선 이 작업을 지휘하는 경영자인 박 부장(박근형)과 이복동생인 근로자 동렬(안성기)의 갈등을 주축으로 근로자들의 애환을 보여주는 인물들을 설정했어요. 출품 날짜에 맞춰 촬영을 빨리 시작해야 했기 때문에 전체 골격만 짜 놓은 상태에서 그때그때 촬영에 맞춰 콘티 한 것이 시나리오가 된 셈이지요.

안재석 이 영화 심의일자가 1982년 11월 29일로 기록돼 있습니다. 개봉은 한참 뒤에 했지만. 〈꼬방동네 사람들〉이 7월 17일에 개봉한 걸 감안하면 굉장히 짧은 시일 안에 만들어진 건데요?

배창호 전투에서 '전격전電擊戰'이라는 것이 있죠? 속도와 기동력, 집중력을 요하는 것이 전격전인데, 〈철인들〉도 그렇게 짧은 기간에 완성할 수 있었던 것은 전격전을 벌이듯 작업을 했기 때문이에요. 그렇다고 작품에 완성도를 떨어뜨리지 않고 대종상 작품상을 수상했습니다. 성공적인 전투였죠. (웃음)

안재석 이 영화는 그동안 제대로 공개되지도 않았고, 계몽영화라는 이유로 연구 대상에서 논외로 취급되어 왔습니다. 감독님께서도 이 영화에 대한 이야기는 거의 안 하셨구요. 하지만 나중에 이 영화를 봤더니 대중영화로서도 손색이 없을 정도로 매우 감동적이고 흥미진진한 작품이었습니다. 근데 김영진 평론가가 감독님께서 서울예대 강연에서 "보통 이런 유형의 영화는 관객이 영화 시작 10분 후부터 시계를 보기 시작한다. 나는 적어도 영화가 반 이상 지나갈 때까지 관객이 시계를 보지 않게 할 자신이 있었다"라는 말씀을 하셨다고 하던데요?

배창호 그런 얘기를 한 거 같아요. 당시 다른 한국영화가 템포가 처지고 너무 설명적이고 감정을 남발하는 영화들이 많이 있었으니까 그렇게는 안 찍겠다는 각오가 있었죠.

안재석 이 영화를 보면서 좋았던 게 뭐냐면, 감독님께서 〈꼬방동네 사람들〉을 여러 인물들이 이야기를 끌고 가는 형식으로 만들고 싶었는데 못했다는 말씀을 자주 하셨는데, 이 영화를 보니까 그런 형식이 구현되고 있더라구요. 물론 이 영화도 박 부장과 동렬이 주인공이긴 하지만, 일종의 멀티 캐릭터multi-character 영화처럼 주변 인물들이 다 제 역할을 하면서 살아 있어요.

배창호 철 구조물을 만드는 스토리가 지루할 수 있잖아요. 그러니까 인간의 이야기를 합쳐야 된다고 생각한 거죠. 같은 근로자인 아버지와 아들의 갈등, 형제 간의 갈등, 술집 작부의 애환, 일을 위해 희생되는 근로자의 슬픔, 이기적인 인물 등을 스토리에 조화시켰습니다. 내가 좋아하는 장면의 하나는 그룹 총수인 정 회장(김진규)과 작업반장(황해)의 씨름 장면입니다. 현대중공업의 체육대회 날에 찍었는데, 실제 근로자들과 직원들이 출연하여 실감있는 장면이 되었습니다. 그들의 함성 소리와 카드 섹션이 사실감을 높였어요. 보조 출연자를 썼으면 그 많은 수를 동원할 수도 없었고, 또 동원했다 하더라도 엄청난 비용이 들었을 겁니다. 스탠리 큐브릭의 〈스파타커스〉 마지막 전투 장면의 함성을 미국 슈퍼볼Super Bowl 관중들의 협조로 녹음했다던데, 그보다 더 사실적인 함성이었다고 자부합니다. (웃음)

안재석 그 외에도 현대중공업의 지원과 협조가 많았을 것 같습니다.

배창호 이 영화에 지대한 공헌을 했습니다. 15층 높이의 실제 철 구조물이 만들어지는 과정과 배에 선적하고 출항하는 과정까지가 영화의 촬영 기간이었어요. 철 구조물을 싣고 배가 떠나버리면 더 이상 찍을 수 없는 상황에서 영화를 만들었지요. CG가 없던 시절이라 운반선이 폭풍우를 만나는 장면도 실제 선박에서 찍었어요. 현대중공업의 적극적인 협조 없이는 불가능한 일이었습니다.

안재석 사실 이 영화에서 남자들 이야기는 상당히 좋은데, 여성 캐릭터, 즉 박 부장의 아내(허진)라든가 동렬의 짝이 되는 옥자(원미경) 같은 인물들은 진부하게 그려져 있거든요?

배창호 그런 면이 있지요. 모든 인물들에 대해 깊이 생각할 시간이 부족했어요.

안재석 시나리오를 보면, 옥자의 직업이 회사의 타이피스트거든요? 근데 영화에선 술집 작부로 설정하셨는데, 어떤 의도가 있으셨습니까?

배창호 동렬이라는 인물이 객지로 흘러들어온 아웃사이더였고 그 인물과 어울리게 옥자의 직업을 설정했습니다. 1970년대에는 고향을 떠난 여성들이 역경 속에서 잡초같이 살아온 경우가 많았구요. 내 작품 속에서 사회의 소외층의 인물을 계속해서 그려나가잖아요? 〈고래사냥〉의 윤락녀로 팔려온 춘자(이미숙), 〈그해 겨울은 따뜻했네〉의 전쟁고아(안성기), 〈깊고 푸른 밤〉의 불법 체류자(안성기) 등 아웃사이더적인 인물들을 자주 등장시켰습니다.

안재석 감독님께서는 이 영화에서 처음이자 마지막으로 원미경 선생님과 작업을 하셨는데, 원미경 선생님은 당시에 유명한 스타셨잖아요? 근데 비중도 작았던 이 작품에 선뜻 출연했다는 게 의아합니다.

배창호 영화사가 큰 영화사라 영향력이 있었고, 지금처럼 배우들이 시나리오를 까다롭게 고르고 하던 시절은 아니었으니까 그 영화사와의 다음 기회와 감독의 잠재력을 보고 결정했겠지요.

안재석 원미경 선생님 목소리는 본인이 직접 녹음을 안 하셨더라구요?

배창호 〈철인들〉 같은 경우엔 녹음 스케줄이 타이트했는데, 본인 스

케줄하고 맞지 않아서 그랬던 거 같아요.

안재석 박 부장 역의 박근형 선생님과의 호흡은 어떠셨습니까?

배창호 노련한 연기자시니까 촬영 전에 인물 성격에 대해 의견을 나누고 박 선생님께 많이 맡겼지요. 특별전 때 보니까 박근형 선생님의 연기가 힘 있고 카리스마적인 게 아주 좋더라구요. 안성기 씨의 신선한 모습하고 잘 어울리더라고. 관록 있는 배우가 잘해줬구나 하고 새삼 느꼈어요.

안재석 이 영화는 정운교 촬영감독님이 촬영을 하셨는데요, 감독님 초기 작품 중 유일하게 이 영화만 정광석 감독님이 촬영을 안 하셨어요.

배창호 일단 정광석 감독님과는 스케줄이 안 맞았고, 또 하나는 정운교 감독님이 스크린 프로세스screen process라는 특수촬영에 경험이 많으신 분이었기 때문이에요.

안재석 감독님께서는 〈꼬방동네 사람들〉부터 〈그해 겨울은 따뜻했네〉까지 초기 작품을 2.35:1 시네마스코프 사이즈로 작업을 하셨는데, 유독 이 영화만 1.85:1 비스타비전 사이즈로 만드셨거든요?

배창호 세계적으로는 이미 1.85:1이 대세였는데, 내가 하고 싶은 사이즈로 해보자는 생각이 촬영감독하고 맞았어요. 그 당시 우리나라 영화는 시네마스코프로 하는 게 대세였구요.

안재석 이 영화에는 롱 테이크도 제법 많구요, 플랑 세캉스plan-séquence라고 하는 원 신 원 숏one scene one shot 장면도 여럿 있습니다.

배창호 픽스fix도 많지요. 〈꼬방동네 사람들〉처럼 감정이 진한 작품이 아니라 담담하게 찍으려 했던 것 같아요.

안재석 〈꼬방동네 사람들〉보다는 덜 하지만, 이 영화 역시 줌 렌즈의 사용이나 카메라 움직임이 많습니다.

배창호 줌 사용은 몇 군데밖에 안 쓴 거 같은데. 왜냐하면 이것도 유행이 지났을 때니까요. 1970년대 영화에는 세계적으로도 줌 인, 아웃이 많았어요. 비스콘티의 〈베니스의 죽음Morte a Venezia〉(1971)에도 눈에 거슬릴 정도로 많이 나옵니다. 〈철인들〉에서 카메라 움직임도 인물이 역동적으로 움직일 땐 같이 움직인 거 같고. 사실 이동차 깔고 하려면 시간이 많이 걸려요. 테스트도 길어지고. 그렇기 때문에 이 영화는 촬영 기간이 정말 짧아서 이동을 자제한 면도 있어요.

안재석 방금 말씀드렸던 원 신 원 숏 같은 것도 보면, 강 직장(황해)과 아들 준석(이효정)이 바닷가를 걸으면서 이야기하는 이런 장면도 계속 카메라가 움직이면서 따라가거든요? 그러니까 롱 테이크가 고정 롱 테이크가 아니라 이동 롱 테이크라는 거죠. 그런 움직임이 많다는 거거든요.

배창호 카메라 움직임에 대해선 사용한 장면마다 이유가 있어서 썼지 스타일적으로 카메라 움직임을 선호하지는 않았어요. 또 카메라 이동을 하고 싶어도 장비가 없어서 못할 때도 많았습니다. 예를 들어 철 구조물을 완성해서 직원들과 근로자들이 올려다보는 장면이 있어요. 인물들을 전경에 걸고 철 구조물을 앙각으로 픽스로 찍었는데, 그런 장면이야말로 고공 크레인이나 드론이 있었다면, 그 철 구조물이 15층 높인데 거기서부터 크레인으로 잡아가지고 땅까지 내려오면서 인물로 갔으면 그 공간의 대비와 철 구조물의 거대함을 보여줄 수 있었을 겁니다. 그런데 그 당시에 쓸 수 있는 촬영용 크레인이 국내 영화계에 한 대도 없었습니다.

안재석 또 제가 감독님 영화에 카메라 움직임이 많다고 느낀 건, 감독님 영화를 쭉 보다 보니까 360도 팬pan을 비롯해서 호형으로 움직이는 달리dolly 숏 같은 장면들이 꼭 들어가 있는 거예요. 〈철인들〉에도.

배창호 아, 〈철인들〉에도 원형 이동이 있구나. 강 직장의 아들이 철관 안에서 폐쇄 강박증 같은 걸 느껴가지고 작업장을 배회할 때 원형 이동을 썼네요. 〈꼬방동네 사람들〉에도 주석이가 형사에게 잡혀간 후 혼란한 검은 장갑의 심리를 표현하기 위해 핸드헬드로 360도 이동을 했습니다.

안재석 〈적도의 꽃〉에서도 호텔 로비에서….

배창호 그 장면은 이동차 레일을 깔지 않고 이동차 판만 놓고서 그냥 했고. 〈깊고 푸른 밤〉에서 비로소 미국에서 원형 레일을 제대로 놓고 촬영했습니다.

안재석 다큐멘터리적인 연출도 자주 눈에 띕니다.

배창호 철 구조물 제작 과정을 부분부분 담아야 했으니까요.

안재석 지난번에 감독님께서 처음 단편영화 만드실 때도 그랬고, 당시 그런 다큐멘터리적 연출법을 좋아하셨던 건가요?

배창호 촬영 현장이 실제 장소이고 실제 철 구조물이 만들어지는 과정 속에서 연출했으니까 자연스레 다큐적인 연출이 부분적으로 들어간 거죠.

안재석 촬영 당시 어려움이 많으셨을 것 같습니다. 기억나시는 에피소드가 있으시면 소개해주세요.

배창호 촬영 현장이 쇠를 다루는 데라 근로자들의 안전사고가 가끔 발생하는 곳이에요. 그래서 스태프, 연기자들의 안전에 대해 신경을 많이 쓸 수밖에 없었어요. 추운 겨울에 근로자들이 허공에 매달려서 일하는 모습을 보며 '참 힘들겠다.' 그런 생각을 하면서 촬영을 했어요. 우리도 고공에서 왔다 갔다 하면서 찍었지만 말이에요. 우리 밤샘 촬영할 때 근로자분들이 교대하고 가면서 "감독님, 참 힘든 일 하시네요" 하며 격려해주던 일이 기억납니다. (웃음)

안재석 영화 중반에 철 구조물 꼭대기에서 고소공포증을 느끼고 두려워하는 강 직장의 아들을 안성기 선생님이 철 바구니를 타고 올라가 구조하는 장면 있잖아요? 촬영할 때 위험하지 않았나요?

배창호 안전을 미리 점검하고 촬영합니다. 안성기 씨는 비 신이 많아서 고생했어요. 추운 날에 며칠 밤을 비 맞다가 물대포를 맞았는데, 의상 안에다가 비닐 옷을 만들어 입었어도 습기가 차서 피부병을 좀 앓았다고 그래요.

안재석 편집 과정에서 빼신 신이나 시퀀스가 있습니까?

배창호 있어요. 로드업road up이라는 프로세스를 촬영했는데, 편집에서 뺐습니다. 작업장의 철 구조물을 배에 싣기 위해 긴 레일에 기름칠을 해가지고 굵은 와이어로 끌어당기는 작업인데 보통 어려운 게 아니에요. 작업 도중 와이어가 끊어지는 위기가 있었어요. 연출한 것이 아니라 실제 작업을 찍었던 거죠. 나도 촬영 의자에서 "레디 고!" 하다가 너무 흥분해서 뒤로 나자빠져가지고 (웃음) 시멘트 바닥에 부딪혀서 엉덩이뼈를 다쳐 한동안 걷기 힘들었는데, 그 장면들을 다 빼버렸어요.

안재석 감독님께 〈철인들〉은 어떤 작품인가요?

배창호 시사를 보고 이장호 감독님이 "배창호가 철인이었구만." 이런 멘트를 하셨어요. (웃음) 아주 잘 본 영화평이었다고 생각을 해요. 내가 철인이 되지 않고서는 그 단기간 내에 만들 수 없었던 그런 영화였고, 신인 감독으로서 입지를 굳혔던 거지요. 그리고 흥행을 의식하지 않고 찍을 수 있었다는 거, 그게 좋았죠.

안재석 계몽영화를 만들었다는 것에 대해선 어떻게 자평하십니까?

배창호 무슨 소재든 어떠한 자세로 만들었느냐가 중요하다고 생각해요. 계몽성이라는 것이 왜 문제 됩니까? 프랑스에서는 계몽주의 철학자들도 있었고 톨스토이Lev Nikolayevich Tolstoy도 계몽주의 작가가 불리는데. 이 작품 역시 나는 사랑의 시각으로 풀어나갔습니다. 일을 사랑하는 기업주와 경영자, 자신의 책임을 다하는 근로자, 이런 분들의 노력으로 1970년대 우리나라의 경제 성장을 이루었습니다. 또한 〈철인들〉에는 정부에서 보면 싫어할 수도 있는 장면들이 있습니다. 근로자들이 박 부장에게 스트라이크 일으키는 장면들도 그렇고. 고도 경제 성장의 가치인 실적 위주에 반대적인 가치를 내미는 게 동력이거든요? 진정한 경제 성장은 근로자들에 대한 배려, 화합과 협력 위에 이루어진다는 것을 은연중에 표현했습니다.

〈적도의 꽃〉

안재석 〈적도의 꽃〉은 어떻게 준비하시게 된 작품입니까?

배창호 1982년도 말 최인호 선배님의 신작 소설인 『적도의 꽃』이 출간되었어요. 다 읽자마자 영화로 찍고 싶은 생각이 강하게 들었습니다. 윌리엄 와일러William Wyler의 〈콜렉터The Collector〉(1965)가 떠올려지며 이번엔 심리에 치중하는 작품이 될 것 같았습니다. 최 선배님은 〈꼬방동네 사람들〉을 보고 나서 내게 '뚱뚱한 여우'라는 별명을 붙여주었습니다. 그만큼 치밀한 계산으로 작품을 만들었다는 칭찬의 표시였죠. 동아수출공사에서 원작을 사들였고 이우석 사장님과 최 선배님이 내가 감독하는 것을 흔쾌히 동의해주었습니다.

안재석 이 영화는 흥행이 될 거 같다는 생각이 있으셨던가요?

배창호 테마성도 있고 대중성도 있다고 판단했습니다.

안재석 원작의 유명세도 있었겠구요.

배창호 당연히 있었죠. 그러나 『적도의 꽃』은 기대만큼의 베스트셀러는 안 되었습니다. 대중적인 스토리보다는 인간의 심리에 치중한 면 때문에 일반 독자들에게는 관심이 덜했을 수 있었어요.

안재석 〈깊고 푸른 밤〉, 〈안녕하세요 하나님〉 같은 작품들은 사실 제목만 빌려오고 원작과 완전히 다른 내용이더라구요. 근데 이 〈적도의 꽃〉은 원작 소설과 거의 똑같거든요?

배창호 〈적도의 꽃〉도 기본 스토리는 원작과 같지만, 주인공의 성격 설정과 테마의 방향이 다소 달라요.

안재석 이 영화의 시나리오가 여러 버전이 있거든요? 거기에는 원작 소설과는 다른 여러 가지 설정들이 나와요. 미스터 M의 성격도 각 버전마다 다르고 내용도 다르고 김성두(남궁원)가 화가로 나오는 버전도 있구요.

배창호 썼던 시나리오를 무너뜨리고 다시 세우고 하다 보면 처음 방향으로 다시 돌아가는 경우도 있고. 그러나 시나리오와 영화에 다른 부분이 있을 겁니다. 촬영 과정에서 흐름과 디테일이 생기거든요.

안재석 시나리오 작업은 어떤 방식으로 진행되었습니까? 최인호 선생님이 혼자 쓰신 게 아니라 감독님과 의논을 하면서 쓰신 건가요?

배창호 물론 의논하면서 썼죠. 최 선배님은 내 의견과 공감대가 형성되면 과감히 원작을 영화적으로 바꾸었어요. 그만큼 영화를 잘 아는 분이었죠.

안재석 그럼 감독님께서 생각하신 이 영화의 시나리오 각색 방향은 어떤 것이었습니까?

배창호 그게 핵심적인 점인데, 나는 원작보다 더 보편성을 취하고 싶었어요. 미스터 M(안성기)이라는 캐릭터가 문제였지요. 소설에서는 주인공 미스터 M의 성적인 상상이 많아요. 이 소설의 원제가 '구멍'이에요. 그래서 원작에는 인간의 엿보고 싶은 심리적 묘사가 많아요. 시나리오 초기 단계에서 최인호 선배한테 그랬어요. "미스터 M의 입장에서는 선영(장미희)을 사랑하는 것으로 했으면 좋겠습니다." 결국은 선영이 죽음에 이르고 나서 자신의 사랑이 순수한 사랑이 아닌 집착이라는 것을 미스터 M이 알게 되는 거지요. 영화에서 미스터 M은 오히려 성적인 것을 추하게 보고 아름다운 사랑을 꿈꾸는 사람이에요. 몽상가지요. 그래서 선영을 엿봄으로써 쾌감을 느끼는 것이 아니라 자기가 꿈꾸는 데 대한 기대치를 배반했을 때 선영에 대해 분노하는 것입니다.

안재석 영화 초반에 미스터 M이 자신의 상황을 내레이션으로 이야기하는 장면이 있습니다. 아버지한테 전화 받는 장면도 나오구요. 근데 다른 버전의 시나리오를 보면, 불면증에 시달리다 정신과 상담을 받는다거나 월남전 참전 용사였다는 등의 설정도 있거든요? 이런 여러 가지 설정들 중에서 직장을 그만두고 아버지가 부쳐주는 생활비로 산다는 지금의 설정을 선택하신 이유가 있으신가요?

배창호 그 설정이 그 인물에게 가장 현실적이라는 생각에서였죠. 그리고 나는 영화에 필요한 것 외에는 생략을 하는 편이에요. 그런데 사람들은 영화에 없는 것을 찾아요. 영화에 없는 나머지 부분은 관객들의 상상의 몫입니다. 초상화를 보면 반신도 전신도 있어요. 작가의 선택이지요. 〈적도의 꽃〉에서도 내가 필요한 부분만 선택해서 보여주었습니다. 소설은 시간

예술이 아니기 때문에 길이에 구애받지 않지만, 영화는 시간예술이라 선택이 중요합니다.

안재석 원작 소설은 미스터 M의 1인칭 시점으로 이야기가 전개되기 때문에 그의 심리 묘사가 상세한 반면, 영화에선 내레이션이 아니고서는 달리 이를 표현할 방법이 없기 때문인지 많이 생략이 되어 있습니다. 미스터 M이 설희(나영희)와 준환(신일룡)한테 복수하는 장면을 예로 들면, 영화에선 왜 미스터 M이 설희의 머리카락을 자르고 준환을 차로 치는지, 왜 그런 형벌을 내리는지 이유가 설명되고 있지 않거든요? 소설에는 그 이유들이 다 있더라구요.

배창호 그 부분을 넘겨준 거예요, 관객들한테. 그건 영화라는 매체의 특성이에요. 그걸 느끼는 사람은 느끼고 못 느끼는 사람은 어쩔 수가 없어요. 예를 들어 시는 함축적인 언어로 표현하니까 잘 못 느끼는 사람도 있을 텐데, 시인이 이러저러한 느낌으로 쓴 것이다 설명해주면 시의 감흥은 느낄 수 없는 거지요.

안재석 감독님께서 말씀하셨듯이 미스터 M을 좀 더 보편성 있는 인간으로 그리고 싶었다고 하셨는데, 심리 묘사를 생략하다 보니까 미스터 M이 원작 소설에서보다 훨씬 더 모호한 인물로 보여진다는 거죠.

배창호 당연하죠. 소설에서는 심리 묘사를 상세히 해주지만 영화는

심리를 설명하기보다 관객이 스스로 느끼게 해주는 경우가 많으니까요. 물론 관객들 중에도 인물에 대해 모호함을 느낀 사람들이 있었어요. 미스터 M이 선영을 사랑하는 것으로 영화에 몰입했는데, 나중에 선영을 질투하고 시험하고 괴로워하다가 심판자가 되어버리니까. 미스터 M은 자의식이 많은 인물이라 자신을 드러내고 타인을 사랑할 줄 모릅니다. 숨어서 사랑을 합니다. 말하자면 자기 중심적 사랑인데, 그건 진실한 사랑이 아니죠. 선영이 밤의 강변에서 미스터 M을 향해 빗속에서 외칩니다. "이 세상에 사랑은 없어요!"라고 말입니다. 미스터 M만큼은 자신을 진실하게 사랑하는 줄 알았다가 아닌 걸 깨달은 거지요. 선영이는 현실에서 상처받은 인물이지만, 세상 속에서 진실한 사랑을 갈구했던 겁니다.

안재석 이 영화에는 감독님 작품답지 않은 선정적인 장면들이 몇 개 있습니다. 선영과 준환의 욕실 장면이라든가 준환과 설희의 숲속 러브 신 등이 그것인데요, 원작 소설에도 시나리오에도 없는 설정인데 굳이 넣으신 이유가 있으신가요?

배창호 원작에서도 정사 장면이 있어요. 물론 시나리오에도 있구요. 이 작품에 몇몇 러브 신이 있는 이유는 육체적 사랑에 빠진 준환과 정신적인 사랑에 빠진 미스터 M과의 대비 때문이지요. 그렇긴 하지만 러브 신을 절제했으면 하는 생각은 후일 했습니다.

안재석 이 영화의 촬영은 언제부터 언제까지 진행이 되었나요?

배창호 여름철이에요. 1983년 6월쯤 시작해서 9월 초까지 하지 않았나 싶은데요.

안재석 세트 촬영은 없었던 거 같은데요?

배창호 없었어요. 선영의 아파트 장면도 압구정 현대아파트에서 다 했어요.

안재석 그럼 아파트를 대여하신 건가요?

배창호 그때만 해도 좋은 시절이었는지 그 아파트는 대여를 했고, 광장에 조명대를 높게 쌓았는데도 주민들의 항의가 없었어요. (웃음) 아파트 안의 조명에 많은 공을 들였는데, 콘트라스트contrast와 질감을 잘 살리기 위해 정광석 감독님과 조명감독이 정성과 시간을 쏟았습니다.

안재석 특히 선영이 미스터 M을 초대해서 불 꺼놓고 만나는 장면, 그 디테일이 아주 잘 살아있더라구요.

배창호 전체적으로 룩look이 세련된 영화였죠.

안재석 미스터 M의 거실 벽에 걸린 보티첼리Sandro Botticelli의 '비너스의 탄생The Birth of Venus'이 의미하는 것은 무엇입니까? 이 그림은 원작 소설에도 시나리오에도 등장하지 않습니다.

배창호 미스터 M이라면 걸었을 만한 그림을 선택한 거죠. 첫 장면에 한 남자가 나른한 여름날 낮에 혼자 아파트 거실에 무료하게 앉아있습니다. 선풍기가 졸듯이 돌고 있고 까만색 전화기에서 벨이 울립니다. 그때는 다이얼 전화기 시절입니다. (웃음) 그렇게 아파트로부터 영화가 시작됩니다. 아파트로 상징되는 차가운 콘크리트 문화 속에 단절되어가는 인간 관계에 대한 영화가 전개되며, 벽에 걸린 그 그림이 주인공이 정신적인 미의 부활을 꿈꾸는 인물임을 암시합니다.

안재석　원작 소설과 시나리오에선 쇼팽Frédéric Chopin의 피아노곡이 중요한 모티프로 기능하는데, 영화에선 별다른 역할을 하지 않습니다. 미스터 M이 처음 선영한테 전화할 때 들려주는 음악도 쇼팽의 피아노곡이 아니고, 미스터 M이 선영을 초대하는 공연도 쇼팽의 피아노 협주곡의 연주회가 아니라 발레 공연으로 바뀌었거든요? 소설에서는 미스터 M이 그녀가 좋아하는 똑같은 음악을 듣기도 하고, 또 그녀가 좋아하는 음악의 연주회를 하니까 그녀를 초대하고 그러는 거거든요.

배창호　선영이 친구 설희와의 대화 장면에 쇼팽을 좋아한다는 얘기를 미스터 M이 엿듣고 그녀가 좋아하는 것을 무조건으로 좋아한다는 것은 영화에서 중요한 요소가 아닙니다. 물론 미스터 M이 선영을 어둠 속에서 처음 만나는 중요한 장면에서는 쇼팽의 곡이 나오지만. 원작의 디테일을 영화에 다 살릴 수 없어요. 강조할 것만 강조하는 것이지요. 쇼팽의 곡이 심리적으로 중요하게 작용하는 것이었으면 사용했겠지만 그렇지 않았어요.

안재석　준환의 대사 중에 "신체검사를 하고 싶다"라는 대사가 재미있었습니다. (웃음) 원작 소설이나 시나리오에선 "배꼽을 보고 싶다"라고 돼 있던데, 이 대사는 어떻게 만들어지게 됐습니까?

배창호　원작의 표현보다 더 간접적인 표현으로 바꾼 겁니다. (웃음) 미스터 M이 준환을 흉내 내어 설희를 전화로 불러내는데 목소리가 다르니까 준환이 잘 쓰는 독특한 말버릇을 영화적 장치로 생각해낸 겁니다.

안재석 원작 소설에서는 영화와 달리 미스터 M과 선영이 성적인 관계를 맺습니다. 이것이 미스터 M이 선영을 시험하기 위해 준환에게 편지를 보내는 결정적인 동기 부여를 하구요. 시나리오에도 이 장면은 빠져 있던데, 빼신 이유가 있으십니까?

배창호 미스터 M이 선영에게서 원하는 건 그게 아니었으니까.

안재석 근데 소설에서도 미스터 M이 그걸 원한 게 아니고 선영이가 먼저 "사랑한다"는 등의 말을 하며 유혹해서 어쩔 수 없이 관계를 맺게 되거든요. 그래서 이 여자가 지금 자기한테 했던 말들이 진정일까 고민하다가 시험해보기 위해 준환한테 편지를 보내요.

배창호 그렇게 갈 수도 있었겠죠. 그런데 내가 원하는 미스터 M은 그런 인물이 아니었어요. 선영이를 보티첼리의 '비너스의 탄생'처럼, 그러니까 자신이 꿈꾸는 사랑의 대상으로 여겼던 거죠.

안재석 미스터 M과 선영의 전화 통화가 자주 오프 사운드off sound로 들려지는데요. 물론 지금은 많이 쓰여지는 방식이지만, 당시로선 신선하고 세련된 기법이 아니었나 싶습니다.

배창호 미스터 M이 선영이를 처음 슈퍼마켓에서 보는 슬로 모션, 그런 심리적인 슬로 모션은 이미 〈꼬방동네 사람들〉에서도 썼었고. 360도 팬도 항공 촬영도 했죠. 비록 카메라가 많이 떨렸지만, 항공 촬영으로 쭉 제주도 바닷가를 훑다가 검은 바위 위에 선영이와 설희가 수영복 입고 누워 있는 이런 것도 그 당시에는 참신했어요.

안재석 미스터 M의 마지막 내레이션은 원래 없었던 걸로 알고 있습니다. 스스로 자책하고 반성하는 내용인데, 영화를 억지스럽게 그런 쪽으로 마무리 지으려고 한 느낌이 들기도 하더라구요.

배창호 첫 시사 때는 내레이션이 없었습니다. 선영이 스스로 죽음을 택한 뒤 미스터 M이 선영의 사진을 모두 불태우고 첫 장면처럼 아파트에 혼자 말없이 앉아있는 롱 숏이 끝인데, 영화가 무거운 거예요. '아, 무겁다. 이 이유가 뭘까? 영화의 마지막 느낌이 왜 이렇게 무거울까?' 뭔가 개운치가 않았어요. 첫 시사 끝나고 계속 고민을 하다가 문득 미스터 M이 자신의 심판자적 행동에 대해 후회하고 자신의 잘못을 느끼게 하면 어떨까 하는 생각이 들었어요. 그래서 최인호 선배님하고 상의를 했더니 "야, 그게 좋을 거 같다" 해서 라스트 장면에 내레이션을 넣고 보니까 특이한 성격의 미스터 M도 지닐 수 있는 보편성이 살아나는 거예요. 그 내레이션의 중요한 부분은 "선영을 스스로 죽게 만든 것은 나의 비겁한 사랑 때문이었다"라는 내용이었습니다. 보기에 따라 급하게 결말을 맺은 것도 같겠지만 마지막 한 장면, 한 마디 대사, 짧은 내레이션으로도 테마를 전달할 수 있습니다. 펠리니의 〈길〉의 라스트를 예로 들면, 자신이 이용만 하던 순진무구한 여인 젤소미나가 죽었다는 말을 전해 듣고 술에 취한 잠파노는 모래사장에 무릎을 꿇고 흐느끼면서 무엇이 두려운 듯 하늘을 올려다봅니다. 만약 모래사장 장면 없이 주막에서 술에 취해 가만히 앉아있는 장면이 엔딩이었다면 느낌이 확 달라지는 것입니다.

안재석 엔딩에 '미스터 M'이 '미스터 Man'으로 바뀌는 자막은 꼭 필요했을까 싶습니다.

배창호 원작에도 있어요. "M은 Man에서 따왔다"라고. 영화를 본 사람들 중에 왜 미스터 M이냐는 질문이 올 거 같았어요. 미스터 M이라는 익명성이 'Man', 즉 평범한 인간이라는 전달을 한 것입니다.

안재석 이 영화는 그해 한국영화 흥행 2위를 기록했고, 작품에 대한 평가도 좋았습니다.

배창호 흥행에는 성공했지만 멜로적인 사랑 이야기가 아니라서 전국적으로 빅 히트는 아니었던 걸로 기억합니다. 그래도 그해 서울예대 학생들의 베스트 1의 작품이었고, 대종상 여우주연상도 수상했고, 아시아태평양영화제Asia-Pacific Film Festival 감독상도 수상했습니다. 나중에 선댄스영화제 Sundance Film Festival 집행위원장을 오랫동안 역임했던 UCLA의 필름 아카이브 담당이었던 제프리 길모어Geoffrey Gilmore 씨가 내한하여 이 작품을 보고 파워풀powerful한 영화라고 말했던 것이 기억납니다.

안재석 그래도 아쉬운 점이 있으실 것 같은데요?

배창호 아쉬움을 어느 시점에서 보느냐 하는 문제가 있어요. 내가 감독으로서, 한 인간으로서 더욱 성숙한 시점에서 이 영화를 바라보면 아쉬움이 많겠지요. 모든 작품이 다 그렇습니다. 당시의 내 수준대로 만들었어요. 그때도 왜 아쉬운 점이 없었겠어요? 그러나 최선을 다해서 만들었으니 작품 그대로 받아들입니다.

〈고래사냥〉

안재석 〈고래사냥〉은 어떻게 기획된 작품입니까?

배창호 〈적도의 꽃〉 촬영 중에 최인호 선배님이 연재하던 소설을 한 번 읽어보라고 해서 연재된 걸 카피를 해가지고 읽었는데, 이야기가 신선하고 젊은이들의 억눌린 마음을 분출해줄 수 있는 재미와 의미를 갖춘 영화가 될 것 같아서 선뜻 하기로 했어요. 당시에는 제작자만 오케이 하면 기획과 투자가 동시에 이루어지는 것이라 감독이 힘의 분산 없이 일을 진행할 수 있었죠. 황기성 사장님이 독립 프로듀서로 일을 하실 땐데, 조감독 때 화천 공사에 기획자로 계셨어요. 나의 재능을 조감독 때부터 눈여겨보시고 이런 말씀을 하셨어요. "영화계에서 내 등을 밟고 올라가라." 황기성 사장님한테 〈고래사냥〉의 제작을 의뢰했더니 흔쾌히 오케이를 하셨습니다. 원작 읽고 나자마자 안성기 씨에게도 미리 왕초 역을 맡아달라고 했습니다.

안재석 이 영화는 감독님의 첫 번째 로드무비road movie인데요, 감독님께서는 늘 로드무비를 좋아하신다고 말씀하곤 하셨습니다. 로드무비의 어떤 점에 매력을 느끼시는지, 그리고 특별히 좋아하시는 작품이 있으십니까?

배창호 로드무비 형식의 영화는 〈고래사냥〉, 〈고래사냥 2〉, 〈안녕하세요 하나님〉, 〈길〉, 〈여행〉까지 다섯 작품을 했네요. 좋아하는 로드무비 스타일의 영화는 존 포드의 〈분노의 포도The Grapes of Wrath〉(1940), 펠리니의 〈길〉, 제리 샤츠버그Jerry Schatzberg의 〈허수아비Scarecrow〉(1973), 빔 벤더스의 〈파리, 텍사스Paris, Texas〉(1984), 이만희 감독님의 〈삼포 가는 길〉(1975) 등이 있습니다. 인간은 저마다 목적지를 찾아 길 위를 걷는 여행자죠. 〈고래사냥〉을 끝내고 훨씬 뒤에 최인호 선배님이 당시 운전을 못하던 나를 태우고 운전을 하다가 불쑥 "배 감독, 운전을 배우고 나면 길 위에 길이 있다"라고 말한 것이 기억이 납니다. 운전을 하면 도로 안내판도 보게 되고, 속도 제한 표시도 좌회전, 우회전, 유턴 신호도 보게 되죠. 운전을 하지 않았을 때는 볼 필요가 없어 무심코 지나치던 것들이 새로이 보인다는 뜻이었죠. 이렇듯 로드무비에는 관객들이 걷는 인생길에 무심코 지나치는 삶의 안내판이나 신호등을 비유적으로 보게 합니다.

안재석 원작 소설은 여름을 배경으로 하고 있고 시나리오도 여전히 여름이던데, 영화는 겨울을 배경으로 하고 있거든요?

배창호 촬영 예정 기간에 맞춰 계절을 바꾸었어요. 계절이 특별히 중요해서 바꾸지 말아야 할 작품은 아니었거든요. 〈꿈〉, 〈정〉, 〈길〉 같은 작품들은 계절을 꼭 지켜야 될 작품들이었구요. 〈고래사냥〉을 여름에 찍었다면 낭만적인 분위기의 영화가 되었을 것입니다. 〈안녕하세요 하나님〉은 여름을 배경으로 했지요. 〈고래사냥〉과 〈길〉은 겨울에 찍었기에 그들의 여정이 힘들고 어려운 것이었음을 더욱 느끼게 됩니다. 나는 겨울이 〈고래사냥〉에 더 맞는 배경이라고 봤습니다. 로케이션은 거의 강원도에서 이루어졌는데, 눈이 많은 겨울 들판의 황량함이 이들의 여정과 잘 어울렸다고 생각해요.

안재석 원작에서는 춘자(이미숙)의 고향이 완도로 설정이 돼 있고, 실재하는 공간이죠. 시나리오에서는 이름이 우도로 바뀌긴 했지만, 여전히 전라남도의 끝에 있는 섬으로 설정이 돼 있습니다. 하지만 영화에선 우도가 동해안의 끝에 있는 섬으로 바뀌고, 이로 인해 여행 경로가 완전히 바뀌게 되거든요?

배창호 촬영에 들어가기 전 동해안 쪽에서 찍을 계획을 세웠기 때문에 그렇게 바꾼 겁니다. 이 작품에서의 고향은 어느 지역인가 하는 것이 중요한 것 아니라 어머니가 살고 있는 돌아갈 곳이라는 것입니다. 우도라고 이름 지었기에 마지막 고향 집에 소도 있잖아요? (웃음) 나중에 알고 보니까 우도가 실제로 제주도 어디 끝에 있어요. 같은 이름의 섬은 얼마든지 있을 수 있겠지요.

안재석 그럼 동해 쪽으로 간 건 〈바보들의 행진〉의 삽입곡인 '고래사냥'의 가사를 염두에 두셨기 때문인가요?

배창호 최인호 선배가 쓴 그 가사를 좋아해서 외우고 있는데, 먼저 소개할까요?

안재석 (웃음) 네, 좋죠.

배창호 술 마시고 노래하고 춤을 춰봐도
가슴에는 하나 가득 슬픔뿐이네.
무엇을 할 것인가 둘러보아도

보이는 건 모두 돌아앉았네.

자, 떠나자. 고래 잡으러.

삼등 삼등 완행열차 기차를 타고.

간밤에 꾸었던 꿈의 세계는

아침에 일어나면 잊혀지지만

그래도 생각나는 내 꿈 하나는

조그만 예쁜 고래 한 마리.

자, 떠나자. 동해 바다로.

신화처럼 숨을 쉬는 고래 잡으러.

안재석 병태 일행이 어렵게 동해에 도착해서 해가 떠오르는 바다를 향해 환호하며 달려가는 장면이 떠오릅니다. (웃음)

배창호 이 가사는 1970년대 사회, 정치적으로 억압을 느낀 젊은이들을 위한 것입니다. 1980년대에도, 아니 지금까지도 여전히 유효한 내용이구요. 물론 영화에서 동해안으로 주인공들의 목적지를 정한 것은 이 가사와도 연관이 있고, 강원도의 설경, 일출 장면을 위한 것도 있습니다.

안재석 이 영화가 원작 소설과 크게 다른 점은 바로 포주 일당의 추격인데요. 이건 시나리오에도 없던 설정이잖아요?

배창호 많이 고민했던 부분이에요. 시나리오를 쓰고 나서 이 영화를 어떤 톤으로 가느냐 하는 고민이 있었습니다. 로드무비 자체로서의 그 여정의 디테일로도 작품을 가져갈 수 있었고, 〈안녕하세요 하나님〉처럼 말입니다. 감독으로서의 나는 이 영화의 등장인물들, 소심한 대학생 병태(김수철), 방랑 노숙자 왕초 민우(안성기), 그리고 고향을 가고자 하는 춘자(이미숙)가 그들의 목적지로 무사히 가게끔 도와주어야 하는 입장이었습니다. 그런데 하나의 지속되는 위기를 주고 싶었어요. 추격을 통해 영화의 긴장감을 주기 위해서였지요. 또 사실적으로 생각해봐도 포주(이대근) 입장에서는 춘자를 찾아오고 싶을 거구요. 최인호 선배한테도 얘길 안 하고 결정했어요. 촬영 전에 상의하면 반대할까 봐 우려했기 때문입니다. 그런데 가편집된 영화를 보시고는 잘 집어넣었다고 하셨습니다. (웃음) 시나리오는 바뀔수 있다는 것을 아시는 분인데, 내가 괜한 걱정을 했던 거지요.

안재석 결과적으론 성공적인 판단이셨네요?

배창호 〈고래사냥〉의 대중성을 높이는 데 큰 역할을 한 설정이지요. 병태 일행이 고향 바로 앞 바다에 이르렀을 때 포주 일당과 맞닥뜨려 춘자를 지키려는 병태의 필사적인 의지 앞에 춘자의 실어증이 고쳐지고, 이런 모습에 포주의 마음이 움직여 춘자를 그냥 돌려보내게 됩니다.

안재석 이 영화에 김수철 선생님의 캐스팅은 정말 탁월한 선택이었다고 생각됩니다. 어떤 계기로 캐스팅하게 되셨나요?

배창호 대학생 병태 역으로 기성 배우로도 생각을 하다가 신인으로 가자는 데 의견이 합쳐졌어요. 주위에서 '작은 거인'의 김수철이라는 친구가 병태 역에 어울리는 것 같다고 추천을 했어요. 그런데 김수철 씨하고는 이미 인연이 있었는데, 〈어둠의 자식들〉의 조감독을 할 때 연출부의 친구였어요. 그때 영화음악을 해보고 싶다고 해서 김수철 씨의 데모 테이프를 들었어요. 새로운 스타일의 음악이었는데, 〈어둠의 자식들〉엔 안 맞았어요. 〈고래사냥〉의 배역을 위해 김수철 씨를 만난 자리에서 관계자 모두가 만족했습니다. 순수한 모습과 수줍은 말투가 외향적으로는 적역이었고 연기자로서의 감성은 이미 작곡과 노래로도 확인되었구요. 김수철 씨가 배역을 수락하면서 한 가지 조건을 걸었어요. "영화음악을 나한테 맡겨 달라"는 것이

었습니다. 사실 김수철 씨는 영화음악을 하기 위해 생각지도 않았던 연기를 수락했던 겁니다. 결국 김수철 씨는 이 작품으로 영화음악가의 길을 걸었고 〈서편제〉(임권택, 1993)에 이르기까지 많은 작품의 음악을 담당했습니다.

안재석 이전 작품들과는 다른 안성기 선생님의 유머러스한 연기도 일품이었는데, 결과적으론 훌륭한 선택이었지만 당시 안 선생님을 왕초 민우 역으로 캐스팅하신 것은 모험이지 않았나 싶기도 하거든요?

배창호 나는 안성기 씨가 중학교 3학년 때 출연한 〈앨개전〉을 봐서 유머러스한 연기를 할 수 있는 연기자라는 걸 이미 알고 있었어요. 안성기라는 연기자 속에서 여러 모습을 표현하는 가능성을 봤어요. 서민적인 모습, 지성적인 모습, 도시적인 우수도 있고, 생기발랄한 연기나 〈바람 불어 좋은 날〉에서처럼 어눌한 인물도 잘 표현하잖아요? 이 작품 촬영 때 추위를 견디느라 힘들었고 여건상 어려운 촬영도 많았지만 호흡이 잘 맞았어요. 나중에 안성기 씨 인터뷰에 〈고래사냥〉의 왕초 역이 매우 즐거웠다고 얘길 하더라구요.

안재석 이 영화의 촬영은 언제부터 언제까지 진행됐습니까?

배창호 1983년 11월부터 1984년 2월 초까지. 순제작비가 〈꼬방동네 사람들〉보다 적은 걸로 알아요. 조감독이었던 이명세 감독이 제작비를 아끼느라 애를 많이 썼죠.

안재석 즉흥 연출도 하셨나요?

안재석 나는 즉흥 연출이 이제껏 거의 없어요. 촬영 현장에서 장소 변경이나 디테일, 대사 수정은 있었지만 가능한 한 미리 연출 계획을 세심하게 짭니다. 영화는 돈이 드는 예술이라는 점 때문에 시간을 절약한다는 것이 내 원칙입니다. 오손 웰즈Orson Welles가 "예술의 문제는 한계가 없다는 것이다"라는 말을 했는데, 사전 계획을 치밀하게 하지 않으면 제작비가 술술 샐 수 있어요. (웃음)

안재석 헌팅 과정은 어땠습니까?

배창호 정광석 촬영감독님이 알고 있는 장소와 내가 알고 있는 장소를 먼저 다녔고, 그렇게도 안 나타나면 또 찾아보고 했죠. 정 감독님은 헌팅하는 감각이 뛰어나신 분이에요. 예를 들어서 갈림길이 나타나면 직관적으로 "왼쪽으로 한 번 가봅시다"라고 합니다. 그래서 가면 알맞은 장소가 찾아질 때가 자주 있었습니다. 내가 〈어둠의 자식들〉 조감독 하면서 겨울에 강원도 여러 곳을 다녔어요. 정선, 여량, 임계, 태백 등. 이 작품에 중요한 장소가 임계인데, 1980년대 말까지는 예전 모습이 많이 남아 있었어요. 장터, 노포, 여인숙, 기와집 등. 〈안녕하세요 하나님〉도 임계에서 많이 찍었어요.

안재석 〈꼬방동네 사람들〉 때부터 자주 보이긴 했지만 이 영화에는 핸드헬드 촬영이 유난히 많습니다. 의도하신 바가 있으신가요?

배창호 〈고래사냥〉은 동적인 장면이 많아서 자주 썼지요. 내용에 맞춰서 역동적일 때는 역동적인 데 맞는 카메라 워킹을 하고 정적인 장면은 거기에 맞는 카메라를 구사하는 겁니다. 물론 반대되는 경우도 있습니다. 동적인 장면에 정적인 카메라를, 정적인 장면에 동적인 카메라를. 영화의 표현 자체가 내용의 일부를 이룹니다. 단순한 예로, 어느 소년이 부모에게 억울하게 야단맞고 대문 앞에 쪼그려 앉은 모습을 위에서 부감으로 찍었다고 합시다. 그 부감이라는 앵글이 소년의 외로움을 강조하기에 내용의 일부가 된다는 말입니다. 물론 관습적인 표현법은 조심해야 하지만. 요즘 영화에서는 카메라가 표현하는 몫이 퇴화 내지는 실종되었어요. 왜냐하면 감독이나 촬영감독이 느낌이 결여된 채 찍어놓고 편집에만 의존해서 그렇습니다.

안재석 감독님이 잘 안 쓰신다는 줌 인 장면도 있던데요?

배창호 있어요. (웃음) 강원도 시장에서 병태 일행이 막걸리를 먹고 있는데 포주 일당이 뒤에 나타나는 장면이 있어요. 그땐 모니터도 없고 카메라 뷰어도 일일이 못 보던 시절이라 정 감독님이 꼭 줌을 할 거 같아서 "정 기사님, 줌 쓰지 마세요." 당부했더니, 웃으시면서 "알았어요." 그래요. 그래서 안심을 했어요. 나중에 러쉬 필름을 보니까 병태를 발견하는 포주 일당을 향해 싹 줌을 했어요. 근데 그 줌이 멋있어 혼자 막 웃었습니다. 고정 관념을 갖지 말고 유행이 지났어도 필요한 표현법이라면 써야 되는 거지요. 정광석 촬영감독님에게 콘티를 설명하면 느낌이 안 오는 건 되묻고 자신도 느낌을 갖고 나서 카메라를 잡습니다. 결국 감독이 최종 판단하는 위치니까 서로 논쟁을 하더라도 감독 요구대로 해줄 수밖에 없는 상황이 많잖아요? 그렇게 해서 찍은 것과 촬영감독이 느껴서 찍은 것과는 같은 사이즈라도 미세하게 다릅니다. 밀로스 포면의 〈뻐꾸기 둥지 위로 날아간 새〉의 첫 장면을 보면 해스켈 웩슬러Haskell Wexler 촬영인데, 동틀 무렵의 시골 도로에 멀리서 차 한 대가 옵니다. 후경에는 먼 산이 보이고 전경에는 작은 호수가 보이구요. 서서히 톱날 연주의 주제 멜로디가 울리면서 차가 지나가는 단순한 장면인데 첫 장면부터 확 느껴집니다. 말로 설명하지 말고 봐야 하는 건데. (웃음) 이것은 감독과 촬영감독이 그 장면을 잘 느껴서 찍은 거예요.

안재석 꼭 찾아 보겠습니다. (웃음) 그리고 창녀촌에서 포주가 춘자를 때리는 장면을 창호 문에 비치는 그림자로 연출하신 기법이 아주 인상적이었습니다.

배창호 뭐 그런 걸 보여주려고 카메라가 안까지 갈 필요는 없었죠. 그림자로도 충분히 느껴지니까. 그리고 병태의 시야로 느끼게 하는 것이 중요하니까요.

안재석 또 흑백 스틸 컷을 이용해 병태와 춘자가 하룻밤을 보내는 장면을 묘사한 기법도 좋았습니다. 당시 다른 영화들에선 볼 수 없는 색다른 시도였던 거 같은데, 어떤 의도가 있으셨습니까?

배창호 그것도 걸러낸 표현이죠. 둘의 러브 신 아니에요? 그걸 표현을 안 할 수도 없고 어떻게 처리할까 고민하다가 스틸 사진으로 표현한 거죠. 그런데 영화를 다시 보면서 거슬리는 장면이 이 장면이더라구요. 너무 이미지화 해서, 춘자의 화장이 진하고 그래서 아쉬웠습니다. 사진적으로는 좋았지만.

안재석 스튜디오에서 따로 촬영하신 건가요?

배창호 예, 사진작가 김중만 씨가 찍었어요. 다른 얘기지만 병태와 춘자의 하룻밤 관계가 없었어도 스토리의 전개에 무리가 없었을 텐데 하는 생각이 나중에 들었어요.

안재석 병태가 창경원에 숨어 들어가 민우를 만나는 장면은 분명 밤 설정이거든요? 근데 화면은 환한 낮이에요. 왜 데이 포 나잇day for night 촬영을 하지 않으셨나요?

배창호 그 장면, 데이 포 나잇으로 찍은 게 맞아요. 현상에서 더 어둡게 눌렀어야 했는데. 데이 포 나잇은 콘트라스트가 있는 장소가 효과적이거든요. 밝은 날이 오히려 좋아요. 밝은 날에 콘트라스트가 있으면 암부 부분이 더 어두워져서 효과가 있어요. 하늘만 많이 잡지 않으면 숲속 같은 장면은 밤 조명하는 것보다 사실적입니다.

안재석 병태 일행이 각설이 타령을 하면서 동냥하는 신도 인상적이었습니다. 〈꼬방동네 사람들〉의 회갑잔치 장면이나 〈철인들〉의 체육대회 장면처럼 마치 한바탕 잔치가 벌어지는 듯 연출하셨는데요, 감독님께서는 유난히 이런 장면을 좋아하시는 듯합니다.

배창호 (웃음) 내 기질이겠죠. 평소 관객의 입장에서 잔치라든지 흥겨움이라든지 이런 장면들을 좋아했어요. 영화를 보면 감독의 성격이 나와요. 세상을 밝게 보는 사람은 영화도 밝게 나오고, 세상을 비관적으로 보는 사람은 비관적으로 나오고, 세상을 관찰하는 감독의 영화는 감정이 결여되어 나옵니다.

안재석 그리고 닭과 장난치는 아이의 숏으로 시작하는 시외버스 안 장면처럼 감독님의 영화에는 잠깐 스쳐 지나가는 장면도 디테일하게 공을 들여 묘사한 장면들이 많습니다. 이런 것도 감독님의 성향이신가요?

배창호 조감독인 이명세 감독이 디테일한 면을 잘 챙겼어요. 감독이 영화를 만들 때는 항상 믿을 수 있는 참모의 도움을 받아야 돼요. 나는 내 영화에 다른 사람의 역량을 같이 합치는 걸 당연시합니다. 이명세 감독은 내가 콘티가 끝나면 콘티에 없는 엑스트라 연출이나 소품 설정이나 이런 디테일을 보충합니다. 그렇게 연구를 하는 모습을 봐서 마음이 아주 흡족했고 이명세 감독의 앞날에 신뢰가 갔죠.

안재석 병태 일행이 석탄 실은 기차에 올라타고, 터널을 지나 얼굴이 시커멓게 되고 하는 장면은 원작 소설에도 없는 이 영화의 최고 명장면입니다. 근데 이 장면을 어떻게 촬영했을까, 늘 궁금했었어요. 아까 제작비 문제도 말씀하셨지만, 기차를 대여할 수 있는 상황도 아니었을 텐데요?

배창호 (웃음) 기차 대여는 하지 않았고, 역 구간에 허가를 받고 촬영을 했어요.

안재석 기차 신의 숏이 많잖아요?

배창호 열차를 우리 마음대로 멈추고 달리게 할 수 없으니까 미리 열차에 연락해놓고 여러 차례 탔죠. 올라타고 내리고 다른 열차 또 올라타고. 올라타는 지점에서는 기관사가 속도를 늦춰줬어요. 원래 시나리오엔 세 사람이 올라타고 달리는 열차에서 뛰어내리는 것도 있었어요. 그래서 연기자들한테 안전한지 점검해보려고 석탄 실은 열차에 내가 뛰어가서 올라탔어요. 올라타는 건 탔는데, 내리는 건 또 다른 문제였어요. 느린 속력이라도 밑을 내려다보니까 겁이 나는 거예요. 그때 이명세 감독이 막 뛰어오면서 "형! 침착하십시오." 소리쳤지만 스태프들은 다 저기 있고 촬영은 해야 되니까 뛰어내렸죠. 근데 뛰어내리는 요령이 없어서 다리가 접질러져 꽤 고생했어요. 침을 맞고 좀 나았는데, 한동안 지팡이를 짚고 걸으며 연출을 계속했어요. 그래서 인물들이 올라타는 것만 촬영하고 내리는 장면은 안 찍었습니다.

안재석 그 외에도 촬영하시면서 어려움이 많았으리라 생각됩니다.

기억나시는 에피소드가 있으시면 소개해주세요.

배창호 강원도 겨울 들판이 정말 추웠어요. "레디 고" 하는 입이 잘 안 떨어졌으니까. 추워서 빨리 찍고 여관방 아랫목에 들어가고 싶은 생각이 종종 들었어요. 그렇지만 실제의 추위와 눈이 여정의 삭막함, 쓸쓸함을 살려줬습니다. "감독은 지난 작품의 힘들었던 것을 모두 잊어버리고 새 작품이 쉬운 일인지 알고 다시 한다"라고 한 말이 맞는 말입니다.

안재석 왕초 민우는 과거에 뭘 하던 사람인가요? 춘자가 마지막 장면에서도 묻는데, 대답 대신 각설이 춤만 추고 사라지지 않습니까? 물론 대학 교정 장면에서 교수를 마주칠 때 암시가 있지만요.

배창호 왕초의 캐릭터에서 중요하게 생각했던 것은 소유로부터, 물질로부터의 자유로운 사람이라는 점이었어요. 경찰서 유치장에서의 대사도 있잖아요? 형사가 "집이 어디야?" 하는 질문에 "전국 팔도가 내 집입니다." 또는 "거지의 철칙이 있습니다. 가지지 않는 거"라는 대사. 그리고 무슨 이유에서인지 중퇴한 학생으로 암시만 주지요.

안재석 또 원작 소설과 달리, 영화에선 춘자가 스스로 화물차 운전수에게 몸을 팔기로 결심합니다. 마치 자기를 희생하는 성녀聖女의 이미지로 비춰지는데요?

배창호 그건 과한 표현이고. 병태는 아프고 일행은 먹을 것도 없는 상황에서 춘자로서 택할 수 있었던 희생정신이었겠지요. 이 신이 아주 좋았다고 봐요. 이 장면이 아니었다면 춘자가 말도 없는 수동적인 여자로만 비춰졌을 겁니다. 이 장면은 이명세 감독과 상의하여 촬영 기간에 추가했는데, 최인호 선배님이 러쉬 시사를 보면서 아주 좋아했던 장면이에요.

안재석 겨울이 배경이라는 것도 그렇고 남자 둘에 여자 하나라는 인물 구성도 그렇고, 이 영화는 이만희 감독님의 〈삼포 가는 길〉을 연상시킵니다. 혹시 참고하지 않으셨습니까?

배창호 좋아하는 작품이지요. 〈삼포 가는 길〉의 강원도 설경 장면이 인상적이어서 촬영 전에 다시 한 번 본 기억이 납니다.

안재석 당시 이 영화에 대한 평을 보면, "1980년대 대중영화의 전범"이라던가 "근래 보기 드물게 어떤 청춘의 힘 같은 것을 보여준 영화"라는 등의 호의적인 평가가 많은 반면에, "너무 에피소드의 전개와 재미에만 열중한 나머지 관객이 영화를 보고 난 후 느끼는 점이 별로 없다"는 식의 아쉬움도 지적하고 있습니다. 감독님 생각은 어떠십니까?

배창호 영화의 귀족주의에 치우친 평이지요. 유명한 영화제에서 상을 받고 관념적인 소재나 감정을 배제하고 생각으로만 찍은 영화나 사실적인 묘사에 치우친 영화를 우위에 놓는 생각들 말입니다. 영화를 있는 그대

로 보지 않는 평들은 귀 기울일 필요가 없어요. 〈고래사냥〉은 관객 동원에
도 성공했고 영화평론가협회 감독상도 받았고, 지금도 그 영화의 감동을 간
직하고 있는 분들이 있으니 보람을 느낍니다. 황기성 사장님이 이 영화를
제작해서 자부심을 가지는데, 친구분이 영화를 보고 "야, 모처럼 인생을 느
끼게 하는 영화였다. 참 좋은 영화 제작했다"는 말을 듣고 기뻐하셨답니다.
소설가 서머싯 몸의 회고록인『서밍 업The Summing Up』을 보면, 자신은 귀족
적인 작가보다는 범속한 것을 쓰는 작가이고 싶다고 썼습니다. 인생사에는
범속한 이야기가 많으니까요. 그걸 어떻게 쓰고 찍는가에 예술성이 걸려있
는 거지요.

안재석 끝으로 많이 받으신 질문이겠지만, '고래'는 무엇인가요?

배창호 마지막 장면의 병태와 왕초의 대사에 나와 있지요. 고래는 모
두의 마음 속에 보석처럼 간직하고 있는 사랑입니다. 자신의 정체성에 회의
를 느낀 소심한 대학생이 힘든 여정을 통해 행했던 것은 이웃 사랑이었으며
자신 속에 그 사랑이 숨 쉬고 있음을 깨달은 것입니다.

안재석 이 영화에 대해 다른 하실 말씀이 있으시면 해주세요.

배창호 〈고래사냥〉은 흥행에도 대성공을 거두었고 비평 면에서도 좋
은 평가를 받았어요. 그렇지만 이 작품의 진정한 가치는 이 시대에 와서 발
견되는 것 같습니다. 흐른 세월이 만들어낸 작품의 깊이와 무게가 더해진

것 같아요. 개봉 당시에는 시대의 흐름 때문에 미처 발견하지 못하던 작품의 가치가 이 시대에는 보이게 된 거죠. 요즘엔 영화 연구에 대한 깊이도 생겼고.

〈그해 겨울은 따뜻했네〉

안재석 〈고래사냥〉으로 드디어 서울 관객 40만 명을 넘기게 되는데요.

배창호 당시의 관객 동원 실적은 전산화가 안 되었을 때라 서울 개봉관의 실적을 기준으로 평가를 합니다. 서울 단관 개봉관 관객 수가 10만이면 히트, 30만이면 삼루타, 40만 이상이면 홈런으로 치구요, 재개봉관, 3번관으로 상영을 계속하게 됩니다. 서울 단관 개봉 40만 관객이라면 지금의 전국 1,000만 관객 수와 비슷하다고나 할까요.

안재석 네. (웃음) 연이은 흥행 성공으로 이제 확실한 입지를 굳히시게 됐는데, 다음 작품으로 박완서 선생님의 원작인 〈그해 겨울은 따뜻했네〉를 선택하셨거든요?

배창호 세경흥업으로부터 제의를 받은 작품인데, 원작을 읽어보고 망설였어요. 당시 6·25전쟁의 이산가족 찾기가 사회의 큰 반향을 일으킨 직후여서 기획의 타이밍도 좋고 소재도 좋게 느껴졌는데, 소설의 중요한 부분인 언니의 질투심으로 어린 동생을 버리는 장면과 마지막까지도 언니가 동생을 버린 것에 대한 심리적 결말이 없는 것이 찜찜했어요. 훌륭한 원작이고 명망 있는 작가의 글이기 때문에 해석을 내 마음대로 하기도 그렇고 해서 안 하려고 하다가 김승옥 선배님하고 상의를 했더니, "영화에는 구원이 있어야 한다"고 조언해주셨습니다. 김 선배님이 각색한 〈영자의 전성시대〉(김호선, 1975)에도 소설에 없는 마지막 부분을 추가해서 영자의 삶에 희망을 주거든요. 버스 차장 시절에 한쪽 팔을 잃은 전직 창녀인 영자(염복순)가 한쪽 다리가 불구인 남편(이순재)과 새 삶을 꾸리는 것으로 영화가 끝이 납니다. 〈그해 겨울은 따뜻했네〉의 영화적 결말에 대해 고심 끝에 6·25 때 동생을 버린 언니와 그 때문에 힘겨운 삶을 살아야 했던 동생과의 화해와 용서가 떠오르자 연출을 맡았습니다.

안재석 시나리오를 이문웅 선생님께서 쓰신 걸로 돼 있는데요?

배창호 초고를 그분이 쓰셨어요. 이 영화의 기획에도 참여하셨어요.

안재석 그럼 감독님이 이 영화를 제의받으셨을 때 시나리오가 있었던 건가요?

배창호 아니에요. 감독을 하기로 하고 초고를 이 선생님께 맡겼어요.

안재석 이문웅 선생님의 시나리오는 원작 소설을 거의 그대로 축약해 놓았던데, 영화는 원작에서 단지 인물과 설정만 일부 빌려왔을 뿐 완전히 새로 쓴 시나리오로 만들어졌더라구요. 감독님께서 다시 쓰셨나요?

배창호 서로 해석을 달리하는 부분이 있었기 때문에 내가 혼자 하는 게 낫겠다 싶어서 찍어나가면서 완성했습니다.

안재석 왜 크레딧에 감독님 이름을 넣지 않으셨습니까?

배창호 그때는 감독이 시나리오를 고치면 크레딧에 별로 신경 쓰지 않았어요.

안재석 감독님의 시나리오 각색 방향은 무엇이었습니까?

배창호 한국전쟁으로 인한 가족의 해체와 소외된 자를 외면하는 인간의 이기심에 대한 것이었습니다. 원작은 자매의 어린 시절, 언니 수지(유지인)가 동생 오목(이미숙)에 대한 질투심으로 전쟁 통에 버립니다. 영화에서는 질투심 때문이 아니라 피난 도중 어쩔 수 없는 상황에서 동생을 버리구요. 원작에서 표현한 인간의 심리보다는 전쟁의 비극성을 나타내고 싶었어요. 그리고 자신을 버린 언니에 대한 용서를 그리고자 했습니다.

안재석 이 영화가 원작 소설에서 가장 크게 바뀐 설정은 바로 탄광촌에서의 에피소드입니다. 이는 영화에서 상당히 중요한 기능을 하는데요, 어떤 의도로 이런 설정을 하게 되신 건가요?

배창호 원작에서는 오목의 남편이 된 전쟁고아 일환(안성기)이 중동의 건설 근로자로 가는데, 영화에서는 강원도의 탄광 광부로 부인인 오목과 자식들을 데리고 떠납니다. 힘든 광부 생활에서도 이들 가족이 꿈꾸는 작은 행복을 보여주고 싶었고, 엔딩 부분에 수지의 남편(한진희)을 무너진 갱도 안에서 일환이 구출하는 장면도 떠올렸기 때문입니다. 덧붙이자면 탄광촌을 배경으로 한 존 포드의 〈나의 계곡은 푸르렀다How Green Was My Valley〉(1941)를 좋아했던 점도 작용했을 겁니다.

안재석 이 영화의 제작비는 어느 정도였습니까?

배창호 평균 제작비보다 많았을 겁니다.

안재석 영화 초반의 피난 장면 같은 건 크레인도 쓰고 꽤 규모가 커 보이던데요?

배창호 강원도 용평 일대에서 촬영했는데, 피난 대열의 보조 출연자 가 500여 명이 되었고 우마차와 손수레까지 합치니까 대열이 무척 길더라 구요. 후일 〈겨울 나그네〉(1986)를 만든 곽지균 감독이 조감독을 했는데, 곽 감독이 차분하게 일을 하는 스타일이라서 군중 신mob scene 연출을 잘 도 왔어요. 또 정광석 촬영감독님이 전쟁영화도 많이 찍어봤던 분이라 힘든 신 이었어도 잘 찍을 수 있었습니다. 제작자도 지원을 아끼지 않았구요. 용평 을 갈 때마다 그때 촬영하던 생각이 납니다.

안재석 근데 피난 장면을 흑백 필름으로 촬영한 걸로 알고 있습니다. 특별히 흑백 필름으로 작업하신 이유가 있으신가요?

배창호 흑백 사진을 보면 그 시대가 떠올려지듯 역사적 사실을 배경 으로 한 이야기의 사실감을 위한 거죠.

안재석 감독님의 다른 영화에도 이런 흑백 장면들이 있잖아요? 그런

건 컬러 필름으로 촬영하고 색을 뺀 모노크롬monochrome 효과인데, 제가 보기엔 큰 차이가 없어 보이더라구요. 어차피 프린트는 컬러 필름으로 뜨기 때문에 흑백 필름으로 촬영해도….

배창호 느낌이 다른데…. 그때만 해도 국내에서 흑백 필름을 구할 수 없어서 수입해서 썼어요.

안재석 이 영화의 심의일자가 1984년 7월 31일인데요, 〈고래사냥〉 개봉하고 불과 4개월 만에 이런 작품을 만드셨다는 게 믿어지지가 않습니다.

배창호 강도 높은 작업을 했어요. 내가 무엇이든 빠른 편이거든요. 급하게 하는 것과 빠르게 하는 것은 다릅니다. 빠르게 일을 하려면 집중력이 있어야 합니다.

안재석 영화 초반에 동생의 병실을 나와서 우는 수지의 모습을 계단 위에서 보여주는 부감 숏을 비롯해, 이 영화에는 부감 숏이 자주 보입니다. 마지막에 오목이 억울하다고 막 소리칠 때도 극부감으로 보여지구요.

배창호 모든 숏에는 앵글이나 렌즈 선택에 있어 다 의도가 있습니다. 그런데 그 의도가 내용 속에 녹아있어야 합니다. 일반 관객들은 앵글까지 느낄 필요가 없이 장면에 몰두합니다. 물론 전문적인 분석도 중요합니다. 분석은 연구자의 몫이고 일반 관객은 미장센을 인식할 필요 없이 영화의 흐

름을 이해하면 된다고 생각합니다. 마지막 부분의 오목이 비를 맞으며 절규하는 숏은 자신의 아무런 잘못 없이 전쟁 때 버림받고 세상 속에서 상처받으며 살았어도 순응해왔는데, 남편마저 갱도의 사고로 죽음을 맞자 자신의 운명에 대해 처절히 울부짖는 겁니다. 그래서 수직 부감으로 그녀의 절규를 바라보는 시선을 취한 것입니다.

안재석 전 개인적으로 동생 오목이 가짜 이모의 손에 이끌려 가서 일하다가 도망치는 목장 시퀀스가 상당히 좋았습니다. 공간도 무척 매력적이었고, 트랙을 이용한 유려한 카메라 움직임도 좋았고, 특히 생기발랄한 이미숙 선생님의 연기와 모습은 〈그리고 신은 여자를 창조했다Et Dieu… Crea la Femme〉(1956)의 브리짓 바르도Brigitte Bardot 같은 관능적인 매력도 연상시켰습니다.

배창호 내 작품에는 장소의 변화가 많습니다. 오목이가 고아원 이후 거쳐가는 생존의 공간을 목장에서 시작한 거지요.

안재석 장소 이야기가 나와서 질문을 더 드리면, 여기 목장뿐만 아니라 오목이가 다니는 공장, 염전, 산동네 집, 탄광촌 등 공간이 단순한 공간 이상의 기능을 하거든요? 이 영화는 장소 헌팅에 특별히 신경을 많이 쓰신 듯 보입니다.

배창호 특별히가 아니라 작품마다 늘 신경을 썼어요. 이 작품에서는 오목의 인생 유전을 보여주기 위한 장소들의 조화와 통일성을 염두에 두었습니다.

안재석 그 장소가 어디 어디였는지 다 기억하시나요?

배창호 염전은 남양만이었던 거 같고, 공장은 인천에 있는 공장이고, 산동네는 내가 다니던 동월교회가 있던 하월곡동이었고, 탄광촌은 태백 근처 철암입니다.

안재석 산동네 오목의 집 밤 장면에서 빨간 불빛의 교회 십자가가 자주 화면에 걸리는데, 의도셨나요?

배창호 (웃음) 〈기쁜 우리 젊은 날〉 보고서도 누가 그러더라구요. 내가 기독교 신자인 줄 아니까 그런 질문을 받았는데, 아니에요. 전국에 워낙 십자가가 많으니까 화면에 우연히 잡힐 때가 있는 거지요.

안재석 트랙을 이용한 카메라 움직임은 감독님의 이전 영화에서도 자주 보였지만, 특히 이 영화에선 거의 완성 단계에 이른 듯 보입니다. 수지와 오목이 고아원 빨랫줄 앞에서 만나는 장면이라든가 극장 로비에서 오목이 인제(한진희)에게 돈을 돌려주고 수지가 오목이 친동생임을 알아차리는 장면 같은 데서의 카메라 움직임은 흠잡을 데가 없습니다.

배창호 카메라 이동이 필요했으니까.

안재석 수지 집의 파티에서 수지가 남편 인제와 싸우면서 소리를 지르는 장면에서 깨지는 저금통으로 몽타주되거나 기차가 지나가는 인서트에서 탄광촌에 도착해 역에서 걸어 나오는 오목이네 가족의 모습으로 몽타주되는 장면 등도 매우 인상적이었습니다.

배창호 그런 화면 전환의 이음새가 중요하거든요. 음악과 회화나 자연의 사물이나 가구 같은 기구도 이음새가 중요해요. 이음새가 매끄럽게 떨어져야 변화가 생기고 리듬이 잘 이어집니다. 그래서 신의 첫 숏이 중요합니다. 그 전 장면의 숏과 잘 이어져야 하고 다음 숏과도 잘 이어져야 하기 때문입니다. 잘 느껴서 찍어야 해요. 데이비드 린의 〈아라비아의 로렌스

Lawrence of Arabia〉(1962)의 초반에 로렌스 중위가 성냥불을 손가락으로 탁 끄는 데서 광활한 사막의 일출 장면으로 넘어가는 것은 멋진 몽타주이지요. 그러나 내용과 상관없이 화려하게 첫 숏을 과시적으로 시작하는 것을 조심해야 합니다.

안재석 이 영화의 월남전 장면은 초반부의 피난 장면에 비해 다분히 장르 영화적입니다. 이에 대해 어떻게 생각하십니까?

배창호 내가 아쉬워하는 장면이 월남전 장면이에요. 너무 급히 찍었고 관습적으로 찍었어요. 일환이 월남전에 갔다가 다쳤다는 사건만 표현하면 된다고 생각했던 거 같아요. 어차피 베트남이나 필리핀 같은 정글에 가서 찍을 수도 없으니까 사실적일 수도 없었구요. 찍고 나서 우연히 월남전을 다룬 화보 하나를 우연히 봤는데, 베트남 어느 마을에서 양측이 대치해서 전투가 벌어지는 가운데 한 아이가 중간에 끼어서 막 울고 있는 장면이었어요. 이런 상황을 설정해서 일환이가 아이를 구출하려다가 다치는 장면으로 연출했으면 반전의 메시지도 넣을 수 있었을 텐데 하고 몹시 후회했습니다.

안재석 이 영화를 촬영할 때 기억나시는 에피소드가 있으시면 소개해주세요.

배창호 실제 지하 탄광 갱도 안에 들어가서 찍었던 것이 기억이 납니다.

안재석 세트가 아니었나요?

배창호 붕괴 사고 나는 것만 세트고 갱도는 실제 장소예요. 조명도 배터리 몇 개 최소한으로 들고 진짜 용변 볼 데도 마땅치 않은 '체험 삶의 현장'이었는데, 광부들이 정말 고생하는 것을 느꼈습니다.

안재석 다른 어떤 작품들보다도 이 영화의 라스트에 대해 고민이 많았다고 말씀하셨는데, 지금의 라스트에 대해 어떻게 생각하십니까?

배창호 내가 원하는 용서와 화해로 끝을 맺은 겁니다. 물론 엔딩을 다르게도 찍을 수도 있었겠지요. 언니가 동생에게 끝까지 용서를 구하지 않고 차갑게 끝을 맺을 수도 있을 것입니다. 비토리오 데 시카의 〈아이들이 우리를 보고 있다 I Bambini Ci Guardano〉(1944)라는 작품이 있습니다. 부모가 이혼하여 어린 아들이 고아원에 가게 되는데, 마지막 장면에 부모 중의 한 사람이 아들을 데리러 왔는데 아이가 따라가지 않고 그냥 제 발로 고아원으로 다시 돌아가요. 그 장면을 보고 마음이 아팠습니다. 그렇게 부모의 이기심으로 인한 자식의 피해를 고발하듯이 차갑게 끝낼 수도 있었겠죠. 그러나 아이가 부모를 용서하고 함께 집으로 돌아가는 것으로 끝낼 수도 있습니다. 그건 선택의 문제입니다. 〈그해 겨울은 따뜻했네〉는 전쟁 전 소녀 시절의 정답던 자매의 모습으로 끝이 납니다. 용서와 화해가 이루어졌어도 평화로운 시절을 잃게 한 전쟁의 상처를 상기시키는 것이지요.

안재석 이 영화는 1985년도 프랑스 낭트3대륙영화제에서 심사위원 특별언급을 받았고 국내에서 평도 좋았고 흥행도 성공한 작품인데, 감독님 스스로 만족하지 못하셨다는 인터뷰 기사를 봤습니다. 그렇게 생각하신 이유가 무엇입니까?

배창호 시작할 때 내가 작품에 갖는 기대가 컸던가 봐요. (웃음) 처음 의도는 감정이 절제된 작품을 하겠다고 했는데, 역시 감정이 풍부한 영화가 됐어요. 감정이 풍부한 한국영화를 서구인의 시각에서 감상주의라고 치부하는 것이 싫었거든요. 물론 이것은 감독 초기 시절의 생각이었구요. 감상성sentimentality은 한국인의 정서이며 내 영화의 한 특질임을 당당히 말하게 되었습니다. '눈물 없이 볼 수 없는 영화!'라는 오래된 선전 문구가 있는데, 〈그해 겨울은 따뜻했네〉의 동생 오목이의 삶은 눈물 없이 볼 수 없는 삶이었습니다.

〈깊고 푸른 밤〉

안재석 〈깊고 푸른 밤〉은 어떻게 준비하게 되셨나요? 원작이 최인호 선생님의 1982년도 이상문학상 수상작인 동명 중편소설로 알고 있었는데, 최 선생님의 다른 소설 『물 위의 사막』에 더 가깝더라구요?

배창호 원작 「깊고 푸른 밤」은 침체에 빠진 소설가가 캘리포니아 일대를 여행하는 과정에서의 작가의 성찰을 담은 작품입니다. 그런데 원작대로 작품을 만들면 한국영화계에서 새로운 작품이 되겠지만 대중성은 장담할 수 없다는 점이 마음에 걸렸어요. 그래서 최 선배님과의 논의 끝에 미국의 한인 불법 체류자를 소재로 한 『물 위의 사막』의 스토리를 가져오자는 결론에 이르렀습니다. 한국에서 사업에 실패해서 미국으로 도피한 남자가 미국 영주권을 얻기 위해 영주권을 가진 한국 여성과 계약 결혼을 한다는 내용이 소설 『물 위의 사막』입니다. 영화에서는 후반부에 『물 위의 사막』에

없는 스토리를 넣었고, 백호빈(안성기)의 직업과 미국에 오는 동기도 소설과 다릅니다.

안재석 그럼에도 제목을 '깊고 푸른 밤'으로 하신 이유가 있으십니까?

배창호 '물 위의 사막'도 좋은 제목이지만 설명적이고 '깊고 푸른 밤'은 느낌을 주잖아요? 『물 위의 사막』의 계약 결혼을 중심 스토리로 하더라도 「깊고 푸른 밤」 원작의 모티프를 살려 로드무비의 구성을 하려고 했어요. 이혼을 하기 위해 라스베가스로 떠나는 제인(장미희)과 호빈(안성기)의 여행 속에서 과거와 현재의 이야기가 교차되는 식으로요. 결국에는 이 구성을 쓰지 않고 마지막 부분에서만 여행을 넣게 되었습니다.

안재석 이 영화를 미국영화에 도전하는 마음으로 만들었다는 감독님의 글을 봤습니다.

배창호 그 당시는 1년에 외화가 20여 편밖에 수입이 안 되던 때예요. 그중에 많은 숫자가 미국영화였어요. 그런데 내가 보기에 시원찮은 미국영화인데도 관객 동원에 성공하는 경우가 많았어요. 그래서 미국영화라고 해서 뭐 별거냐? 제작 여건만 좋으면 한국영화도 얼마든지 뛰어난 영화를 만들 수 있다는 자신감이 있었어요. 〈깊고 푸른 밤〉 시작할 때가 32살 한창 패기만만하던 때였지요. 또한 영화의 메시지도 좋으니 작품이 잘 만들어질 것이란 확신이 있었습니다.

안재석 프랑수아 트뤼포는 "메시지는 우체통에서 찾아보라"고 하면서 영화의 주제의식에 대한 부정적인 말을 했는데, 감독님은 이 견해에 대해 어떻게 생각하십니까?

배창호 트뤼포의 대표작 〈쥘과 짐〉의 영어판 시나리오를 내가 번역해보았고 작품도 여러 편 봐서 느낀 점이지만, 트뤼포의 영화에도 인물들의 삶을 통해 느끼게 하는 것이 있습니다. 관객에게 드러내놓고 테마를 주장하는 것을 싫어했다는 뜻으로 그런 말을 했다고 봅니다. 윌리엄 와일러는 "영화에는 테마가 있어야 한다. 테마는 바로 메시지다"라는 말을 했어요. 〈깊고 푸른 밤〉은 아메리칸 드림의 허상에 관한 영화입니다. 미국 불법 체류자가 영주권을 얻기 위해 위장 결혼하는 내용은 〈깊고 푸른 밤〉이 개봉하고 몇 년이 지나 〈트루먼 쇼The Truman Show〉(1998)의 감독인 피터 위어Peter Weir가 〈그린 카드Green Card〉(1990)라는 작품으로도 만들었습니다.

안재석 이 영화에서 호빈이라는 주인공은 감독님의 다른 작품의 주인공들과는 달리 아주 냉혈한으로 그려지고 있습니다. 마지막까지 뉘우치거나 반성할 기회도 갖지 못하고 죽고 마는데요.

배창호 이 영화에서 내가 그리려고 했던 건 호빈의 욕망과 제인의 집착에서 비롯된 파멸입니다. 호빈의 냉혈한 같은 행동의 동기는 단순한 것입니다. 한국에 있는 사랑하는 부인을 미국으로 데려와 행복한 삶을 꾸리는 것이지요. 관객들은 호빈의 심정을 이해하면서도 목적을 이루기 위한 수단이 잘못된 것이라서 그의 행동에 대해서는 공감하지 않습니다. 호빈이 내달렸던 욕망의 끝은 삭막한 사막에서 맞는 죽음이라는 것을 보여주게 된 거죠. 제인은 마지막 부분에서 호빈에게 사랑으로 새롭게 시작하자고 일말의 희망을 가져보지만 헛된 노력으로 끝납니다. 일단 등장인물들을 창조하면 그 인물들이 스스로 걸어가는 길이 있습니다.

안재석 식료품점에서 함께 일하는 형섭(진유영)도 호빈을 밀고하는 비열한 인물로 그려지고 있습니다.

배창호 형섭도 자신이 살기 위해 밀고자가 된 거지요. 경쟁자인 호빈에게 걸린 현상금과 마트에서 호빈의 자리를 차지할 목적으로요. 그것이 정

당화될 수 없지만, 인간은 자신이 처한 처지에 따라 행동하는 경우가 많잖아요? 형섭도 치열한 미국의 경쟁사회에서 직업을 유지해야 하고, 그 역시 부인을 데려와야 되니까 자신이 살기 위해서 남을 밟아야 되는 그런 삶이 된 거지요. 또 다른 호빈입니다.

안재석 제인에 대한 캐릭터 해석에서 장미희 선생님과 약간의 의견 차이가 있었다는 인터뷰를 봤습니다.

배창호 내가 애초에 생각했던 제인은 과거 미국 병사의 부인으로 경제적으로 풍족하진 않았을 것이고, 계약 결혼으로 수입이 있다 하더라도 좁은 집에 사는 것으로 생각했어요. 엘리아 카잔Elia Kazan의 〈욕망이라는 이름의 전차A Streetcar Named Desire〉(1951)의 블랑쉬처럼 정신적으로나 경제적으로나 몰락한 제인으로 그리려고 했습니다. 그런데 의상 설정 때부터 처음 생각했던 제인이 바뀌기 시작했어요. 장미희 씨와 제인 역에 대해 의견을 나누는 과정에서 의상 문제가 나왔고, 결국 영화에서와 같은 의상으로 결정이 되니까 그녀의 사는 곳도 넓은 집으로 정했습니다. 물론 월세였겠지만요. 그러다 보니 제인의 성격도 구체화되었습니다. 의상 설정은 인물의 성격을 말해주는 중요한 요소입니다. 찰리 채플린Charles Chaplin이 연기한 방랑자 찰리의 성격은 의상 창고에서 의상을 입어보는 순간 결정되었다고 합니다. 그런데 제인의 의상과 헤어스타일이 관객들한테 예상치 못한 큰 반향을 일으켰어요. 〈로마의 휴일Roman Holiday〉(1953)에서의 오드리 헵번 Audrey Hepburn의 헤어스타일이 세계적으로 유행한 것도 영화의 힘이지요.

영화 연출은 선택의 문제인데, 만들어진 작품을 보면 무난한 선택이있다고 생각합니다.

안재석 당시 어느 평을 보면, "호빈의 아내에 대한 지나친 생략과 그녀에 대한 심리 변화의 디테일이 복선으로 안배되지 못함으로써 마지막에 그녀가 일으키는 반전이 극 구성에 심한 무리를 가져왔다"는 지적이 있습니다. 이러한 지적에 대해 어떻게 생각하십니까? 사실 원작인『물 위의 사막』에는 이 부분이 아주 자세히 그려져 있더라구요.

배창호 전문가일수록 영화에 없는 것을 보려고 해요. 영화에 있는 것만 보고 나머지는 상상에 맡겨야 합니다. 나는 호빈의 아내에 대해서는 지금의 장면만으로도 충분하다고 봐요.

안재석 이 영화의 심의대본 앞에 기획의도가 첨부되어 있는데, 거기에 보면 제작비 3억여 원을 들여 이 영화를 제작했다고 적혀 있습니다. 감독님의 이전 작품들에 비해 꽤 많은 제작비였는데, 그럼에도 아주 단출한 소규모의 스태프로 작업하신 것으로 알고 있습니다.

배창호 심의대본에 그런 게 있어요? (웃음) '큰 영화다'라는 걸 보여주려고 제작사에서 첨부했던 것 같네요. 정확한 액수는 사실 모르겠고, 그때 한국영화보다는 많이 들었어요. 외화를 썼는데 환율 같은 거를 생각해봐도 그렇고, 체재비, 그다음에 기자재. 카메라를 비롯한 촬영, 조명, 동시녹음

기자재를 모두 LA 현지에서 빌렸습니다. 그래도 생각보다 많이 쓸 수 없었던 게 당시 외화를 쓸 수 있는 돈이 제한이 되어 있었어요. 스태프는 한국에서 간 사람이 나까지 열두세 명, 그 외 프로덕션 매니저, 캐스팅 디렉터, 특수효과 등 현지 미국인과 한국 교포 스태프가 몇 사람 더 있었는데, 지금에 비해선 굉장히 적은 스태프지요. 연출부는 곽지균 감독 단 한 사람이 스크립터 일도 겸하고 슬레이트도 치면서 해냈습니다. 또한 함께 미국에 간 기획자인 이권석 씨의 노고도 많았습니다. 스태프의 수가 적다는 것은 걱정하지 않았지만, 스태프들이 미국이라고 해서 사기가 떨어지면 안 된다고 생각했어요. 그래서 기획자와 상의해서 미국 도착하고 5, 6일은 쉬면서 관광 다니고 한국에서 먹기 힘든 음식이나 맥주, 그때는 한국에 두 종류의 맥주밖에 없을 때였는데, 여러 가지 맘껏 먹었지요. 곧 LA 다운타운이 충무로처럼 편하게 느껴졌습니다. 포토캠이라는 LA에서 유명한 현상소에서 현상을 했는데, 한국 사람들이 왔다 갔다 하니까 처음엔 무시했어요. 그런데 찍어오는 걸 보니까 굉장히 좋거든요. 그래서 대우가 달라지더라고. (웃음)

안재석 이 영화의 촬영은 언제부터 언제까지 진행되었습니까?

배창호 1984년 12월 말서부터 1985년 2월 말까지 딱 두 달 했어요.

안재석 미국 올 로케이션 촬영이라 여러 가지로 어려움이 많으셨을 것 같습니다.

배창호 뭐 큰 어려움은 없었어요. 연기자들과 스태프들도 단합되어 있었고, 사전 준비를 철저히 하는 편이니까 프로덕션 매니저 등 현지 스태프들과 소통이 잘되도록 했습니다. 데스밸리 촬영 때 촬영 허가를 받지 않고 찍다가 공원 경찰인 레인저들의 제지를 받았는데도 잘 넘어갔구요. 대체로 신나게 일했습니다. 찍어나가는 러쉬 필름을 보고 연기자, 스태프들이 점점 자신감이 붙었습니다.

안재석 데스밸리에서 펼쳐지는 첫 신을 비롯해 이 영화에는 익스트림 롱 숏 위주의 장면 구성이 많습니다. 의도하신 바가 있으십니까?

배창호 광활한 사막이 배경이기 때문에 롱 숏이 필요했습니다. 그러나 〈아라비아의 로렌스〉에서처럼 자연 풍광 위주의 롱 숏은 아니었습니다.

안재석 팬이나 달리, 크레인 숏 같은 카메라의 움직임은 여전합니다. 특히 대화 신의 경우 숏을 나누지 않고 두 사람을 한 화면에 같이 잡는 장면이 많아 숏의 지속시간이 이전 작품들보다 상대적으로 깁니다.

배창호 카메라의 움직임이나 숏의 길이는 의식하지 않고 미장센에 따라 결정합니다. 내가 느낀 게 그렇게 표현됐을 텐데, 컷을 많이 하지 않았다는 것은 그만큼 숏의 지속시간이 필요했을 겁니다. 그리고 우리나라에 없던 베이비 크레인baby crane을 쓸 수 있어서 제인의 집 같은 데서 유용하게 썼습니다.

안재석 360도 팬은 감독님께서 즐겨 사용하시는 스타일이고, 이 영화에도 두 번이 등장합니다. 해변에서 호빈과 제인이 키스하는 장면과 영주권을 받은 호빈이 한국의 부인에게 공중전화로 앞으로 펼쳐질 미국에서의 꿈을 이야기하는 장면에서요. 근데 이 두 신이 몇 분 차이로 바로 붙어 있어서 호빈의 공중전화 장면에서 효과가 반감되는 경향이 있습니다.

배창호 처음엔 공중전화 장면에서만 원형 이동을 하려고 했는데, 해변 장면에서도 격정적인 느낌을 위해서 다시 썼습니다. 나중에 한 번만 쓸 걸 하고 아쉬워했지만.

안재석 제인을 전경에 두고 후경에 호빈을 포커스 아웃 상태로 위치시켜 제인의 표정에 집중하게 하는 숏도 자주 보입니다.

배창호 후반부로 갈수록 호빈은 행동으로 심리가 표현되는데 제인은 정적으로 심리를 표현해야 되니까 카메라 앞에 제인의 눈빛과 그 호흡을 느낄 수 있도록 한 것이었겠지요.

안재석 호빈이 제인의 집에 처음 들어와 서로 각자의 방에서 잠 못 이루는 장면이라든가 이민국 직원들이 불시에 찾아와 호빈과 제인을 분리해서 위장 결혼인지를 가리기 위해 인터뷰하는 장면 등의 교차 편집이 상당히 인상적이었습니다.

배창호 간결하면서도 긴장감 있는 편집을 했지요. 지금도 그렇지만 나는 편집 재료를 찍어놓고 나중에 편집을 결정하는 것이 아니라 거의 사전에 콘티를 통해 머릿속에 편집을 해놓습니다. 필름을 아끼기 위해서도 많이 찍어놓을 수 없었고 편집이 곧 감독의 서술 방법이라 그렇게 훈련되었던 겁니다. 그러나 후일 디지털로 작업을 해보니 어떤 장면들은 충분히 찍어서 편집하는 것도 좋은 방법이라고 느껴졌습니다.

안재석 이민국 인터뷰 장면에서의 압권은 호빈이 미국 국가를 이민국 직원 앞에서 부르는 장면입니다.

배창호 그 장면과 함께 화장실에서 호빈이 미국 이름을 짓는 장면도 그의 아메리칸 드림을 잘 나타내는 신들이지요.

안재석 슈퍼마켓에서의 정사 신이 강렬하던데요?

배창호 호빈이 초조하고 내몰리는 상태에서 터져 나오는 폭력성을 표현한 것입니다. 실제 장면은 짧게 넘어갑니다.

안재석 라스트의 자동차 익스트림 롱 숏에서 총소리와 함께 "빵~!" 하는 자동차 경적 소리가 울리는 장면은 로만 폴란스키 감독의 〈차이나타운Chinatown〉(1974)을 연상시킵니다. 혹시 이 영화를 참고하셨나요?

배창호 〈차이나타운〉뿐 아니라 그 이전 다른 영화에서도 그런 장면이 있었던 것 같던데요? 영화에서 디테일이 겹치는 경우가 많습니다. 물론 〈차이나타운〉을 그전에 보았고, 자동차 안에서 죽음을 맞이하는 장면에서 인물이 보이지 않고 클락션이 길게 울리면 효과적으로 죽음을 연상시킵니다. 감독이 어떤 표현을 구사하여 좋은 영화적 효과를 얻으면 그것은 하나의 표현법으로 자리를 잡습니다. 요즘 감독들은 자신이 좋아한 장면을 모방하고는 감독에 대한 오마주라고 하더라구요. (웃음)

안재석 제인이 자신의 머리에 총구를 겨누고 프리즈 프레임freeze frame 되는 라스트 신이 아주 좋았습니다. 더욱이 방아쇠를 당기기 직전에 프리즈 프레임 되면서 열린 결말의 여운을 주기도 하구요.

배창호 항상 라스트 때 제일 고민을 하는데, 여러 가지 생각이 있었어요. 〈적도의 꽃〉의 선영이는 "이 세상에 사랑은 없다"라고 외치면서 죽음을 택하는데, 〈깊고 푸른 밤〉의 제인은 계약이 아닌 사랑으로 시작하자는 말을 호빈에게 합니다. 그러나 호빈이 그것을 거부해서 죽음에 이르게 됩니다. 처음에 생각했던 라스트 신은 '깊고 푸른 밤'이란 제목의 이미지처럼 달빛이 비치는 적막한 밤의 사막에 죽어있는 호빈의 곁에 제인은 얼어붙은 듯 가만히 앉아있는 것이었어요. 두 가지를 다 찍어보고 비교를 해봤으면 좋았겠지만, 어쨌든 영화에서처럼 찍게 되었습니다. 개봉 당시 극장 앞에서 관객들의 반응을 살피는데, 많은 관객들이 아무 말 없이 조용히 나오는 거예요. 그래서 영화가 별 감흥을 주지 못했나 생각했는데, 라스트의 여운이 너무 강해서 그랬던 반응인 것을 알게 되었습니다.

안재석 이 영화는 명보극장과 이동 개봉한 코리아극장에서 서울에서만 60만 명에 육박하는 관객을 동원해 역대 한국영화의 흥행 기록을 다시 세웠습니다. 또한 국내의 여러 영화상에서 수상했고, 신상옥 감독님의 〈사랑방 손님과 어머니〉(1961) 이후 23년 만에 아시아태평양영화제 최우수 작품상을 수상하기도 했습니다. 그때 소감이 어떠셨는지요?

배창호 1985년 동경에서 아태영화제가 열렸고 내가 참석해서 직접 수상했습니다. 일본에서의 이 작품에 대한 반응은 뜨거웠습니다. 한국영화를 볼 기회가 별로 없던 일본의 평론가와 관객들이 놀라움과 함께 찬사를 보냈어요. 저명한 영화평론가인 사토 다다오佐藤忠男 씨는 후일 한국에서 나와 만난 자리에서 "구로사와 아키라 감독의 젊은 날 연출력이 힘이 있을 때를 보는 것 같다"라고 해서 나도 놀랐습니다.

안재석 이때 제1회 동경국제영화제에 초청받아 가셨죠?

배창호 맞아요. 마침 제1회 동경영화제에 '영 시네마Young Cinema' 부문에 초청받았습니다. 세계의 촉망받는 기대주인 10여 명의 감독들이 참가해 경쟁을 벌였는데, 나는 그 부문의 옵저버observer 자격으로 참석했어요. 그때 참가했던 감독들 중에 세계적인 감독이 된 닐 조단Neil Jordan이 있었고, 코엔 형제Ethan & Joel Coen가 있었고, 〈거미 여인의 키스Kiss of the Spider Woman〉(1985)를 만든 브라질의 헥토르 바벤코Hector Babenco 감독도 있었습니다.

안재석 이후 낭트3대륙영화제, 밴쿠버영화제Vancouver International Film Festival, 하와이영화제Hawaii International Film Festival 등에서도 소개되었고, 미국에서 개봉했다는 기사도 있더라구요?

배창호 해외 배급을 제작사와 가까운 관계인 홍콩의 골든 하베스트Golden Harvest가 맡았는데, 미국 차이나타운의 전역에 배급했고《LA 타임즈LA Times》의 'Pick of the Week'으로 선정되기도 했습니다. 영국의《이코

노미스트Economist》의 기자는 내한하여 나와 인터뷰를 했는데, 기사 제목을 '한국의 스티븐 스필버그Steven Spielberg'라고 붙였습니다.

안재석 감독님께 〈깊고 푸른 밤〉은 어떤 의미가 있는 작품입니까?

배창호 소수의 인원으로 자신감과 담대함을 가지고 만들었어요. 지금도 사람들을 만나면 〈깊고 푸른 밤〉을 보았던 감흥을 내게 말해줍니다. 30여 년이 지난 후에도 그분들의 마음에 남아 있는 것은 영화의 힘이지요. 몇 해 전 부산국제영화제에 갔을 때 아내와 함께 해운대 해변을 산책하다가 마주친 중년 여성의 인사가 기억이 납니다. "감독님의 영화들이 제 마음에 보석처럼 남아 있어요." 내게는 그것으로 충분합니다.

〈고래사냥 2〉

안재석 〈고래사냥 2〉는 원래 하고 싶지 않으셨던 작품이라고 알고 있습니다. 어떤 계기로 만드시게 되셨나요?

배창호 〈깊고 푸른 밤〉 개봉 때인가 그 이후인가 황기성 사장님으로부터 제의를 받았어요. 전편을 능가한 작품을 만들 수 있을까 하는 우려와 부담감 때문에 처음에는 안 하려고 했어요. 그러다 '1편이 워낙 성공했으니까 2편도 흥행은 어느 정도 되겠다. 아, 그냥 한 작품 더 하고 넘어갈까?' 그런 갈등이 일어났어요. 그전까지는 작품을 먼저 생각하고 나서 만들어 흥행이 뒤따라온 건데, 순서가 뒤바뀐 거죠. 그러면서 '그래, 2편도 작품적으로 잘 만들 수 있겠다.' 스스로 이런 생각을 가지면서 시작을 했죠.

안재석 감독님 스스로도 이 영화를 실패작으로 본다고 하셨는데요?

배창호 흥행에 성공했고 재미있게 봤다는 사람들도 많았어요. 그런데 지난 작품들의 연이은 성공으로 초심을 잃고 판단들을 성급하게 하다 보니 작품적으로 무리가 따랐던 거죠. 최인호 선배님이 제시했던 속편의 구성은 서울이라는 대도시에서 펼쳐지는 모험이었어요. 그런데 시나리오가 쉽사리 풀리지 않았습니다. 오리지널 시나리오는 시간을 충분히 가져야 되는데, 내가 성급했어요. 제작도 서둘러서 했고.

안재석 그래도 시나리오는 전편과 이어지는 이야기던데, 영화는 그렇지 않거든요? 워낙 많이 바뀌기도 했지만, 병태가 전편의 병태가 아니에요.

배창호 그건 김수철 씨가 속편에서는 영화음악만 했으면 좋겠다고 해 손창민 씨로 캐스팅하면서, 병태라는 이름의 동명이인으로 설정을 바꾼 거죠.

안재석 배우가 바뀌게 됐다면 굳이 병태라는 이름이 아닌 다른 인물로 설정해도 되는 거였잖아요? 그리고 같은 배역을 속편에서 다른 배우가 맡은 경우도 많아요. 〈바보들의 행진〉과 〈병태와 영자〉(하길종, 1979)의 병태도 다른 배우가 했잖아요. 이름도 외모도 의상도 전편의 설정 그대로 따르면서 "예전에 너보다 더 못생긴 병태가 있었다"라는 대사로 동명이인으로 만들어버리니까….

배창호 관객들에게 속편에서 1편의 기시감을 주려고 그랬는데, 너무

쉽게 판단한 거죠.

안재석 사실 시나리오도 실어증이 기억상실증으로, 창녀가 소매치기로, 고향 찾기가 엄마 찾기로, 전편의 설정을 살짝 비틀어놓은 것밖에 새로운 것이 거의 없습니다. 여정도 매력적이지 않고. 감독님의 각색 방향이랄까 테마는 무엇이었습니까?

배창호 〈고래사냥〉이 병태의 마음 속에 있는 이웃에 대한 사랑을 찾는 과정이라면 〈고래사냥 2〉는 어릴 때 영희를 성당의 고아원에 맡긴 엄마를 찾는 과정을 통해 방황하던 신앙을 회복하는 것이 중심 스토리지요. 성당에서 자란 영희(강수연)는 성인이 되어 성당을 뛰쳐나와 교통사고로 기억을 잃습니다. 소매치기단의 일원이 된 영희를 만난 병태(손창민)는 그녀가 기억상실중으로 자신의 의지와는 상관없이 소매치기 일당의 하수인 노릇을 하는 것을 알게 되고 그녀가 엄마를 찾아 배회하는 잠재의식을 알게 됩니다. 그래서 왕초(안성기)와 함께 영희를 구출해내서 그녀의 엄마를 찾아 나서고 마지막에 기억을 회복한 영희는 엄마가 이미 죽은 것을 알게 되어 엄마의 무덤을 찾습니다. 그리고 뛰쳐나온 성당에 돌아가 성체의식을 행하는 것으로 영화는 끝을 맺습니다.

안재석 여러 가지 아쉬운 점이 많은 작품이긴 한데, 그래도 왕초 일행이 소매치기 일당에게 쫓기다 한강 다리 위에서 뛰어내려 바지선을 타고 가는 장면이라든가 시골 파출소에서 순경(김인문)한테 엉터리 점을 쳐주고

빠져나오는 장면 등은 참 좋았습니다.

배창호 (웃음) 〈고래사냥〉을 극장에서 보지 않은 세대들은 〈고래사냥 2〉를 전편으로 생각하는 사람들이 많아요. 왜냐하면 TV에서 2편을 많이 했거든요. TV 관객들은 〈고래사냥〉 하면 속편의 슈퍼마켓에서 안성기 씨가 생닭 먹는 장면을 많이 얘기합니다.

안재석 촬영을 유영길 촬영감독님이 하셨는데요?

배창호 다른 촬영감독과도 작업을 하면서 경험을 넓히고 싶었어요. 유영길 촬영감독님 또한 상당한 경력과 실력이 있으신 분이었구요.

안재석 정광석 촬영감독님이 섭섭해하지 않으셨나요?

배창호 당연히 섭섭하셨겠죠. 정 감독님과는 몇 년이 지나 〈꿈〉에서 다시 만났습니다.

안재석 촬영은 언제부터 언제까지 진행되었습니까?

배창호 1985년 10월 말인가? 정확히 기억이 안 나네요.

안재석 시나리오에는 앞서 말씀하신 영희가 혼자 성당에서 성모 마리아에게 기도하다가 비 오는 날 성당을 뛰쳐나오다 자동차에 치이는 장면이 있던데, 영화에선 빠졌더라구요? 심의대본에도 있구요.

배창호 그 장면을 찍은 프린트로 심의를 받았는데, 개봉 직전에 황기성 사장님과 상의해서 뺐습니다. 설명적이니 영희의 과거를 먼저 알리지 말고 남겨두는 게 좋지 않겠냐 싶었지요.

안재석 이 영화를 볼 때마다 창고 안에 마네킹이 왜 있을까 늘 궁금했었는데, 시나리오를 보니까 영희가 이 마네킹으로 소매치기 연습을 하는 장면이 있더라구요. 이 장면도 촬영하고 빼신 건가요?

배창호 콘티에서 빠트렸네요. 마네킹을 설정해놓고 그 소품에 대한 설명을 안 했네.

안재석 그럼 영희가 창고 안에서 몽유병 환자처럼 기도하는 장면에서 한쪽 벽에 십자가 모양의 그림자가 보이는데, 이것도 일부러 설정하신 건가요?

배창호 우연히 생긴 겁니다. 영상에 일부러 의미를 붙이는 건 안 합니다.

안재석 소매치기 일당의 창고는 어디에서 촬영하셨습니까?

배창호 용산전자상가가 이전하기 전에 비워둔 건물이 있었어요.

안재석 내부는 세트 아니었나요?

배창호 세트 아니에요. 곧 헐리는 건물이라 불나는 장면도 그곳에서 찍었어요.

안재석 동물 연출의 어려움에 대해 쓰신 감독님의 글에 보면, 이 영화에서의 셰퍼드 연출에 대한 부분도 언급돼 있더라구요. 당시엔 개를 훈련시키거나 대여해주는 곳이 없었을 텐데요?

배창호 훈련한 개들이에요. 근데 촬영을 위해 훈련한 건 아니라서 잘 연출할 수 있을까 걱정했어요. 조련사들이 옆에 있었어도 큰 셰퍼드들이 안성기 씨에게 뛰어들 때는 무섭더라고. 물론 코트 자락만 물었지만. (웃음)

안재석 셰퍼드들의 연기가 훌륭하던데요? 추격 장면도 실감나구요. (웃음)

배창호 그 개들이 몇 날 며칠 촬영하다 보니 우리가 뭘 하는지 느낌으로 아는 것 같았어요. 이조 때 황희 정승이 목격했다는 일화가 생각나더라구요. 소 두 마리를 데리고 밭을 가는 농부에게 길을 가던 사람이 "어떤 소가 일 잘하오?" 큰 소리로 물으니까 소 주인이 길손에게 가서 "소가 다 알아들으니까 그런 대답을 할 수 없소." 그랬다는 일화처럼 우리 개들도 "레디고"와 "컷" 하는 소리를 알아듣는 거 같아서 정이 들었어요. 그래서 끝나고 헤어질 때 서운하더라고. (웃음)

안재석 촬영할 때 기억나시는 다른 에피소드가 있으시면 소개해주세요.

배창호 거기 용산전자상가 건물 지하에서 불 촬영이 제일 힘들었죠. 안성기 씨나 남자 배우들은 안에다가 옷을 덧대 입을 수가 있었는데, 강수연 씨는 흰 드레스 한 겹이잖아요? 근데 그 열기를 참아내더라고. 속편은 동해안이 아닌 서해안을 돌았고…. 전편을 찍을 때는 힘들었어도 즐거운 추억들이 있는데, 속편 촬영 때는 마음의 여유가 없었어요.

안재석 감독님께서는 이 영화 개봉 당시에 한 중학생 소녀가 이 영화를 보고 "감독님, 열심히 하셔야겠어요"라는 말을 했다는 일화를 자주 말씀하셨습니다. 이 일화가 사실인가요?

배창호 사실이에요. 표현은 정확히 기억나지 않지만, 애정 어린 아쉬워하는 뜻을 표현했어요. 그 말을 듣고 뭔가 들킨 것 같은 기분이 들었어요. 관객들이 이 작품의 모자란 점을 모르고 넘어갔으면 좋겠다 생각하던 차에 솔직한 얘기를 소녀로부터 듣게 된 것이지요. 깨끗한 마음을 가진 관객들은 영화를 있는 그대로 느끼는 법입니다. 그때 내 삶에 대해, 영화에 대해 고통스러운 성찰을 하고 있을 때라서 소녀의 말을 잊을 수가 없었어요.

안재석 이 영화에 대해 더 하실 말씀이 있으신가요?

배창호 흥행에도 성공적이었고 관객들도 전편만큼은 아니었지만 재미있다는 반응도 많았어요. 얼마 전 나와 가까운 감독이 초등학생 때 이 영화를 무척 재미있게 보았는데, 내가 실패작이었다고 말한 인터뷰를 읽고 〈고래사냥 2〉가 좋았다는 말을 못했다는 거예요. 그 말을 들은 후부터 실패작이라는 말은 안 하기로 했어요. (웃음) 어쨌든 〈고래사냥 2〉를 통해서 초심을 잃으면 자만에 빠진다는 중요한 교훈을 얻었어요.

제3장

가지 않은 길, 1986~1992

〈황진이〉
〈기쁜 우리 젊은 날〉
〈안녕하세요 하나님〉
〈꿈〉
〈천국의 계단〉

가지 않은 길 The Road Not Taken

로버트 프로스트Robert Frost
번역 | 배창호

노랗게 물든 숲속으로 두 갈래 길이 있었습니다.
두 길을 다 걸어보고 싶었지만
한 길을 택할 수밖에 없어
한동안 선 채로 한쪽 길을 멀리 내려다보니
그 길은 덤불 속으로 굽어져 있었습니다.

그러다가 다른 쪽 길을 택했습니다.
먼저 길처럼 좋아 보였고
아마 더 나을 성도 싶었습니다.
풀도 무성할 뿐더러
마치 걸어주기를 바라는 것 같았으니까요.
사람들이 오간 흔적은
먼저 길과 비슷했지만.

그리고 그날 아침, 두 길은
흰 서리 내린 낙엽 위에 아무 발자국 없이
나란히 내 앞에 놓여 있었습니다.
아, 먼저 길은 다른 날 걸어봐야지 생각했습니다.
길은 또 다른 길로 이어져
다시 여기 돌아오기 어렵다는 것을 알면서도.

세월이 흐르고 흐른 다음에
나는 한숨 지으며 말하겠지요.
숲속에 두 갈래 길이 있었을 때
나는 사람들이 덜 간 길을 택했고
그래서 그것이 내 삶을 바꾸었다고.

〈황진이〉

안재석 이 챕터의 시작에 로버트 프로스트의 「가지 않은 길」을 넣자고 하셨는데, 특별한 이유라도 있으신가요?

배창호 황진이가 시인이었으니까요. (웃음) 이 시에서 "나는 사람들이 덜 간 길을 택했다 I took the one less traveled by"라고 표현했듯이 황진이의 삶을 그리는 데 있어 그녀의 인생길도 마찬가지였기 때문입니다. 물론 내 자신도 이 영화로 감독들이 잘 안 가는 길을 택했구요.

안재석 〈황진이〉는 최인호 선생님의 단편소설을 원작으로 일찌감치 영화화하기로 마음먹고 계셨고, 또 어떤 인터뷰에서는 "탐미적인 사극영화를 만들고 싶다"는 말씀도 하셨더라구요?

배창호 영화와 원작은 많이 달라요. 크레딧에는 원작이라고 했지만 사실상 최인호 선배님의 오리지널 시나리오죠. 촬영 과정에서 내가 많이 고쳤구요. 감독 초년 시절부터 작가 감독이 되고자 했고 그 때를 기다리고 있었습니다. 연이은 흥행 성공으로 제작자들의 신임이 두터웠을 때 본격적인 작가의 길을 들어서야겠다고 작정했습니다. 그리고 시대극인 〈황진이〉를 선택했던 것입니다. 테마와 스타일이 뚜렷한 작품을 만들고 싶었어요.

안재석 〈황진이〉로 작가의 길을 걷겠다고 결심하신 구체적인 동기가 있으셨습니까?

배창호 데뷔 작품부터 작가라는 의식으로 출발하지는 않았어도 테마가 잘 전달되는 영화를 만들려고 했습니다. 〈고래사냥 2〉가 끝나고 비로소 '내가 왜 영화를 하는 것인가?', '영화란 무엇인가?' 하는 스스로의 질문에 부딪쳤어요. 영화감독의 길을 걷는 지도가 필요했던 것입니다. 마침내 그 지도를 찾았는데, 그 지도란 나의 신앙이었습니다. 하나님은 예술을 통해서도 일하신다는 믿음을 갖게 된 것입니다. 우리에게 육체를 위한 양식이 있는 것처럼 예술로서의 영화가 우리의 정서를 위한, 마음을 위한 양식의 역할을 해야 된다고 느낀 것이죠.

안재석 〈황진이〉의 메시지는 분명한데요, '인간의 길은 사랑을 실천하는 길'이라는 것이죠?

　　배창호 기독교의 사랑은 모든 사람이 지닌 본질적인 것입니다. 조각가 오귀스트 로댕Auguste Rodin은 "종교와 예술은 하나다. 바로 사랑이다"라고 말했고, 내가 좋아하는 영화 〈멋진 인생It's A Wonderful Life〉(1946)의 감독 프랭크 카프라Frank Capra는 "세상에서 가장 중요한 감정은 사랑이다"라고 말했습니다.

　　안재석 시나리오는 언제부터 쓰셨습니까?

　　배창호 1986년 초에 시작했습니다. 겨울 설정 때문에 첫 촬영을 서두르고 나서 시나리오 작업을 계속했고, 최인호 선배님과 초고를 끝내고 나서 촬영 중에 틈틈이 고쳤습니다.

안재석 그러면 캐스팅할 때 초고로 섭외를 하셨겠네요?

배창호 〈황진이〉뿐 아니라 초고로 늘 섭외했고 모두들 시나리오는 바뀐다고 생각했어요. 시나리오가 아니라 감독과 기획을 믿고 출연했죠. 투자자의 관여로 자꾸 시나리오를 수정하는 일은 없을 때였습니다.

안재석 초고대로 찍었으면 흥행이 잘되었을 것이라고 하셨던데요?

배창호 처음 시나리오는 스토리텔링이 강했어요. 관객은 스토리를 중시하죠.

안재석 그런데 시나리오 방향을 바꾸게 되신 계기가 무엇입니까?

배창호 첫 촬영하고 나서부터 이 작품의 방향에 대한 생각이 바뀌었어요. 〈황진이〉는 강렬한 스토리보다 내용의 간결함, 인물들의 내면 묘사, 정제된 표현을 추구하는 작품으로 만들겠다고 결심했어요. 영화는 세 파트로 구성되어 있는데, 첫 부분은 신발 만드는 천민인 갓바치(안성기)의 황진이(장미희)에 대한 일방적인 사랑, 두 번째는 귀족인 벽계수(신일용)와의 허망한 사랑, 세 번째는 도피자인 유생(전무송)을 돕는 헌신적인 사랑으로 끝을 맺습니다.

안재석 초고에 있는 지족선사 부분은 빠졌더라구요?

배창호 황진이가 지족선사를 시험하는 일화는 작품의 톤과 맞지 않아 뺐습니다. 황진이라는 인물의 자료를 보니까 정사正史에는 몇 줄밖에 없어요. 이조 중기 때 송도삼절松都三絶 중 한 사람이고 재색을 겸비한 기생이라는 짧은 기록뿐이었어요. 황진이에 대한 여러 일화는 야사라든지 소설 등에서 전해져왔는데 확실한 근거는 없어요. 역사적 인물인 황진이가 남긴 확실한 삶의 근거는 그녀가 남긴 시입니다. 그 시들을 통해 황진이를 이해했고, 그 시들에서 발견한 것은 그녀의 '정情'이었습니다. 영화에는 세 편의 시가 나오는데, 두 편은 그녀가 부르는 시이고 나머지 한 편은 미장센으로 표현된 시입니다.

> 동짓달 기나긴 밤을 한 허리를 버혀내여
> 춘풍 이불 아래 서리서리 넣었다가
> 어론 님 오신 날 밤이여든 구비구비 펴리라.

이 시를 영화에서는 이런 식으로 표현했습니다.

- 눈 내리는 깊은 밤, 적막 속에서 홀로 차를 마시는 진이.
- 찻잔에 비치는 그녀의 얼굴.
- 마루의 댓돌에 놓인 진이의 신발 위로 쌓이는 눈.
- 기다리는 사람이 있는 듯 열어둔 대문.
- 진이, 대문에 걸어둔 방울에서 소리가 들리자 혹 기다리던 사람이 왔나 하여 귀 기울인다.

- 대문에는 아무도 없고 바람이 방울을 울릴 뿐.
- 조용히 한숨을 내쉬며 찻잔을 드는 진이.

안재석 인상 깊은 장면이었습니다. 세 파트의 구성이 갖는 의미도 밝혀주셨는데, 이처럼 구성하신 특별한 이유가 있으십니까?

배창호 인물의 일대기를 그리는 데 있어 연대기적 구성은 보편적인 방식입니다. 단지 그 연대기를 황진이가 겪는 사랑의 형태로 나눈 것이지요. 덧붙여 말하자면 황진이의 사랑은 자신이 가진 것을 벗어버릴 때마다 심화됩니다. 처음엔 그녀에 대한 일방적인 사랑으로 스스로 죽음을 택한 갓바치의 혼을 달래주기 위해서 치마를 벗어줬어요. 그 당시 치마를 벗어준다는 건 처녀 신분을 상실한다는 것과 마찬가지로 대담한 행동이었을 거예요. 그걸 벗어줌으로써 황진이는 기생의 길을 선택한 것입니다. 두 번째는 벽계수와의 사랑의 허망함을 느끼고 자신을 가렸던 너울을 벗어던집니다. 고급기생이라는 오만함을 벗어버리는 것이지요. 그래서 세 번째 파트에서는 서민들이 드나드는 주막의 천한 기생이 되죠. 그리고 유약한 선비의 도피를 돕다가 마지막엔 자기가 입던 장옷을 선비에게 덮어주고 떠납니다. 자신의 가진 것을 버림으로써 자유로워지고 그 자유가 바로 사랑이 되는 것이지요.

안재석 미리 이러한 의미를 설정하셨나요?

배창호 의미를 설정했다기보다는 승화된 사랑을 향하는 황진이의 삶

의 길을 쫓다 보니 자연스럽게 의미가 생겨버린 것입니다. 그러나 이 영화는 내가 몸으로 체득한 삶을 표현한 것이 아니라 이상적으로 생각하는 삶을 표현한 것이라 육화肉化되지 못한 면이 있습니다.

안재석 이 영화는 정일성 촬영감독님께서 촬영하셨는데, 감독님께서 정 감독님께 먼저 제의를 하셨다구요?

배창호 예, 먼저 했어요.

안재석 근데 정일성 촬영감독님 인터뷰를 보면, 감독님께서 〈티켓〉(임권택, 1986)을 준비하시던 정 감독님께 촬영 제의를 하자 "파나비전Panavision

을 렌탈한다면 같이 해보겠다"고 화답을 했고 감독님께서 "그러겠다"고 해서 성사되었다고 하던데요?

배창호 정 감독님과 나와 서로 입장이 다른 데서 나온 얘기 같습니다. 결론적으로 말하자면 나는 정일성 감독님의 여러 장점 중에 특히 구도감을 좋아했고, 파나비전 사용은 서로 뜻이 맞아서 제작자인 이우석 회장님이 고가임에도 오케이 하신 것이지요.

안재석 파나비전 카메라의 장점은 무엇입니까?

배창호 파나비전이라고 해서 특별한 영상이 나오는 것이 아니라 트라이포드를 땅에 박은 듯 안정된 화면과 해상력이 좋은 렌즈가 장점이었어요.

안재석 정일성 촬영감독님과의 호흡은 어떠셨나요?

배창호 촬영 전에 의견을 나누는 시간이 길어질 때가 있었지만, 한 번 결정되면 열정적으로 촬영에 임하셨어요. 그래서 현장에 활력을 주었습니다. 2019년 제24회 부산국제영화제의 정일성 감독님 회고전에 〈황진이〉가 들어간 것으로 보아 정 감독님의 대표작의 하나라고 생각하시는 것 같습니다.

안재석 이 영화에 대한 가장 유명한 논문은 김지석 선생님이 1992년도에 발표한 「〈황진이〉를 통해서 본 배창호 감독의 철학적 탐험과 미학적

모험」인데요, 혹시 읽어보셨습니까?

배창호 예전에 본 거 같아요. 지금은 생각이 안 나네.

안재석 감독님께서는 "너무 형식 분석에만 치우치고 내용은 보지 않는다. 영화라는 건 내용과 형식을 같이 봐야 되는 거 아니냐." 이런 말씀을 자주 하셨는데, 이 논문의 경우는 롱 테이크 같은 형식 분석에 치우쳐 있지 않고 〈황진이〉를 할리우드 고전적 스타일에서 벗어나는 탈 할리우드적 영화로 규정하고, 그 예로 '인과관계가 별로 없는 느슨한 옴니버스 형식의 서사구조'라든가 '탈중앙화의 구도', '고정 카메라의 미학' 등을 제시하고 있습니다. 근데 이 영화가 탈 할리우드적이라는 견해에는 어떻게 생각하십니까?

배창호 동의합니다. 설명적인 스토리텔링 위주의 할리우드 영화에서 완전히 벗어났으니까요. 아마 우리 영화계에서는 영화적인 표현법이 작품의 개성을 이룬 드문 예일 겁니다.

안재석 이 영화를 보던 관객이 영사기가 고장났냐고 항의했다는 일화가 유명한데, 사실입니까?

배창호 내가 직접 들은 것 같아요, 극장 관계자한테. 영화 상영 중에 중년 남자 관객이 영사기가 늦게 돌아가는 거 아니냐고 항의를 했다는 겁니다. (웃음)

안재석 실제로 그 정도까지는 아니잖아요? (웃음)

배창호 일반 관객들은 영화를 보면서 답답해했어요. 배창호 감독 영화 재밌다고 소문이 나서 영화관 잘 안 가던 사람까지도 추석 명절 때니까 더 많이 왔어요. 개봉 첫날, 둘째 날에는 흥행이 대성공이었죠. 그런데 날이 갈수록 관객 수가 뚝뚝 떨어졌어요. 관객들이 기대했던 기생의 이야기가 아니라 전개도 느리고 동작도 느린 데다가 카메라 픽스도 많고 롱 테이크도 많고 그러니까 상영 내내 답답했던 관객들이 많았던 것 같아요. 상영 끝나고 나오던 관객들이 나와 마주치자 영화를 이렇게 지루하게 만들어가지고 스트레스나 주느냐고 항의하는 경우도 있었습니다. 당시 평론가들은 대부분 크게 주목하지 않았고 미래의 평론가와 영화학도들 사이에 마니아층이 생겼죠.

안재석 시나리오 쓰실 때 최인호 선생님과 일본을 방문해서 일본영화를 많이 보셨다고 밝히셨는데요?

배창호 그때까지 일본영화를 거의 본 것이 없었습니다. 책으로만 접했을 뿐이었지요. 그래서 일본영화에 대해 궁금했고 또한 1950, 60년대부터 세계에 알려지게 된 일본영화들을 보고 싶었어요. 한국적인 시대극을 어떻게 찍으면 국제적으로 평가 받을 수 있을지 비교 연구차 떠난 거지요. 일본국제교류기금에서 시사실을 제공해줘서 일본의 3대 감독이라 할 수 있는 구로사와 아키라, 미조구치 겐지溝口健二, 오즈 야스지로小津安二郎의 작품들을 주로 봤습니다. 그때 받은 일본영화의 인상은 완성도가 높고 제각기 스타일을 갖고 있다는 것이었습니다.

안재석 미조구치 겐지 감독의 〈오하루의 일생西鶴一代女〉(1952)도 그때 보신 건가요?

배창호 예. 미조구치 겐지는 여성의 한을 잘 그리는 감독이죠.

안재석 감독님께서는 〈황진이〉가 〈오하루의 일생〉과 비슷하다는 말을 들었다고 하셨는데, 전 감독님의 글이나 인터뷰를 통해서밖에 그런 이야기를 듣지 못했거든요?

배창호 일본의 평론가 중에 누군가 그런 코멘트를 한 것 같아요. 내가 그때 일본영화를 많이 본 것을 알아서 배창호 감독이 미조구치 영화를 많이 봐서 〈황진이〉를 그렇게 만든 거 아닌가 하는 선입견을 가진 것 같아요. 〈깊고 푸른 밤〉이 일본에서 화제를 모아 다음 작품에 관심이 많았거든요.

안재석 제가 보기엔 너무 다르던데요. 〈오하루의 일생〉은 에피소드식 구성도 아니에요. 뭐 굳이 따지자면 〈황진이〉의 초고 시나리오의 구성과 비슷하다고 할 수 있는데, 나이 든 게이샤가 과거를 회상하는 형식으로 세 개의 에피소드가 유기적으로 엮여 있고 다시 현실로 돌아오고 하는 그런 구성, 완성된 〈황진이〉와는 완전히 다른 영화더라구요. 〈오하루의 일생〉에서는 롱 테이크도 고정 롱 테이크가 아니고 카메라의 움직임도 많아요.

배창호 크게 다른 점은 테마죠. 〈오하루의 일생〉은 주인공 게이샤가 여승이 되는 것으로 끝을 맺습니다.

안재석 해외 영화제에서의 평가는 어땠습니까?

배창호 하와이영화제에서 만난 미국 평론가의 코멘트가 기억납니다. 〈황진이〉에게서 존 포드의 영화 스타일이 보인다구요. 처음엔 그 말을 의아해하다가 차츰 이해하게 되었습니다. 인간의 선성善性을 추구하는 존 포드의 정신, 고정된 카메라와 롱 숏 등의 절제된 연출이 닮은 점이긴 하지요. 나또한 존 포드의 작품들을 좋아했구요.

안재석 〈여행〉 개봉 즈음 어느 인터뷰에서 감독님께서는 감독님의 삶 속에서 느낀 것들을 대중과 공감하기 위해 영화를 만든다는 말씀을 하셨습니다. 또한 상업영화와 작가영화를 구분하지 않는다고도 하셨구요. 하지만 이 〈황진이〉를 만들 당시만 해도 일부러 흥행이나 대중성이 드러나는 카메라 움직임이나 자극적이고 인위적인 스토리텔링 등을 배제한 작가주의적 영화를 만드셨거든요? 감독님의 영화관이 또 바뀌신 건가요?

배창호 그때의 영화에 대한 내 생각이 바뀐 것이 아니라 더욱 성숙해졌다고 봐야지요. 그때 나는 〈황진이〉가 흥행에도 성공할 것이라 자신했어요. (웃음) 상업영화라는 표현은 대중성 있는 영화라는 뜻이고, 작가영화든 대중영화든 관객을 위한 영화가 되어야 한다는 뜻입니다.

안재석 이 영화는 비록 흥행에서는 실패했지만 지금까지도 계속 회자되는 작품으로 남았습니다. 이용관 교수님(현 부산국제영화제 이사장)께서는 '위대한 실패작'이라는 표현도 하셨구요.

배창호 그래도 그해 흥행 7위인가 8위인가 그랬어요. 처음 나흘 동안 관객이 많이 들어서. (웃음) 또 개봉 이후 TV나 DVD를 통해 〈황진이〉 팬이 많이 늘어났어요. 일본의 TV에서 방영해서 〈황진이〉를 좋아하는 일본 팬들도 있습니다.

안재석 〈황진이〉에 대해 다른 하실 말씀이 있으시면 해주세요.

배창호 마지막에 황진이가 숨을 거두기 직전 바닷가에서 클로즈업으로 들어간 숏이 있어요. 그때 황진이의 눈에서 눈물 한 방울이 흐르는데, 그 눈물 속에 그녀의 인생이 함축된 듯한 느낌이 있어요. 다음에 보실 관객들은 놓치지 마시길. (웃음) 〈황진이〉는 이전 작품에 비해 정제된 작품입니다. 예술은 정제를 통해 정수精髓를 드러냅니다. 원석을 정제해 금이 나오듯 말입니다. 육체적 자극을 통해 재미를 주려는 영화들이 여러 첨가물을 넣은 탄산수와 같다면, 나는 〈황진이〉가 첨가물이 배제된 생수와 같은 역할을 하기 바랐습니다. 그러다 보니 소수의 관객만이 좋아하는 영화가 된 것 같습니다.

〈기쁜 우리 젊은 날〉

안재석 〈기쁜 우리 젊은 날〉은 데뷔 전에 써두신 시나리오를 바탕으로 한 것으로 알고 있는데요, 〈황진이〉 다음 작품으로 이 영화를 만드시게 된 과정이 궁금합니다.

배창호 조감독 시절에 다른 제목으로 초고를 써둔 작품입니다. 〈황진이〉 다음 작품으로 무슨 작품을 선택할까 고심하다가 삶의 구도자적 길을 찾는 〈황진이〉의 무거운 스토리 말고 관객들에게 더 친근하게 다가가는 스토리를 택하려고 떠올려진 작품이 〈기쁜 우리 젊은 날〉입니다.

안재석 시나리오에는 영민(안성기)이 미국 지사로 떠나 혜린(황신혜)을 그곳에서 재회하던데, 바꾸신 이유가 있으신가요?

배창호 시나리오의 후반부 배경이 된 뉴욕으로 한 달간 헌팅을 했어요. 그 기간 동안 이 작품의 구성에 대해 다시 생각하면서 미국에서의 드라마틱한 재회로 하지 말고 미국에 갔다 온 혜린을 한국에서 재회하는 것이 자연스러운 흐름으로 보았습니다.

안재석 제작사인 태흥영화사에서 미국 로케이션을 반대하진 않았습니까?

배창호 전혀 반대하지 않았어요. 시나리오를 읽고서 제작사에서 전폭적으로 지원해주었고, 미국 로케이션을 안 하기로 한 내 결정을 신뢰했습니다.

안재석 시나리오를 다시 쓰신 건 언제부터 언제까지였나요?

배창호 조감독인 이명세 감독과 함께 시나리오를 고쳐가면서 촬영을 했어요. 시나리오라는 건 설계도인데, 제작자가 신뢰하고 배우들과 의사소통할 수만 있으면 시나리오 작업에 큰 에너지를 소비할 필요가 없었어요. 그 에너지를 프로덕션 과정에 집중하는 편이 효율적이었지요. 물론 지금의 제작 환경과 다를 때니까 그런 방식도 가능했던 것입니다.

안재석 그럼 어떤 부분에 중점을 두고 시나리오를 고쳐나가셨나요?

배창호 스토리는 심플하니까 인물들의 심리 묘사와 장면의 디테일을 신경 썼어요. 관객들이 새로운 영화를 접하게 된 것입니다.

안재석 영민의 성격과 혜린에 대한 사랑은 감독님의 체험에서 나온 것이라고 밝히셨는데요?

배창호 영화의 대학 시절까지는 내 체험을 바탕으로 했고 대학 시절 이후의 이야기는 픽션입니다. 영민의 성격은 나와 비슷한 면도 있고 아닌 면도 있구요. 영민의 아버지(최불암) 성격에는 제 아버지의 자상한 면을 투영했습니다.

안재석 영민이 쓴 희곡 「나의 사랑 나의 신부」의 배역을 혜린에게 부탁하는 장면도 실제 있었던 일인가요?

배창호 (웃음) 당시 내가 희곡을 쓴 적은 없지만, 연극 출연을 제의하러 만난 기억이 나요. 창작가의 체험이라는 것은 단지 재료일 뿐이고 그것을 영화로 형태를 만드는 것이지요. 마치 조각가가 좋은 흙을 골라 덩어리를 만들어 거기서 형상을 창조하는 것처럼요.

안재석 〈고래사냥 2〉에 이어 유영길 촬영감독님과 다시 작업을 하셨는데요.

배창호 유영길 촬영감독님은 감독이 바라는 것이 무엇인가를 신중하게 듣는 분이었습니다. 크리스마스 이브에 혜린이 미국 교포인 성우(전무 송)에게 프러포즈 받는 것을 카페에서 목격한 영민이 당황하여 자리를 피하는데 핸드헬드로 따라가는 장면이 있어요. 사방이 화면에 노출되니까 조명 설치하기도 매우 어렵고 실내도 테이블들 때문에 카메라 워킹하기가 불편했습니다. 그런데도 유 감독님은 묵묵히 그 장면을 잘 찍어주셨습니다. 마지막 부분의 혜린의 분만 장면에 영민이 택시 안에서부터 병원 로비, 1, 2층 복도를 달려가 긴급히 수술실 앞에 도착하는 롱 테이크가 있는데, 스테디캠steadicam이 없던 시절이라 휠체어로 그 긴 테이크를 촬영하셨습니다.

안재석 이 영화의 DVD 코멘터리에서 실내 밤 장면 같은 경우에 렘브란트 조명Rembrandt lighting을 많이 썼다는 말씀을 하셨더라구요?

배창호 〈황진이〉 때부터 빛과 어둠의 적절한 구사가 미장센에서 큰 역할을 한다는 것을 알았습니다. 그래서 〈기쁜 우리 젊은 날〉에서도 촬영감독과 조명 설계에 대해 자주 토의를 했습니다. 렘브란트 조명이란 인물과 배경의 콘트라스트를 강하게 하여 배경을 어둡게 하는 것이지요. 렘브란트의 초상화를 떠올리면 될 겁니다. 영민의 아버지와 시장 친구들이 모이는 대폿집이 렘브란트 조명을 구사한 장면이지요. 화면 각 부분에 세심한 노출을 계산해야 하는데, 유 감독님이 노출을 철저히 계산하는 분이라 화면의 질감도 잘 살게 되었습니다.

안재석 영민과 혜린이 첫 데이트를 하는 덕수궁 낮 장면 같은 경우는 노출을 오버시켜서 화사하게 보이게 하셨더라구요?

배창호 유영길 촬영감독님이 그 장면에서는 하이 키high key로 하고 싶어 하셨어요. 하이 키의 장면이 처음이라 어떤 효과가 날까 궁금했는데, 화면에 사실감보다는 꿈결 같은 느낌이 들어서 아쉬운 감도 있었습니다. 그런데 에필로그에 영민과 어린 딸이 같은 자리의 덕수궁 벤치에서 한낮의 시간을 보내는 장면에서도 하이 키를 쓰니까 혜린과의 데이트 장면이 떠올려지며 꿈결 같은 지난날과 현재가 연결되어 좋았습니다.

안재석 이 영화는 감독님 작품 중에서 숏 당 평균 지속시간이 가장 긴 영화로도 유명한데요, 감독님께서 〈황진이〉를 작업하실 때 롱 테이크라는 형식을 써야겠다고 미리 계획을 하신 게 아니라 인물의 호흡이나 느낌을 따라가다 보니까 자연스럽게 그렇게 됐다고 말씀하셨는데, 이 영화도 마찬가지셨나요?

배창호 내 기본 입장은 마찬가지예요. 필요한 장면에 필요한 표현을 쓴 겁니다. 그래서 이 작품에는 롱 테이크도 있고 짧은 테이크의 교차 편집도 있어요. 가급적 화면의 지속시간을 편집으로 개입하지 않으려는 의도는 있었습니다. 어떻게 롱 테이크로만 영화를 찍어요? 알프레드 히치콕Alfred Hitchcock도 〈로프Rope〉(1948)를 찍으면서 총 12컷 정도인데 한 컷으로 찍은 듯이 트릭을 써가면서 했는데, 나중에 스스로 시인을 했다고 합니다. "영화는 역시 몽타주를 배제할 수 없다"라구요. 롱 테이크를 할 때는 내 느낌대로 합니다. 그 느낌을 분석한다면 모두 이유가 있을 겁니다. 잉마르 베리만도 그런 얘길 했는데, "숏을 나누는 것을 논리적으로 설명할 수 없다. 내 육체가 숨 쉬고 맥박이 뛰는 것을 일일이 설명할 수 없는 것과 같기 때문이다"라고 했습니다. 그러니까 무조건 관습적으로 스토리텔링 위주로 숏을 잘라야 되겠다는 것에서는 탈피했던 거죠.

안재석 근데 리버사이드호텔에서 영민이 혜린과 처음 만나는 신의 첫 숏이라든가 또 영민이 맞선 자리를 아버지가 재혼하시려고 하는 것으로 오해하는 신의 첫 숏 같은 경우는 애초에 롱 테이크로 가겠다는 의도가 보여지거든요?

배창호 그렇지 않아요. 카메라에 맞춰서 인물을 배치하거나 동작선을 주는 것은 의도적인 연출이라는 게 보여져요. 그러나 리허설에서 인물의 배치나 동작선이 자연스럽게 이루어지면 그때 카메라를 결정하는 거예요. 그러면 연출이 내용에 녹아듭니다. 〈기쁜 우리 젊은 날〉의 일반 관객들은 롱 테이크가 많은지 거의 못 느꼈을 겁니다.

안재석 아무래도 롱 테이크로 가다 보면 실수도 자주 있었을 텐데, 테이크를 많이 갔을 것 같습니다.

배창호 그 당시에 비하면 테이크를 많이 갔지요. 어려운 카메라 워킹이 많아서 그랬어요. 하루에 서너 컷 찍을 때도 있었는데, 지속시간으로는 다른 영화 몇십 컷에 해당하는 거였거든요.

안재석 롱 테이크 외에도 이 영화에는 다양한 표현 기법들이 사용되고 있습니다. 특히 영민의 시점 숏이 여러 번 나오는데요, 그중에서도 리버사이드호텔에서 영민의 안경 너머 맥주잔을 통해 혜린을 보여주는 장면이 인상적이었는데, 이런 시점 숏을 구상하신 의도는 무엇입니까?

배창호 새로움이죠. 관객들이 영민의 마음을 가깝게 느끼게끔 주관적인 시점 숏들을 새롭게 구사한 것이죠.

안재석 그리고 영화 볼 때마다 늘 의아하고 궁금했던 건데, 영민의 시점으로 시장의 아버지 친구분을 만나고 아버지의 기름 가게로 가는 장면 있지 않습니까? 거기서 영민의 대사가 들리지 않거든요?

배창호 잘 지적했어요. 이건 연출이 세심하지 못한 부분입니다. 인물 시점으로 촬영을 해서 상대 배우들이 카메라를 보는데, 그 인물의 대사까지 나오면 이질감이 들 거 같았어요. 마치 카메라가 말하는 거 같은. 그래서 대사를 안 넣었는데 어딘지 어색했어요. 굳이 시점 숏으로 찍지 말고, 영민의 어깨를 걸었으면 좋았을 텐데 하는 생각을 후일 했습니다.

안재석 덕수궁 벤치 장면에서 영민이 "오늘, 혜린 씨 생일을 축하드립니다" 하는 숏 다음에 혜린의 모습이 트랙 인 줌 아웃으로 보여지는 장면이 있습니다. 개인적으로 참 좋아하는 장면인데, 감독님 이전 작품에선 못 보던 기법이거든요?

배창호 있었어요, 〈고래사냥 2〉 때. 안성기 씨가 분수 안에서 수행 같은 것을 할 때 그렇게 한 번 해봤어요. (웃음) 엉터리 도사니까 비현실적인 느낌을 주려고 했는데 효과적이지 않았어요. 트랙과 줌을 동시에 사용하는 표현법은 히치콕의 〈현기증Vertigo〉(1958)에서 처음 시도했는데, 고소 공포증이 있는 주인공이 아래를 내려다보며 아찔하게 느끼는 시점 숏에 효과적으로 사용되었습니다. 이 기법이 매우 성공적으로 쓰인 것은 롤랑 조페 Roland Joffe의 〈미션The Mission〉(1986)에서 형인 로버트 드 니로가 연인을 두고 동생과 다투다 벌인 칼싸움에서 동생을 죽게 한 후 혼란한 심리를 표현한 장면입니다. 〈기쁜 우리 젊은 날〉의 덕수궁 장면에서 트랙 인 줌 아웃의 카메라 워킹보다 내 기억에 더 남아 있는 것은 생일 축하한다는 영민의 뜻밖의 말에 카메라가 멈추자 황신혜 씨가 흘리는 눈물이었어요. 정확한 타이밍에서 눈물을 흘려야 하는데, 어려운 촬영이라 몇 번 테이크를 다시 가도 정확한 시점에서 눈물을 흘렸어요.

안재석 혜린의 2층 사무실에서 영민의 전화를 받고 아래 공중전화 부스의 영민을 보여주는 크레인 숏도 좋았습니다.

배창호 마침 그즈음 영화진흥공사에 크레인이 들어왔어요. 그래서 필요할 때 잘 썼지요. 〈황진이〉, 〈그해 겨울은 따뜻했네〉 때는 공사장 크레인이구요. 1985년도 동경국제영화제 '영 시네마' 부문에 갔을 때 닐 조단 감독하고 대화를 나눌 기회가 있었어요. 닐 조단 감독이 한국에서는 어떤 크레인 종류를 쓰냐고 질문을 하더라구요. 그때 종류는커녕 크레인 한 대도 없을 땐데, 대답하기 난처했던 기억이 나요.

안재석 그리고 영민의 맞선 장면과 영민과 혜린이 결혼 후 함께 노래를 부르는 장면에서 특이하게도 아이리스iris 기법을 쓰셨거든요?

배창호 아이리스라는 것도 디졸브dissolve라든지 페이드 인fade in, 페이드 아웃fade out처럼 벌써 오래전에 창안된 장면 전환법이거든요? 그런데 고전적으로 느껴져 잘 안 썼었지요. 고전적인 것을 다시 쓰고 싶었어요. 영

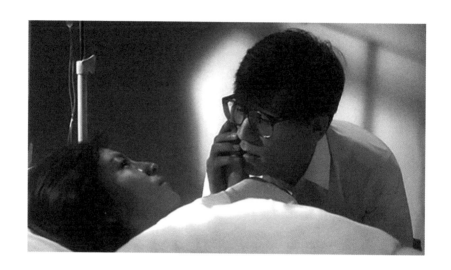

화에서 새로운 시퀀스가 열릴 때.

　　안재석　라스트 병실 신에서 조명이 서서히 변하는 장면은 〈황진이〉
때부터 시도하셨던 기법인데요, 여기서는 좀 더 업그레이드된 느낌이 들었
습니다. 어떻게 생각하면 단순하게 시간이 많이 흘렀다는 걸 의미할 수도
있겠지만, 저는 영민의 심경이 시각적으로 표현됐다는 생각이 더 들었구요.
그리고 혜린이 숨을 거두고 나서 부감 앵글로 보여지는 숏에서 창문에 햇빛
이 길게 늘어지는 장면은 꼭 혜린의 영혼이 영민을 지켜보고 있다는 느낌을
받았는데, 그런 의도가 있으셨던 거죠?

　　배창호　혜린의 희생적인 죽음으로 새 생명이 태어난 것을 현실적으
로 빛이 스며드는 움직임으로 표현이 된 것입니다.

안재석 햇빛이 서서히 길게 늘어지는 조명은 어떻게 하신 겁니까?

배창호 창문 뒤에다 조명기를 달리에 달아놓고 이동시키면서 그런 효과를 낸 것입니다. 그러니까 병실을 세트로 만들어야 했어요.

안재석 혜린이 병실에서 눈을 감기 전 영민을 말없이 바라보며 눈물 흘리는 장면도 참 인상적이었는데요, 신파 멜로드라마 같이 눈물을 강요하지 않는데도 울컥하는 감정이 들었습니다.

배창호 이런 장면일수록 절제가 필요합니다. 절제란 넘치지도 않고 모자라지도 않는 상태예요. 절제 있는 연출이 되어야 관객들이 스스로 느끼게 됩니다. 마지막 병실 장면에서 혜린이 혼수상태에서 잠시 눈을 뜨면서 영민을 바라보다가 그의 흐트러진 머리칼을 자신의 손으로 아무 말 없이 매만져 줍니다. 이 연출은 실제 내 체험에서 이루진 것입니다. 우리 어머니가 뇌출혈로 쓰러지셨을 때 중환자실에 계시다가 일반 병실로 옮겨와 나를 바라보실 때 아무 말씀 없이 내 머리칼을 쓰다듬어주셨어요. 아마 내 머리칼이 막 헝클어져 있었던 모양이에요. 특별전에서 집사람이 이 영화를 다시 보면서 지금 말한 장면이 〈기쁜 우리 젊은 날〉에서 가장 감동적인 장면이라고 하면서 어떻게 그 장면을 그렇게 표현했냐고 묻기에 어머니 얘기를 했습니다. 역시 살아 있는 체험은 공감력이 큽니다.

안재석 당연한 질문이지만, 이 영화의 테마도 사랑이죠? 기쁘고도 아

픈 사랑의 이야기. (웃음)

배창호 이 영화에서 중요한 점은 임신중독증이라 해산을 할 때 산모나 아기에게 위험이 있을 수 있다는 의사의 경고에도 불구하고 살 수도 있는 아기의 생명에 대한 사랑으로 위험을 무릅쓴 것이지요. 죽음에 대한 두려움을 사랑으로 이겨낸 것이고 영민의 마음 또한 마찬가지였습니다. 만약 혜린이 무사히 아기를 낳고 몇 년이 지나 덕수궁에서 혜린과 영민이 어여쁜 딸과 함께 단란한 한때를 보내는 것으로 끝을 맺었으면 어땠을까 하는 생각을 훗날 해보았습니다. 그것도 좋았겠지만 아까 표현했듯이 기쁘고 아픈 사랑의 이야기로는 이대로가 좋지요. 때론 인생사란 것이 그런 것이니까요.

안재석 이 영화의 흥행 성공으로 다시 흥행 감독으로 복귀하셨습니다.

배창호 많은 젊은 관객들이 이 영화를 좋아했습니다. 그중에 이 영화에 영향을 받아 유명한 영화감독이 된 사람도 있습니다.

안재석 유명하진 않지만, 저도 이 영화에 영향받아 영화감독이 된 한 사람입니다. (웃음)

배창호 아, 그랬구나. (웃음)

안재석 덧붙이실 말씀이 있으시면 해주세요.

배창호 이 시대에는 사랑을 전하는 방법이 많이 바뀌었지요. 〈기쁜 우리 젊은 날〉에서처럼 좋아하는 사람 사무실 앞에서 마냥 기다리다간 오해받기 십상이고. (웃음) 또 편지나 공중전화가 아니라 SNS로 소통하는 시대니까요. 소통 방법은 달라져도 사랑이라는 마음은 변할 수 없습니다. 영화나 드라마에서 남녀 간의 사랑 이야기를 달콤하거나 왜곡되게 그리면 특히 청소년 관객에게 실제 사랑에 대해서 환상을 갖게 하기 쉽습니다.

〈안녕하세요 하나님〉

안재석 〈안녕하세요 하나님〉은 최인호 선생님의 원작 소설에서 제목
만 따온 순수 오리지널 작품인데요, 이 영화는 어떻게 기획이 됐습니까?

배창호 조감독 때 이 소설이 출간되었을 때 소설은 읽지 않을 때인데
도 제목이 좋은 느낌을 주었습니다. 작품의 영감은 갑자기 찾아올 때가 있
는데, 몇 년 후 '안녕하세요 하나님'이라는 제목으로 지체 부자유자의 이야
기를 하면 어떨까 하는 생각이 스쳤어요. 안성기 씨가 그런 배역을 잘 소화
할 수 있을 것 같았구요. 그제서야 처음 원작을 읽어봤어요. 원작은 지체 부
자유자의 이야기는 물론 아니었고, 어린 소녀의 죽음에 관한 슬픈 이야기였
어요. 내 의도와는 다른 내용이라고 당황하지 않고, 최 선배님과 상의하여
동명 제목의 오리지널 시나리오를 쓰기로 했습니다.

안재석 시나리오 작업 기간이 다른 작품들에 비해서 좀 길었다는 말씀을 하셨는데요?

배창호 실제 작업 기간이 길었던 것이 아니라 단지 제목과 인물 한 사람이 있었을 뿐 아무것도 없는 상태에서 내용의 실체를 잡을 때까지 시간이 걸린 것입니다. 그러다가 최 선배님이 토의 과정에서 가장 중요한 것을 찾아주었는데, 그것은 병태의 경주 여행이었습니다. 몇 해 전 TV에서 지체 부자유자 청년과 그의 아버지가 출연하여 아들에게 삶의 용기를 심어주기 위해 혼자 경주로 여행을 시키고 지체 부자유인 아들이 무사히 여행을 마치고 정신적으로 성숙해져서 집에 돌아온 일화를 최 선배님이 떠올린 것입니다. 나는 그 이야기를 듣는 순간 시나리오의 골격이 세워지는 것 같았습니다. 그리고 다른 진전이 없이 또 시간이 흘렀을 때 최 선배님이 "배 감독, 춘자가 나중에 아기를 낳자" 하는 말을 듣자마자 큰 게 뻥 뚫리며 시나리오가 다 풀린 것 같았습니다.

안재석 시나리오를 보면, 민우 캐릭터도 그렇고 마지막에 춘자를 고향에 데려다주는 설정이 마치 〈고래사냥〉의 3편 같은 느낌이 들더라구요. 물론 영화는 많이 다르게 진행되는데, 감독님께서 촬영 과정에 시나리오를 바꾸신 건가요?

배창호 큰 틀은 두고 에피소드는 많이 바꾼 거지요. 초고가 미완성인 상태에서 늦여름이라는 계절을 놓치지 않기 위해 촬영을 서둘렀고 촬영 과

정에서 고쳐나갔어요. 백지상태에서 경주 여행이라는 설정이 생기자 로드 무비의 형태가 되었고, 이왕이면 〈고래사냥〉의 인물들의 이름을 그대로 쓰기로 했습니다. 무언가를 찾아 나서는 모티프는 같아졌으니까요. 〈고래사냥〉이 사랑의 의미를 찾는 이야기라면 〈안녕하세요 하나님〉은 인생의 의미를 찾는 여행인 것이지요. 이 작품은 〈고래사냥〉에 있었던 추격이나 극적인 국면 없이 여행의 과정을 시정詩情 있게 담담히 그리고자 했어요. 어떤 의미로 〈안녕하세요 하나님〉은 〈고래사냥〉 3편이라기보다는 〈고래사냥〉의 새로운 버전이라고 할 수 있어요.

안재석 〈안녕하세요 하나님〉을 차기작으로 결정하시고 시나리오를 쓰면서 흥행성을 염두에 두진 않으셨나요?

배창호 작품을 결정할 때 왜 흥행을 의식 안 하겠어요. 흥행을 위해 타협하는 것은 아니지만, 제작사와 서로 원원할 수 있는 작품인가를 고심하고 결정하지요. 영화는 관객을 위한 것이지 내 개인적인 만족만을 위한 것이 아닙니다. 독립영화의 소수의 관객일지라도 그 관객들이 작품을 통해 나와 공감하면 보람을 느낍니다. 그 뒤에 따라오는 작품의 호평은 보너스인 것이지요. 그렇다고 예술영화를 한다는 의식조차 않습니다. 왜냐하면 영화는 예술인 것을 이미 깨달았으니까요. 나는 〈안녕하세요 하나님〉이 어느 정도 흥행이 될 줄 알았습니다. 그런데 그 시대의 흥행 성적을 평가하려면 영화 자체보다 다른 요소들도 살펴봐야 해요. 이 작품의 경우 제작사가 직접 운영하는 신설 극장인 강남의 동아극장과 장충극장에서 개봉했는데, 아무래도 잘 알려진 극장이 아니라서 홍보하기 어려웠던 점이 있었습니다. 물론 작품 자체도 자극적인 요소나 흥미를 끌 만한 스토리가 아니라서 큰 흥행작이 되기를 바라지는 않았지만, 전략적인 홍보를 하고 입 선전에 기대했으면 더 좋은 결과를 가져올 수도 있었을 텐데 하는 아쉬움은 남습니다.

안재석 당시 어느 평을 보면, "이 영화의 세 주인공이 오늘을 살아가는 숨 쉬는 인물이 아니라 인형 같은 인물로 사실성이 없다"라고 하면서 감독님 영화가 "갈수록 삶의 현장과 사랑의 고뇌를 의도적으로 외면하고 종교적인 맹목적 사랑으로만 줄달음치고 있다"라는 지적이 있습니다. 사실 시나리오 때만 해도 이들 주인공은 나름 현실에 발을 딛고 있는 살아있는 인물로 그려지고 있는데, 영화에서는 동화적이라 그럴까요? 현실에서 떠 있는 느낌의 인물들로 그려지고 있거든요?

배창호 다른 평도 많은데, 왜 이런 시각의 평을 가져왔는지. (웃음) 이런 각도로 보면 이런 비평도 있을 수 있어요. 그러나 사실주의가 영화의 정답은 아닌 것입니다. 〈안녕하세요 하나님〉에 나오는 세 인물은 세상에 존재할 수 있는 인물들을 영화적으로 표현한 것이지요. 병태(안성기)는 실제 모델인 인물이 있고, 노숙자인 민우(전무송)는 인생의 사연을 지니고 노숙인이 된 사람들을 대변합니다. 임산부인 춘자(김보연)는 사랑하는 사람에게 버림받고 귀향하는 인물인데, 실제로 그런 사람이 없을까요? 인생길에서 동행하게 된 사람들이 서로 처지를 이해하고 돕는 것이 종교적 맹목적인 사랑입니까? 영화에서 인형 같은 인물들은 오히려 사실적인 영화의 인물에 많이 나타납니다. 연기와 말투는 사실적으로 해도 그 심리는 전혀 인간을 이해하지 못하고 멋대로 만들어진 심리가 나옵니다. 마음을 느낄 수 없이 행동하는 인물이 인형 같지요. 〈안녕하세요 하나님〉은 보는 눈에 따라 동화적으로 느껴질 수 있다는 것을 인정합니다. 그런 점 때문인지 이 작품은 초등학생들도 좋아하는 작품이 되었습니다. 이 영화는 1990년대 초 일본에 수출되었고 프랑스의 영화제에서 현지 관객들의 사랑을 받았습니다. 하와이영화제에서는 이 작품 상영 후에 감동한 어느 관객이 나를 보더니 울기 시작했어요. 그래서 나도 울게 되고 영화를 함께 본 영화제 관계자도 함께 울게 되었습니다. 톨스토이는 『예술이란 무엇인가 What Is Art?』라는 책에서 예술은 감상자와 창작가의 마음을 결합시킨다고 주장했는데, 그의 주장이 맞다고 증명된 순간이었습니다.

안재석 영화에서 병태의 아버지는 목소리로만 등장합니다. 시나리오에도 "영화가 끝날 때까지 아버지의 모습은 보이지 않는다. 다만 목소리라든가 뒷모습, 혹은 그림자와 같은 형상으로만 보일 뿐이다"라는 지문이 있는 걸로 봐서, 시나리오를 쓰실 때부터 아버지는 상징적인 존재로만 그리려고 하신 거 같은데, 어떤 의도가 있으셨나요?

배창호 '안녕하세요 하나님'이라는 제목의 느낌이 우리가 태어나는 순간 생명을 주신 창조주에게 '이제 삶을 살아갑니다' 하는 다정한 인사를 건네는 듯한 것이었습니다. 어느 관객은 병태가 처음 집에서 나오는 장면을 태아가 나오는 의미로 받아들였대요. 물론 그런 의미로 찍은 건 아닌데, 그 관객의 해석도 일리가 있습니다. (웃음) 나는 "의미는 표현된 장면 자체"라는 안드레이 타르코프스키Andrei Tarkovsky의 말에 동의하니까요. 병태의 아버지 이야기로 돌아가서, 목소리로만 등장한 것은 굳이 아버지의 모습을 보일 필요가 없다는 점이었습니다. 아버지의 목소리는 안성기 씨가 1인 2역 했어요. 또 아들하고 아버지는 목소리가 비슷한 경우가 많잖아요?

안재석 영화에서 여정의 목적지가 경주로 설정되어 있는데, 〈고래사냥〉의 우도처럼 이 장소도 상징적인 의미가 있는 것으로 보입니다. 경주를 목적지로 설정하신 이유가 있으십니까?

배창호 경주라는 자체의 상징성은 없어요. 이들의 목적지가 부산이나 강릉이어도 상관없어요. 인생길을 비유한 이 영화에서 경주는 종착지입니다. 세 사람은 동반자로 종착지에 올 때까지 어려움도 여러 차례 겪지만 민우와는 헤어지고 병태와 춘자는 경주에 도착합니다. 바로 그곳에서 자신의 희생으로 병태와 춘자의 여행을 계속하게 했던 민우를 아이들의 해맑은 합창 소리와 함께 다시 만납니다. 민우는 프러포즈를 암시하며 춘자를 반기고 아이들은 병태와 춘자에게 꽃을 건네주며 환영합니다. 비로소 경주는 사랑으로 다시 만나는 장소가 된 것입니다.

안재석 테마파크 장면에서 아이들이 합창하는 '작은 기도'라는 노래는 어떤 계기로 사용하시게 된 건가요?

배창호 촬영 전인가 KBS에서 방영된 〈저것이 파란 등불이다〉라는 프로그램이 있었어요. 지체 부자유자가 도시의 길을 찾아다니는 프로그램이었는데, 거기에 사용된 노래가 인상적이어서 영화에 넣게 되었습니다.

안재석 이 영화의 촬영은 언제부터 언제까지 진행되었습니까?

배창호 늦여름에서 초가을까지 찍었어요. 서울 장면을 제외하고 지방 촬영은 스태프, 연기자들도 여행 떠나는 기분으로 일했습니다. 강원도 임계와 경주 일대에서 많이 찍었지요. 내가 찍은 영화 중에 가장 자연을 느낄 여유를 가지면서 즐겁게 찍었어요. (웃음) 그때 그 가을 햇살, 그 햇살에 반짝이던 개울물, 노을길….

안재석 근데 비 오는 장면들 있지 않습니까? 트럭 얻어 타는 장면,

과수원에서 서리하는 장면 등. 주변도 그렇고 진짜 비 오는 날 찍은 것 같던데요?

배창호 모두 살수차를 동원해서 과수원 장면은 해가 있어도 지나가는 비처럼 찍었고, 다른 장면은 해가 들어간 상태에서 찍었어요.

안재석 감독님께서는 매번 "롱 테이크든 뭐든 의도치 않았다. 하다 보니까 그렇게 됐다"라고 말씀을 하시는데, 이 영화는 감독님께서 작정하고 스타일적인 실험을 하셨던 작품이 아닌가 싶거든요?

배창호 실험? 난 실험이라는 표현을 싫어하는데, 프로들이 하는 건데 어떻게 실험을 해요? 이 작품의 톤에 어울리는 표현을 한 겁니다.

안재석 그러니까 스타일에 대해 인식을 많이 하시고….

배창호 어린아이같이 순진무구한 인물인 병태를 그리다 보니 동화적인 톤이 섞여서 아이들이 이 영화를 좋아해요. TV에서도 여러 번 했고. 개봉 당시 영화관에 아이들이 재미있게 보면서도 훌쩍훌쩍 울었어요. 그 아이들이 영화의 표현법을 압니까? 전혀 몰라요. 몰라도 즐겁게 봐요. 그러니까 아이들도 자연스럽게 느낄 수 있는 표현법들이에요. 예를 들어 에필로그 장면에 병태가 집에 돌아와서 어린 시절에 소풍 가기 전날 가방 꾸리는 기억이 한 화면 속에 나오잖아요? 이 표현법은 잉마르 베리만의 〈산딸기〉에서 주인공의 현재 모습과 과거의 모습이 한 화면에 같이 나오는데, 연극적인 데서 차용된 것입니다. 영화 언어로 정립된 것이지요. 그래서 이 장면에 알맞다 싶어 그런 표현을 한 거예요. 일반 관객들과 아이들은 아무 의식 없이 내용에만 몰입했습니다.

안재석 이 영화에도 롱 테이크 장면이 여럿 보여서 질문드렸습니다. (웃음)

배창호 의도적으로 롱 테이크로 해야겠다는 장면이 있어요. 세 사람이 노을 진 강변을 걸어오는 롱 숏인데, 강변의 노을을 시간적으로 길게 지속하며 찍고 싶었어요. 그래서 이동차의 레일도 이 장면을 위해 길게 제작했습니다.

안재석 등을 대고 있는 두 벤치를 왔다 갔다 하면서 병태와 민우가 대화하는 공원 장면의 데쿠파주découpage가 독특하고 인상적이었는데, 이런 대화 장면은 어떻게 구상하셨습니까?

배창호 그 장면은 수유리 도봉산 기슭에 어느 공원에서 찍었는데, 거기 그런 벤치가 있었고, 병태와 민우가 서로 잘 모르는 사람이라 그렇게 배치를 하게 됐고, 그 배치 속에서 어떻게 변화 있는 연출이 있나 하다 보니까 그런 장면이 나왔어요.

안재석 기차에서 대학생들이 노래 부르는 장면도 그랬구요, 마지막에 유치원생들이 노래 부르는 장면 같은 경우도 노랫소리가 화면과 따로 노는 듯한 느낌이 들거든요? 물론 그 때문에 환상적인 느낌이 들기도 하는데, 플레이백playback 녹음이라든가 이런 기술이 미흡해서 그렇게 하신 건가요?

배창호 기차에서의 기타 장면은 병태의 마음에 느끼는 시정적인 장면이라 의도적으로 입을 맞추지 않았습니다. 아이들 합창은 출연한 아이들이 부른 것이 아니라 나중에 어린이 합창단이 녹음했어요. 그래서 입이 안맞는 부분이 있겠지만, 이것도 상관없다고 생각했어요. 일종의 꿈결 같은 느낌을 위해서지요. 대화 장면에도 입이 안 맞는 장면이 있습니다. 병태가 민우와 함께 숲을 걸으면서 집을 나오게 된 동기를 말할 때 일부러 입을 맞추지 않았습니다. 많은 이야기를 줄여서 한 듯한 전달을 위해서 음악과 함께 내레이션처럼 녹음했어요.

안재석 춘자와 식당 주인이 대화하는 장면에서, 유리문에 앞에서 고추를 손질하는 아낙네들 모습이 비치거든요? 이 장면은 콘티 짜실 때 미리 계획하셨던 건가요?

배창호 아니, 현장의 순발력이에요. 그런 경우가 많죠. 그런 디테일들은 현장에서 즉흥적으로 찾아지는 것이지요. 그 장면 얘기하니까 떠오르는데, 춘자가 식당에 놓고 간 가방을 찾기 위해 다시 돌아와 병태와 민우를 마주치는 장면에서 춘자 앞에 메뉴가 적힌 식당의 붉은 천이 마침 불어온 바

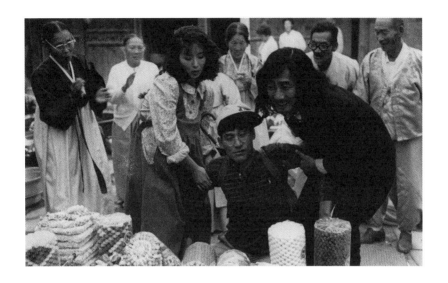

람에 펄럭이는데, 춘자의 쓸쓸함이 우연히 바람 때문에 잘 살게 되었어요. 이런 것은 나만이 갖는 즐거움입니다. (웃음)

안재석 그리고 우체국 앞을 병태가 지나쳐가고 오프 사운드로 병태와 할아버지의 대화를 처리한 장면도 인상적이었습니다.

배창호 그건 화면의 경제성입니다. 반복할 필요가 없을 때는 어떻게 느끼게 전달을 하느냐. 오프 사운드만으로도 충분할 때는 그렇게 가고. 보이지 않더라도 느끼면 되니까.

안재석 감독님께서는 데뷔작 때부터 360도 팬을 즐겨 써오셨는데, 이 영화의 버스정류장 신에서 쓰인 360도 팬은 그 어떤 장면들보다도 인상적이고 뛰어난 효과를 거두고 있습니다. 특히 이 영화에 유난히 애정을 갖고 계시는 이용관 교수님께서 "테크닉이 기술이고 이의 창조적 운용이 작가의 아름다움과 개성을 보여주는 자유로움이라면 바로 이 장면을 두고 하는 말일 것이다"라며 극찬을 하시기도 했는데, 이 장면에 대한 코멘트를 부탁드립니다.

배창호 한 공간에서 영화적 시간으로 표현한 것입니다. 영화적 표현법으로 영화적 시간을 창조해낸 거죠.

안재석 환갑잔치 장면을 〈고래사냥〉 때처럼 흑백 스틸 컷 몽타주로 표현하셨는데, 여기엔 어떤 의도가 담겨 있습니까?

배창호 내 친구이자 사진작가인 구본창 작가가 찍었는데, 여행의 한 과정을 새롭게 표현해보고 싶어서였습니다. 지난날 여행의 빛바랜 사진첩을 보는 느낌이라고 할까요? 환갑잔치 장면에 특별한 사건도 없으니 인물들의 소소한 행동의 순간들을 포착한 겁니다.

안재석 그리고 세 주인공이 공중전화 부스에서 비를 피하는 장면이 감독님께서 또한 즐겨 써오시던 슬로 모션으로 처리가 되어 있는데요, 화면 사이즈도 미디엄 숏으로 되어 있고 세 사람의 움직임도 별로 없고 지나다니는 몇몇 사람으로 표현되다 보니까 효과가 썩 살지가 않더라구요?

배창호　세 사람이 힘든 상황을 만나서 주위의 사람들은 부유하는 듯 지나치는데 자신들은 오갈 데 없이 정지된 느낌을 표현하려는 것인데, 느낌이 잘 전달되지 못한 모양이지요.

안재석　병태가 전당포에 그림물감 맡기는 장면에서 극부감 숏을 쓰셨더라구요? 조금 튀는 듯한 느낌이 드는데, 이건 어떤 의도가 있으셨습니까?

배창호　뭐 특별한 의도는 없고 두 사람의 대비를 보여주려고 했는데, 너무 세트 티가 났던 거 같아요.

안재석　전당포는 세트가 아닌 줄 알았는데 그 부감 숏 보고 알았어요. (웃음)

배창호　세트 티가 나요.

안재석　아까 말씀하셨지만, 시나리오 단계 때부터 제일 중요하게 생각하셨던 헛간에서의 춘자의 해산 신 같은 경우는 아주 인상 깊은 명장면이라고 생각합니다. 상당히 신경을 많이 쓰셨을 거 같아요?

배창호　(웃음) 진통을 하는 춘자를 데리고 병태가 도움을 구한 곳은 마침 어른들이 집을 비우고 아이들만 여럿 있는 초가집이었어요. 병태의 역할이 가장 중요했던 것이 이 장면인데, 몸이 자유롭지 못한 병태가 아이들과 춘자의 해산을 돕는 거예요. 아이들과 함께 펼쳐진 이 장면이 동화적으로 표현되었습니다.

안재석 아기가 태어날 때 헛간 안으로 달빛이 환하게 비춰오는 조명 효과는 성스럽게 느껴집니다.

배창호 한 생명의 태어남은 다 성스럽지 않습니까? 그것을 조명 효과로 강조한 것입니다. 조명의 이러한 효과는 〈황진이〉의 마지막 장면에 황진이(장미희)가 유약한 선비(전무송)의 여비로 돈을 남겨준 것을 선비가 알았을 때 아침 햇살이 스며듭니다. 〈기쁜 우리 젊은 날〉의 혜린(황신혜)의 병실 장면의 햇살에 대해서도 이미 말했구요. 그렇게 빛의 효과를 생각한 장면들이 있어요.

안재석 감독님의 영화적 변화는 〈황진이〉 때부터 시작이 됐는데, 〈기쁜 우리 젊은 날〉 때까지만 해도 그런 변화에 대해 아무도 관심을 갖지 않았습니다. 그러다 〈안녕하세요 하나님〉이 개봉되고 나서 이용관 교수님을 비롯한 전양준, 김지석 선생님 등의 학술논문들이 발표되면서 그간에 감독님이 해오신 노력들이 인정받게 되는데요, 당시 그런 논문들을 챙겨 보셨습니까?

배창호 다 본 거 같진 않아요. 그때 《영화언어》라는 잡지에 나온 평론은 봤구요. 당시 영화 표현법에 주목하기 시작한 평론가 그룹에서 내 작품 들을 텍스트로 한 것은 반가운 일이었습니다.

안재석 이들 논문에는 텍스트 분석을 통한 호평도 있었지만, 감독님 께 드리는 애정 어린 비판, 조언도 있었거든요?

배창호 작품을 만든 후 자신의 작품에 대해 객관적 시선을 갖게 되는 것은 시간이 걸리는 일입니다. 동의할 수 없는 비판도 있지만, 당시의 비판 이 옳은 것이었다는 것을 시간이 흐른 후에 알게 되는 경우가 많아요.

안재석 이 시기가 한국영화 평론계에서 소위 '작가주의'가 떠오르던 시점이에요. 유현목, 임권택 같은 원로 감독님들뿐만 아니라 당시 동시대 감독으로는 감독님과 이후에 박광수, 장선우 같은 감독님을 '작가'로 명명 한 많은 연구논문들이 나왔는데요, 당시 감독님을 작가로 평가하는 시도들 에 대해서 어떻게 생각하셨습니까?

배창호 평론가이신 안병섭 선생님이 내게 충고도 하시고 옹호도 많 이 하시던 분인데, 신인 감독 시절에 "배 감독, 작가가 되어야 돼." 그런 얘기 를 하셨어요. 결국 작가의 길을 걷게 된 것이지요.

안재석 이 영화에 대해 다른 하실 말씀이 있으신가요?

배창호 〈적도의 꽃〉할 때 어머니가 뇌출혈의 후유증으로 반신불수가 되셨어요. 그 후 20년을 장애인으로 사시다가 세상을 떠나셨습니다. 〈안녕하세요 하나님〉에서 세 사람이 시골 학교 교실에서 하룻밤 묵게 되었을 때 병태의 비전으로 민우의 풍금 소리에 맞춰 춘자와 함께 춤을 추는 상상의 장면이 있습니다. 그 장면에서 병태가 장애인이 아닌 완전히 성한 몸으로 춤을 추는데, 촬영을 하다가 "레디 고"를 못 부를 정도로 내가 흐느끼게 되었습니다. 병태가 성한 몸을 원하는 마음도 느꼈지만, 당시 몸이 성치 못한 어머니 생각이 떠올라 그랬던 것 같습니다.

〈꿈〉

안재석 1988년 8월에 미국 산호세주립대학교San Jose State University에 석좌교수로 떠나셨는데요, 그 직전에 이명세 감독님의 데뷔작 〈개그맨〉(1988) 에 출연하셨던 이야기부터 해주시죠.

배창호 〈개그맨〉의 시나리오를 함께 썼어요. 쓰고 나서 이 감독이 갑자기 배우를 꿈꾸는 이발사인 도석 역을 맡아줄 수 없느냐는 말을 조심스레 꺼냈어요. 처음엔 웃어넘겼지만, 그 작품의 시나리오가 성공적으로 영화화가 되어야 한다는 생각에 빠져 있었기 때문에 내가 출연하는 것이 작품에 새로움을 불어넣을 수 있겠다고 판단했습니다. 이 감독이 내가 대학교 때 연기를 잘했던 것을 알고 묘수를 둔 거죠. (웃음)

안재석 촬영 작업은 어땠습니까? 안성기, 황신혜 선생님과 함께 공연하신 소감도 같이 말씀해주세요.

배창호 늘 카메라 옆에서 일했지 카메라 앞에서 일하는 것은 카메오를 제외하고 처음이었습니다. 감독의 일하는 모습을 객관적으로 볼 수 있고 연기자의 입장에 서보는 것은 큰 체험이었습니다. 안성기, 황신혜 씨와의 호흡은 아주 잘 맞았구요. 내가 미국으로 떠나는 날짜가 촉박해서 더운 날에 촬영 일정이 타이트해서 고생을 좀 했지만요.

안재석 〈개그맨〉은 훗날 '시대를 앞선 걸작'으로 평가받았고, 감독님의 놀라운 연기력은 지금도 회자되고 있습니다. (웃음)

배창호 그래요? (웃음)

안재석 미국에서의 교수 생활은 어떠셨나요?

배창호 산호세라는 도시는 실리콘 밸리로 막 자리 잡으려 할 때였는데, 그때까지는 조용한 도시였어요. 그곳 주립대학에서 '영화 연출'과 '아시아 영화' 두 클래스를 강의했습니다. 첫 강의 때 내 영화 세계의 성찰의 과정을 꾸밈없이 얘기했더니 학생들이 감동했어요. 그 이후에는 강의가 술술 풀렸습니다. 강의하고 영화들을 보면서 재충전하는 시기였지요. 다음 학기도 맡아달라고 했지만, 작품을 준비하고 싶어 사양하고 귀국했습니다.

안재석 그곳에 계실 때 기억에 남는 에피소드가 있으신가요?

배창호 산호세에서 운전면허를 따고 며칠 후 LA까지 혼자 6시간을 달렸어요. 프리웨이는 그런대로 왔는데, 문제는 복잡한 LA 시내로 들어와서였습니다. 운전하기 전에는 볼 필요도 없던 차선이며 신호, 길 안내판, 앞차, 뒷차를 식은땀을 흘리며 보아야 했고, 그것은 전에 보이지 않던 길이었어요. 정말 길 위에 길이 보였습니다. (웃음)

안재석 이제 〈꿈〉에 대한 이야기를 시작하겠습니다. 어떤 계기로 이 작품을 만드시게 되셨습니까?

배창호 최인호 선배님이 권유했던 작품인데, 소재가 흥미를 끌었지만 테마가 잘 느껴지지 않았습니다. 신라시대 낙산사의 조신 스님이 불공드리러 온 태수의 딸을 흠모하여 잠시 꿈을 꾸었는데 태수의 딸과 부부가 되어 생사고락을 함께 하다가 깨어보니 꿈이었음을 알고 시로 남긴 기록이 『삼국유사』에 있는데, 춘원 이광수 선생님이 이 일화를 소재로 소설로 쓴 작품이었습니다. 고대 그리스의 철학자가 배우들에게 "나를 울리려면 당신들부터 울어라"라고 했듯이 테마에 대한 이해 없이 영화를 만들 수는 없었습니다. 그러다가 산호세에 있으면서 나 혼자만의 시간을 갖게 되니까 〈꿈〉을 해야겠다는 생각이 떠오르더라구요. 인간의 욕망은 덧없는 것이고 그 욕망에 매인 삶에서 깨어나야 한다는 것을 말하는 영화가 되어야 한다고 느꼈습니다.

안재석 시나리오 작업부터 완성까지 1년 반이 걸렸다는 기사를 봤거든요. 감독님의 작품 중에 가장 오랜 기간 만들어진 작품 같은데, 시나리오 작업은 언제부터 하셨고 촬영 기간은 어떻게 되죠?

배창호 나는 시나리오 작업 전에 숙성시키는 기간을 오래 갖는 반면 시나리오 자체를 완성하는 데는 그리 시간을 많이 쓰지 않는 편이었어요. 미국에서 돌아와 이명세 감독과 초고 작업을 하는 데 두 달 정도 걸렸을 겁니다. 촬영은 1989년 11월에 광릉 숲에서 가을 장면부터 시작해서 다음 해 여름까지 사계절을 담았습니다.

안재석 이 영화는 원작에서 인물과 일부 설정만 빌려 왔을 뿐 많은 부분이 원작과 다른 작품이었습니다. 물론『삼국유사』에 기록된 조신의 꿈이라는 모티프는 공통된 것이지만요. 시나리오를 작업하시면서 고민하고 가장 중점을 두었던 점은 어떤 것이었습니까?

배창호 인간의 욕망에서 비롯된 파멸과 뉘우침을 향해 스토리를 전개했습니다. 조신(안성기)의 달례(황신혜)에 대한 애욕은 욕망의 한 예를 든 것이고, 인간의 그릇된 권력욕이든 물욕이든 그 집착으로 비롯될 수 있는 욕망의 결과는 마찬가지이지요.

안재석 이 영화에서 가장 특이한 점은 꿈과 현실이 뒤섞인 독특한 플래시백 구조인데, 꿈 속에서 다시 꿈을 꾼다거나 하는 이런 구조를 택하신 의도는 무엇입니까?

　　배창호　이 작품에서 꿈과 현실의 비교는 중요하지 않아요. 영화가 개
봉되었을 때 여든 살 가까이 되시는 여성 관객은 "이건 꿈 이야기가 아니야"
라고 영화의 핵심을 말했습니다. 꿈이라는 형태를 빌었지만, 현실 세계에서
일어날 수 있는 이야기를 꿈으로 비유한 것이에요. 연출에서 중요시했던 것
은 절로 돌아온 늙고 병든 조신이 자신의 잘못을 뉘우치고 쓰러질 때 아침
햇살이 스며들어 꿈에서 깨어나는 장면이었습니다.

　　안재석　사실 처음 영화를 볼 때는 인식하지 못했는데, 논리적으로 따
져 보니까 뭔가 어긋나는 구조로 되어 있더라구요?

　　배창호　이 영화에서는 현실에서 꿈 그리고 깨어나 다시 현실로 돌아
오는데, 이 순환을 영화적으로 구성한 겁니다.

　　안재석　꿈에서 깨어난 후 깨달음을 얻는 것이 조신 설화의 기본 틀이
라고 할 수 있는데, 영화에서는 꿈 속에서 깨달음을 얻고 나서 깨어나는 것
으로 설정되어 있어서 드린 질문입니다.

　　배창호　깨달으면 바로 깨어나는 것입니다. 우리가 일상에서 꿈을 꿀
때도 마찬가지예요. 이게 꿈이구나 하면서 눈을 딱 뜰 때가 있거든요. 조신
이 꿈 속에서 깨닫는 것은 자신의 욕망의 그릇됨과 뉘우침이고, 꿈에서 깨

어나서 인생에 대해 깨닫는 것은 조신의 시에 잘 나타나 있습니다.『삼국유
사』에 실린 이 시는 영화의 마지막 장면에 현실의 달례 일행이 절을 떠난 뒤
하늘로 카메라가 향하면 자막으로 나타납니다.

> 세상일 즐거워 한가롭더니
> 고운 얼굴 남몰래 주름졌다네.
> 인생이 꿈 같음을 알고 있느냐.
> 가을날 하룻밤 꿈 하나로
> 너 어찌 하늘에 이르리요. (이성재 개사)

안재석 달례의 캐릭터가 원작과 많이 바뀌었는데, 원작에서는 달례가 조신을 먼저 유혹하고 같이 떠나자고 하거든요? 근데 영화에서는 대사도 거의 없고 어딘가 모호하고 소극적인 인물로 그려져요.

배창호 영화에서 달례는 심리가 복잡 미묘할 수밖에 없는 인물이에요. 갑자기 닥친 운명에 거역하지도 못하고 운명에 순응하기에는 억울하고. 그러니까 점점 말이 없어지고 조신과 부부가 되었어도 다른 남자와 관계를 맺음으로써 조신에게 복수하고, 약혼자 모례 화랑(정보석)을 다시 만났을 때 그를 따라가고 싶지만 헤어질 아이들과 모례의 손에 죽게 될 조신에게 동정심이 생겨 화랑을 따라가지도 못합니다. 그러나 달례의 입장을 충분히 표현하는 데는 미흡했습니다. 장면을 너무 압축해서 놓친 부분도 있습니다.

안재석 또 원작에서는 모례 화랑이 도인과 같은 이미지로 조신에게 깨달음을 얻게 하는 매개자 역할을 하는데, 영화에서는 조신을 뒤쫓는, 위협하는 적대자 역할이거든요? 극적인 긴장감을 위해 그렇게 설정하신 건가요?

배창호 원작은 불교적 테마를 강조하기 위해서 모례 화랑을 그렇게 설정한 것 같고. 영화에서 모례 화랑의 역할이 중요한 점은 관객들에게 복수의 허망함을 느끼게 해주는 것이었어요. 그가 자신의 약혼자를 빼앗아간 조신에 대한 복수심으로 일생을 보내고 막상 원수인 조신을 찾고 나니 한낮 힘없는 늙은이였어요. 모례 화랑으로서는 이런 자를 찾느라 내가 일생을 보냈나 하는 허무감이 들었을 것입니다. 그리고 조신을 살려줍니다. 복수를 실천하는 영화들이 많은데, 이 작품에서는 복수의 허망함을 느끼며 그 칼을 거두는 것이지요.

안재석 캐릭터에 대해서 좀 더 이야기하면, 시나리오 지문에 조신이 "선량하고 순박하게 생긴 모습의 앳된 스님이다"라고 묘사되어 있어요. 그렇게 설정하신 이유가 있으신가요?

배창호 누구에게나 있을 수 있는 욕망, 선하게 보이는 사람들 속에도 똑같이 있는 욕망, 그걸 부각시켰다고 할까요.

안재석 이 영화는 거의 시나리오대로 촬영이 되었더라구요. 몇 가지 다른 점은 감독님께서 글에서도 쓰셨지만, 조신과 달례의 아기를 솔개가 낚

아채서 날아가는 장면과 모례 화랑이 조신을 쫓아갈 때 계곡의 다리가 끊어져서 급류에 휩쓸려가는 장면 정도예요. 이런 것도 기술력만 받쳐주었다면 찍으셨겠죠?

배창호 그렇죠. 태흥영화사에서 제작에 지원을 아끼지 않았지만 CG가 없던 시절이었으니까 형상화할 수 없는 장면들이 있었습니다. 이런 장면들이 빠져 아쉬웠지요.

안재석 시나리오대로 만드신 건 그만큼 시나리오의 완성도가 높았기 때문인가요?

배창호 〈꿈〉이란 작품은 형상화하는 것이 어려웠지 시나리오는 쉽게 풀렸어요. 압축적인 장면도 많았고.

안재석 이 영화의 절 장면은 실제 낙산사에서 촬영하셨습니까?

배창호 낙산사에서 촬영했어요. 선방은 조명 효과 때문에 세트에서 찍었고 나머지 절 장면은 모두 조신 설화의 장소인 낙산사에서 찍었습니다.

안재석 스님들이 묵상 수행하는 장면 등에서 조명의 변화를 이용한 장면 연출을 하셨는데, 이게 어느덧 감독님의 고유의 스타일로 자리 잡았거든요. 특히 절에 돌아와 뉘우치면서 쓰려져 있는 조신 위로 달빛이 햇빛으로 서서히 바뀌면서 꿈에서 깨어나는 효과는 절묘했습니다.

배창호 꿈에서 현실로 돌아오는 변화를 빛의 이미지로 자연스럽게 표현하려 했습니다.

안재석 달례가 목욕하는 신에서 달례를 훔쳐보는 조신의 눈동자 빅 클로즈업 장면 있지 않습니까? 콘티 단계에서부터 의도하셨던 건가요?

배창호 물론. 옵티컬optical로 특수 현상을 했는데, 눈동자가 움직이면 서 달례가 비쳐야 하는데 기술력이 잘 받쳐주지 못했어요.

안재석 이용관 교수님이 〈꿈〉에 대한 논문에서 "이 숏은 반드시 빠졌 어야 한다"라고 쓰시기도 했습니다. 그만큼 이 장면이 튀었다는 거죠.

배창호 특수 현상한 컷을 쓰지 말고 조신의 얼굴을 클로즈업한 컷만 써야 했는데. (웃음) 내 팬이라는 관객이 쓴 글을 읽은 적이 있는데, 배창호 감독의 영화에는 옥에 티 장면이 가끔 하나씩 나오는데 그걸 찾는 재미가 있다는 내용이었어요. 한 가지 예로 〈그해 겨울은 따뜻했네〉를 보면 산동 네에서 자매가 만나서 오목(이미숙)이 언니 수지(유지인)와 대화를 하다가 행상을 가기 위해 머리 받침을 올려놓고 광주리를 이는데, 받침이 떨어져도 그냥 줍지 않고 갑니다. 지금은 옥에 티 장면 하나도 관객의 몰입을 방해하 지만, 예전 영화를 보면 가끔 실수한 장면이나 기술적 표현이 어색한 장면이 나올 때가 있어요.

안재석 같은 신에서 조신이 달례를 범할 때 마을의 씨름 장면이 함께 편집되거든요? 이것도 콘티 때 있었던 건가요?

배창호 대비를 위한 편집이지요. 마을에서 벌어진 먹고 마시고 씨름하는 축제의 분위기와 달례의 목욕실 장면을 대비시킨 거지요.

안재석 달례는 어쩔 수 없이 자신을 범한 조신을 따라나서고 조신과 부부가 되어 자녀를 갖게 됩니다. 포목점 장면에서 파란색 염료라던지 파란색 천을 통해 파란색을 강조하신 이유가 있으신가요?

배창호 조신에 대한 달례의 차가운 마음을 화면 분위기로 나타낸 것이라고나 할까요. 여러 색깔 중에서 어울리는 색으로 정하는 것은 미장센의 한 부분입니다.

안재석 조신의 포목점에 평목(최종원)이 찾아오고 방으로 안내하잖아요? 근데 방문이 닫히고 오프 사운드로 소리만 들리고 카메라가 바깥에 머물러 있어요. 트랙 인 하면서. 어떤 의도가 있으셨나요?

배창호 두 사람 모두 파계승이고 조신은 떳떳지 못한 과거가 있으니 그 대화가 은밀한 것이니까 그렇게 묘사한 겁니다.

안재석 그 방 안 장면에서 평목이 모례 화랑이 조신을 찾고 있다는 말을 전할 때 360도 팬이 쓰여지거든요?

배창호 숏을 나누지 않고 한 공간 안에서 긴장감을 주려고 했던 카메라 워킹입니다.

안재석 이 영화도 롱 테이크가 많이 쓰여진 영화이고, 이 영화의 롱 테이크에 대한 석사 논문도 있어요. 특히 이 영화에서의 롱 테이크는 상당히 정제되어 있다고 느껴졌는데, 감독님 말씀대로 장면의 호흡에 맞춰 반드시 잘라야 할 때 자른 듯한, 세심하게 고민하신 흔적이 보입니다. 특히 주막집에서 조신이 자신의 신세를 한탄하는 장면에서 카메라가 호형으로 천천히 돌면 자고 있는 주인의 모습이 보여지는 그런 롱 테이크는 무척 인상적이었습니다.

배창호 카메라 이동은 인물에 대한 감독의 애정이나 연민으로 쓰일 때가 있어요. 조신이 자신의 삶에 대해 후회하고 자조적인 말을 하는 그의 쓸쓸한 마음을 카메라의 이동으로 표현한 겁니다.

안재석 조신이 염색실에서 평목을 죽이는 장면에서 신 전체가 핸드헬드로 찍혀졌더라구요. 상당히 강렬한 장면이었습니다.

배창호 역동적이고 혼란스러움을 냉정하게 바라볼 때도 있지만, 이 장면은 조신의 흥분되고 뒤틀린 마음이 느껴지게 핸드헬드로 했습니다.

안재석 조신의 어린 아들이 배고픔을 못 이겨 동네의 공동 식량을 훔쳐 먹다가 몰매를 맞아 죽게 됩니다. 아들 미력의 시신을 두는 계곡 장면은 어디서 촬영하셨습니까?

배창호 안양의 폐광이 된 어느 광산이었어요.

안재석 마을에 기근이 들어 계곡에 내버려진 할머니가 숨을 거두는 장면은 〈고려장〉(김기영, 1963)이나 〈나라야마 부시코楢山節考〉(이마무라 쇼헤이今村昌平, 1982)의 장면을 연상시키는데요?

배창호 촬영 당시는 고려장이라는 풍습이 우리 역사에 있는 줄 알았어요. 그래서 그렇게 묘사했는데, 몇 년 후엔가 어느 학자가 우리나라에는 고려장의 풍습이 없었다는 얘기를 하더라구요.

안재석 점차 폐인이 되어가는 조신이 딸 달보고를 모례 화랑의 자식으로 의심하고 달례를 다그치는데, 달보고는 조신의 자식인 거죠?

배창호 물론이지요. 사람이 궁지에 몰리면 상대를 탓하고 의심하고 원망하게 되는 경우가 있습니다. 조신이 자신의 삶이 망쳐진 것도 다 달례 때문이라고 외치며 몰락한 인간의 치사하고 추악한 모습을 보입니다.

안재석 설경의 나환자촌을 찍은 장소는 어디인가요?

배창호 대관령입니다. 〈정〉도 이곳에서 찍었고 〈길〉도 근처에서 눈밭을 찍었어요. 내가 좋아하는 야외 세트장이었습니다. 몇 해 전 가보니까 개발이 되어서 너무 변했더라구요.

안재석 조신이 달례에게 한 잘못에 대한 회한이 사무쳐 나환자촌 촌장의 일그러진 손을 잡고 자신의 뺨에 가져다 대고 눈물 흘리는 장면이 안성기 선생님의 연기와 더불어 뭉클한 감동이 전해지더라구요.

배창호 실제로 눈이 내려주어 장면이 더 살았지요.

안재석 이 영화는 감독님이 쏟으신 공에 비해 흥행 결과는 물론 각종 영화상으로부터도 외면을 받았는데, 아쉬움이 크셨겠습니다.

배창호 개봉 첫날 첫 회 시작부터 이 영화는 흥행이 안 되겠구나 느꼈습니다. 〈꿈〉 상영 전에 〈첩혈가두牒血街頭〉(1990)라는 홍콩 영화의 예고편을 트는데, 웅장한 사운드와 함께 화려한 액션이 펼쳐지는 거예요. 그러다가 〈꿈〉의 타이틀 장면에 조용한 옛 가락의 피리 소리가 들리니까 방금 본 예고편과 너무 비교가 되어 흥행 영화의 현주소를 새삼 느꼈습니다. 당시 비평에 대해서는 전혀 동의할 수 없는 것들이 있었어요. 사소한 것을 가지고 고증을 문제 삼거나 사실적이지 않은 묘사의 장면들이 나온다는 지적도 있었고, 하여튼 그때 한국영화의 분위기가 사실주의로 펴중되는 시기여서 더욱 그랬던 것 같습니다. 무게와 깊이를 지닌 테마에 충실하고 미장센에 개성을 발휘한 작품을 알아보지 못하는 한국영화계 현실에 실망하고 답답해했습니다.

안재석 해외에서의 평가는 어땠습니까?

배창호 1990년대 초 파리의 퐁피두센터Centre Georges-Pompidou에서 처음으로 한국영화 특별전이 열려 이 영화가 소개되었을 때 프랑스에서 수입했습니다. 그 후 파리의 동양박물관인 기메박물관Musée National des Arts Asiatiques-Guimet에서 상영회도 했구요. 일본의 유바리영화제Yubari International Fantastic Film Festival 집행위원장은 구로사와 아키라와 미조구치 겐지의 영화의 개성을 합친 영화가 한국에서 나왔다고 놀라워했습니다.

안재석 이 영화에 대해 덧붙이실 말씀이 있으시면 해주세요.

배창호 이 작품의 테마와 더불어 신라시대 의상과 소품, 생활 공간의 형상화를 위해 공을 들였고, 한국적인 자연의 깊이를 담느라 많은 노력을 기울였습니다.

〈천국의 계단〉

안재석 〈천국의 계단〉으로 넘어가겠습니다. 이 영화는 어떻게 준비
하시게 된 작품인가요? 처음에는 망설이셨다구요?

배창호 동아수출공사에서 최인호 선배님의 작품을 다시 하기로 하
고 여러 작품을 떠올렸어요. 〈안녕하세요 하나님〉이 1987년도 작품이었으
니까 최 선배님과의 오랜만의 작업이 반가웠지만 〈꿈〉의 여파인지 작품을
택하기가 쉽지 않았습니다. 그러다가 누가 먼저였는지 기억이 나지 않지만
『천국의 계단』을 떠올렸어요. 1970년대에 쓰여진 대중소설인데, 유명 여배
우의 소녀 시절부터 은퇴하기까지의 인생 유전의 이야기였습니다. 망설였
던 이유는 통속적인 멜로드라마로 치부될 수 있는 소재라는 점 때문이었는
데, 나를 끝까지 붙잡았던 것은 소설의 마지막 부분에 여배우가 기자회견에
서 자신의 위선적인 삶을 고백하는 장면에 감동이 있었기 때문이었습니다.

인간의 이야기에 통속과 범속을 따지는 것이 예술의 귀족 의식이며 어느 인간의 삶에도 진실을 발견할 수 있다는 신념을 되새기고, 해외 영화제에서는 반길 작품이 되지 않을 것을 알면서도 하기로 결정했어요.

안재석 이 영화는 플래시백 구조를 제외하고는 원작 소설을 그대로 차용하고 있거든요?

배창호 모티프만 가져오는 원작도 있는데 이 원작의 강점은 스토리예요. 스토리를 펼치려면 스토리텔링의 작품이 되는 것입니다. 〈천국의 계단〉에는 다양한 캐릭터의 인물들이 나옵니다. 미혼모로 신분 상승의 유혹에 빠지는 주인공 유미(이아로)를 비롯하여 월남전에 참전하여 실종된 유미의 연인 명길(박찬환), 유미를 톱스타로 만들기 위해 계략을 꾸미는 현실주의자이며 죽은 아내를 그리워하는 로맨티스트의 양면성을 지닌 매니저 마카오 김(안성기), 유미를 유혹하는 허무에 빠진 재벌 2세(정보석), 짧게 재능을 보이다가 자기 관리에 실패해 사라져 버리는 영화감독(송영창) 등 흥미로운 인물들이 스토리를 펼칩니다. 나는 이 작품에서 주인공을 중심으로 한 여러 인물들의 이야기를 압축하여 전달하려 했고, 그러기 위해 여러 가지 내러티브 기법을 동원했습니다. 예를 들어 기자회견을 앞둔 시점에서의 플래시백, 유미의 출산과 아들의 전사 소식을 받는 명길 어머니(김소원)의 교차 편집, 거울에 과거를 비추는 이중 노출 화면, 스틸 몽타주, 유미의 내레이션 등 스토리를 놓치지 않고 압축하는 데 노력을 많이 했습니다. 〈기쁜 우리 젊은 날〉과 비슷한 상영시간인 124분인데, 〈기쁜 우리 젊은 날〉에 비해 얼마나 많은 이야기가 〈천국의 계단〉에 들어있나 비교해보면 알 것입니다. 〈기쁜 우리 젊은 날〉이 디테일의 영화라면 이 작품은 스토리의 영화인 것입니다.

안재석 첫 촬영은 언제 하셨습니까?

배창호 1991년 4월에 크랭크 인 했어요. 유미가 입대한 명길을 면회 가는 장면부터.

안재석 이아로라는 연기자는 매우 청순한 이미지의 신인 여배우인데, 어떻게 찾으셨는지요?

배창호 사실 주인공 유미 역의 배우가 결정되지 않고 시간이 흘러 겨울 장면을 못 찍게 될 것 같아 작품을 포기할까도 생각하던 차에 잡지 모델로 나온 이아로 씨를 오디션 해보고 캐스팅했습니다. 연기를 전공하지도 않았고 연기 경험도 전혀 없는 백지상태의 연기자라서 대사 연습부터 시작했어요. 이아로 씨의 장점은 순수함을 느끼게 하는 두 눈이었습니다. 이 영화의 유미는 성당에 다니는 순수한 여고생 시절에서부터 시작하여 월남전에 참여한 명길이 실종되자 미혼모가 되어 세파에 던져집니다. 어느 날 매니저 마카오 김에게 발탁되어 배우로서 출세를 위해 자신의 아이를 언니의 아이로 가장합니다. 결국 바라던 톱스타의 위치에 올랐지만 자신의 삶에 권태와 자책을 느낍니다. 기자의 끈질긴 노력으로 유미의 위장된 삶이 벗겨지려 할 때 아이를 시골에 은닉시키지요. 그 결과, 아이가 사고로 죽습니다. 유미는 아이의 죽음이 자신의 위장된 삶 때문이라는 것을 뉘우치며 기자회견을 통해 모든 사실을 고백합니다. 결국 유미는 가면을 벗자 소녀 시절의 순수함을 되찾습니다. 눈은 마음의 거울이라고 하듯 이 영화에서 순수함의 표현은 연기력보다 연기자의 순수한 눈이 더 강한 역할을 합니다.

안재석 유미가 신인 모델이었을 때 모델 에이전시 원장(엄유신)으로부터 유혹을 받는 장면이 인상적이었습니다.

배창호 원장이 재벌 2세 호성(정보석)이 보내준 보석을 유미의 목에 걸어주지요. 이때 카메라는 반짝이는 보석과 함께 흔들리는 모습의 유미의 클로즈업으로 이동합니다. 매니저인 마카오 김이 영화의 주인공 역을 제의하러 유미의 아파트 옥상에서 그녀를 만났을 때 빨랫줄에 널린 유미의 아기 기저귀를 보고 누구 것이냐 묻습니다. 이미 호성의 유혹에 넘어갔던 유미는 더욱 대담해져 언니 아이의 기저귀라고 거짓말을 하지요.

안재석 배우로서 성공한 뒤에도 유미의 삶은 행복하지 않게 그리셨는데요?

배창호 거짓의 대가는 우울증으로 옵니다. 성공한 유미의 모습을 보여주는 첫 장면은 화려한 생활이 아니라 어두운 커튼을 드리우고 낮에 이르도록 수면 마스크를 쓰고 자고 있는 유미의 모습입니다. 마카오 김에 의해

겨우 일어난 그녀는 짜증을 내며 우울증의 모습을 보입니다. 위장된 자신의 삶에 대한 두려움과 자책감 때문이겠지요.

안재석 촬영 스튜디오 안에서 수녀 의상 차림의 유미가 담배를 피우며 신경 안정제를 보는 모습에서 그녀의 변한 모습이 잘 나타나 있습니다. 수녀 역을 맡은 유미가 연기할 때 감독 역은 감독님이 직접 연기하셨던데요? (웃음)

배창호 영화감독 역의 카메오 출연은 〈안녕하세요 하나님〉 때도 했었어요. (웃음)

안재석 이 영화를 만드시면서 감독님께서는 찍기 싫어하던 장면도 받아들이셨다고 하셨는데, 어떤 장면입니까?

배창호 기존 영화들의 키스 신을 보면 모닥불을 배경으로 한 장면이 많아요. 연인들의 감정이 불타오르듯 모닥불도 활활 타오르고 하는 식이었죠. 이런 관습적인 장면은 찍고 싶지도 않고 찍을 일도 없다고 늘 생각했는데, 바로 그 장면을 맞닥뜨리게 된 겁니다. 유미가 호성의 별장에서 그의 사연을 듣다가 순간적으로 연민의 감정에 빠져 키스하는 장면인데, 이 장면을 벽난로 모닥불 앞에서 찍을 수밖에 없었습니다. 유미가 수영장에 빠져 옷도 말려야 했구요. (웃음) 그때부터 관습적인 장면은 피해야 된다는 편견도 버렸습니다.

안재석 유미가 배우가 되어 사랑하는 사이가 된 이경식 감독(송영창)이 그녀와 함께 한 작품의 개봉 전날, 유미를 극장에서 불러내 자신의 과거를 이야기하는 장면이 흥미로웠습니다. 부적 이야기도 나오구요. (웃음)

배창호 1970, 80년대까지 한국영화계에 흥행이 잘되라고 개봉 전에 극장 안에 부적 붙이는 일이 종종 있었던 모양입니다. 이 영화에서도 이경식 감독은 부적을 붙이고 흥행 성공을 기원합니다. 그리고 유미와 이 감독의 키스하는 모습이 극장 스크린에 큰 그림자로 펼쳐집니다. 이 감독이 유부남이라는 사실이 나중에 마카오 김에 의해 드러나면서 이들의 사랑도 그림자놀이 같이 허망한 사랑으로 끝을 맺습니다.

안재석 이 영화에서 마카오 김의 캐릭터가 눈길을 끌었습니다. 안성기 선생님의 이전 이미지와 새로운 이미지가 더해진 그런 캐릭터였습니다.

배창호 노련한 배우 매니저로서 유미를 배우로 출세시키고 성공을 유지하기 위해서는 모략도 꾸미는 인물이지만, 유미에 대한 부성애적 사랑이 있는 인물입니다. 나중에 마카오 김이 유미를 발탁하게 된 이유를 이야기할 때 매우 인간적으로 느껴지지요. 유미를 처음 봤을 때 자신의 죽은 아내를 보는 듯했고 아내도 배우였다고 말할 때 말입니다.

안재석 이 영화의 스타일에 대해 질문드리겠는데요, 롱 테이크 같은 감독님이 그동안 모색하셨던 영화적 표현법들이 간간이 보이긴 해도 스토리텔링이 강한 작품이라 그런지 〈고래사냥 2〉까지의 소위 1기 작품들의 스타일로 되돌아간 듯한 느낌이 강합니다. 갑자기 영화 만들기 방식을 바꾸신 이유가 있으신가요?

배창호 이 작품의 스토리텔링에 적합한 롱테이크는 들어가 있어요. 예를 들어 유미 어머니의 세탁소는 롱 테이크를 위해 세트를 만들었어요. 문이 닫힌 세탁소 1층에서부터 2층까지 카메라가 크레인 업 하여 올라가면 유미의 출산 장면이 나옵니다. 내용에 필요하면 롱 테이크든 뭐든 하는 거지요. 이 작품에 맞는 내 생각과 느낌대로 표현한 거예요. 너무 자신의 스타일에 갇히면 스타일을 위한 영화가 됩니다.

안재석 유미가 고교 시절에 사는 동네는 어디서 촬영하셨습니까? 1970년대 분위기가 살아있던데요?

배창호 서대문구 냉천동 쪽인데, 이미 오래전에 개발되었을 겁니다. 촬영을 시작할 때가 1991년인데, 서울에서 1970년대 분위기의 이발소, 방앗간이 있는 동네를 찾기가 쉽지 않았어요. 지금 같으면 세트를 지어서 했겠지만요. 다른 얘기지만 요즘 한국영화에서 묘사하는 1960, 70, 80년대 풍경을 보면 막 뒤섞여 있어요. 연대별로 분명한 차이가 있는데 대충 넘어가니까 돈을 들여 세트를 지어도 실감이 안 납니다.

안재석 성당은 어디서 촬영하셨나요?

배창호 주문진 입구의 언덕에 자리 잡은 성당입니다. 붉은 벚꽃이 아름답게 핀 아담한 성당을 찾았습니다.

안재석 유미는 이 성당에서 월남전에서 죽은 줄 알았던 명길과 재회하는데, 성당에서 명길이 피아노로 연주하는 곡이 '어메이징 그레이스 Amazing Grace'더라구요?

배창호 그 전 장면부터 살펴볼까요? 기자회견을 통해 재벌 2세와의 떳떳지 못한 과거를 밝히며 자신의 아이를 언니의 아이로 위장한 것도 모두 고백하고 나서 유미는 이제 자신의 배우로서의 경력은 끝났다고 생각합니다. 그런데 관객들은 그녀의 솔직함과 뉘우침을 보고 그녀를 용서하고 개봉을 기다리던 유미의 출연작은 흥행에 성공합니다. 그리고 나서 유미는 자신이 떠났던 옛 동네를 찾아갑니다. 옛 이발소며 방앗간도 그대로 있고 명길을 처음 만났던 헌책방도 그대로지요. 이때 유미는 성당에서 들려오는 '어메이징 그레이스' 연주에 끌려 발걸음을 옮깁니다. 이 곡은 바로 유미의 고교 시절 명길이 성당에서 혼자 자주 연주하던 곡이었죠. 밝은 봄날 '어메이징 그레이스'가 들려오는 성당으로 유미가 들어가는 장면은 이 곡의 가사처럼 놀라운 은총을 받는 유미를 보여줍니다. 죽은 줄 알았던 명길이 살아있는 것이었지요.

안재석 영화를 성당 안 재회에서 끝냈으면 어땠을까요?

배창호 시사를 보고 그런 의견을 제시한 사람들이 있었어요. 그러니 이 작품은 그 뒤에 이어질 에필로그 장면에서 평범한 생활로 돌아간 유미를 보여주어야 했습니다. 마카오 김의 내레이션으로 명길의 재회 이후 유미는 은퇴하여 관객들에게서 사라졌다고 전합니다. 몇 년이 지난 뒤 마카오 김은 시골에 귀농한 유미와 명길을 만나고 진정한 평화를 누리고 있는 유미를 보게 되는 것이지요. 또한 그녀의 뱃속에는 새 생명이 자라고 있었습니다. 사고로 잃은 딸이 다시 태어나는 것처럼 말입니다. 그때 마카오 김은 유미가 세상에서 제일 부자라고 그녀에게 말합니다.

안재석 유미의 딸이 사고로 죽게 되는 설정을 하실 때 고민이 많으셨다던데, 유미에게 새 생명을 잉태하게 해서 감독님 기분이 좋으셨을 것 같은데요? (웃음)

배창호 맞았어요. (웃음) 사실 시나리오 쓸 때 유미의 딸이 사고로 죽게 하지 않으면 어떠냐고 최 선배님과 상의했는데, 결론은 유미의 잘못된 행위로 인한 결과를 보여야지 삶의 준엄함을 알게 할 수 있다는 최 선배님의 의견에 동의했습니다. 그러다가 유미가 다시 아이를 갖게 되는 것이 기쁜 일이었습니다. 인간의 삶이 어둠에서 빛으로 나왔을 때 받는 축복이지요.

안재석 이 작품에 종교적 의미가 담긴 겁니까?

배창호 그렇습니다. 이 영화의 제목이 '천국의 계단'입니다. (웃음)

안재석 음악을 정성조 선생님이 맡으셨습니다. 정 선생님과의 작업은 어땠습니까?

배창호 정 선배님은 〈깊고 푸른 밤〉, 〈기쁜 우리 젊은 날〉, 〈안녕하세요 하나님〉, 〈천국의 계단〉에서 음악을 맡아주셨습니다. 나는 영화음악에도 관여를 많이 하는 편인데, 작품에 대해 논의를 자주 하고 음악이 들어가는 부분, 끝나는 부분까지 모두 음악감독과 미리 합의를 합니다. 그때는 녹음실을 빌려 연주자들이 녹음하는데, 마음에 안 든다고 다시 날을 잡아서 녹음을 할 수 없었어요, 비용 때문에. 그래서 음악 녹음할 때 내가 녹음실로 뛰어 들어가서 무슨 무슨 악기를 빼달라고 극성을 부릴 때도 내 입장을 잘 이해해주었습니다. 정 선배님은 1970년대부터 음악감독으로 일한 경륜이 많으신 분인데도 겸손하신 분이었습니다. 음악의 영역도 재즈풍으로부터 정통 오케스트레이션에 이르기까지 폭이 넓으셨구요.

안재석 이 영화에서 특이한 점은 영화 내내 유미의 회상으로 가다가 마지막 부분에 마카오 김의 시점에서 내레이션이 들어가거든요?

배창호 마카오 김의 시선으로 유미의 삶을 객관적으로 바라보려는 것입니다.

안재석 감독님께서 쓰신 글에서 전원의 라스트 신을 예로 드시면서 "평상심에 대해서 생각할 수 있는 열쇠를 발견하게 됐다"라고 하신 구절을 봤습니다. '평상심'의 사전적인 의미는 '일상적인 마음'이거든요? 감독님께서 생각하신 평상심은 어떤 의미인가요?

배창호 내가 말하는 평상심은 상식. 상식은 영어로 커먼 센스common sense죠. 다시 말하면 인간 누구나 가지고 있는 보편적인 마음입니다. 우리 마음에 새겨진 법이지요. 사회의 법도 상식에 근거하잖아요. 국내 화단에 추상화가 유행할 무렵 이중섭 화백이 이런 말을 했다고 전해집니다. "그림은 시골의 평범한 농부도 이해할 수 있어야 하는 것인데…."

안재석 이 영화는 그해 백상예술대상에서 영화 부문 대상, 작품상, 감독상, 신인연기상을 수상했고, 특히 이아로 씨는 백상예술대상을 비롯해 대종상, 황금촬영상, 영평상 등에서 신인연기상을 휩쓸었더라구요. 관객 동원도 성공한 편이었고….

배창호 그때 한국영화계에서는 사실주의적 영화가 여전히 주목받을 때였고, 또한 1970년대의 이야기에 1990년대의 젊은 관객들은 큰 호응을 하지 않았어요. 중년 관객들은 좋아했지만. 긴 이야기의 전개에 신경쓰다 보니 사실적인 표현이나 디테일을 놓친 부분이 있습니다. 그러나 관객의 마음에 깊은 울림을 주는 영화라고 자부합니다.

제4장

새로운 길, 1993~2001

〈젊은 남자〉
〈러브스토리〉
〈정〉
〈흑수선〉

〈젊은 남자〉

안재석 1992년 〈천국의 계단〉 개봉 이후 1994년 〈젊은 남자〉를 만 드시기까지 어떻게 지내셨는지요?

배창호 중요한 변화가 있었죠. 1993년 초 김유미 씨를 만나 4월에 결 혼을 했습니다. 아내는 영화를 매우 좋아하는 사람이었고 남을 배려하고 섬 세한 감성을 지닌 여성이었습니다. 결혼 생활을 하면서 비로소 일상생활에 몸을 적시며 살게 된 것입니다. 아내의 눈을 통해 삶을 더 배우게 되고 여성 에 대한 인식도 넓혀졌습니다.

안재석 1994년에 배창호프로덕션을 설립하셨는데요?

배창호 1980년대 말에 영화법이 바뀌어서 누구나 제작을 할 수 있는 시대가 열렸고, 1990년대 초반 대기업에서 비디오 사업을 하면서 영화 사업까지 영역을 확장시켰어요. 그러면서 새 세대의 기획자들과 일부 감독들이 대기업의 투자를 통해 제작사를 설립하기 시작했습니다. 시대의 흐름에 따라 나도 제작을 겸하기로 결심했습니다.

안재석 배창호프로덕션을 설립하고 나서 〈젊은 남자〉를 준비하신 건가요?

배창호 결혼을 하자마자 아내와 함께 〈러브스토리〉의 시나리오를 썼습니다. 그러다가 영화화는 잠시 미뤄두기로 하고 제작사 설립을 전후해서 〈젊은 남자〉를 구상했습니다. 당시 영화계의 변화도 있었지만, 세대의 변화도 있었어요. 기성세대와는 달리 자기 현시욕이 강하고 개성을 중시하는 젊은 세대를 매스컴에서 X세대라고 부르기 시작했습니다. 또한 개인 컴퓨터 시대도 열려 새로운 소통 문화가 밀려들 때였습니다. 나는 새롭게 젊은이들의 이야기를 해야겠다고 생각했고 변화된 관객들과의 공감력을 높여야 되겠다고 느꼈습니다.

안재석 〈젊은 남자〉는 당시 영화평론가로 활동하던 배병호 씨와 시나리오 작업을 같이 하셨던데, 어떤 계기가 있으셨나요?

배창호 우연히 영화인들 모임에서 만났는데, 영화에 대해서 대화가 통했어요. 젊은 세대에 관한 시나리오를 쓰려면 그 세대에 대한 나의 시각

을 넓히고 고정 관념도 견제해줄 공동 작가가 필요했어요.

안재석 시나리오 작업하실 때 홍대나 강남 일대 록카페를 직접 찾아다니면서 취재를 많이 하셨다는 인터뷰를 봤습니다.

배창호 홍대나 강남 쪽을 잘 아는 연출부들과 함께 그곳 젊은이들과 인터뷰도 하고 장소 헌팅도 했습니다. 특히 조감독이던 김국형 감독이 젊은이들 취향의 패션, 음악 등에 대해 잘 알고 있어 도움이 되었습니다.

안재석 그래서인지 〈젊은 남자〉도 그렇고 〈러브스토리〉도 그렇고 등장인물들이 살아있다는 느낌을 받았습니다. 영화 속 인물들이 아닌 실제 인물처럼 느껴지더라구요.

배창호 극적으로 구성된 스토리가 아닌 실제 삶에서 벌어지는 것 같은 사실감을 주려고 했어요. 기성세대의 눈으로 본 젊은이의 이야기가 아닌, 그들을 이해하고 그들 속에서 펼쳐지는 생동감 있는 이야기를 바랐습니다. 취재를 통해 느낀 결론은 외적인 행동의 형태가 바뀌었을 뿐 청춘이 갖는 욕구와 꿈, 방황과 좌절은 당시의 젊은 세대나 기성세대의 젊은 시절이나 그 원형질은 같다는 것이었습니다.

안재석 지금은 세계적으로 주목받는 연기자가 된 이정재 씨가 이 작품으로 영화에 데뷔했는데, 캐스팅은 어떻게 이루어졌습니까?

배창호 당시 기성세대에 비해 개성과 자기표현이 강한 젊은이들을 매스컴에서 X세대라고 일컬었는데, 그 신세대 배우 중에서 이정재 씨가 이 작품에 가장 어울리는 신인 연기자였어요. 여러 모습을 보여줄 수 있는 연기의 잠재력이 보였고 활기가 넘치고 스타일도 좋고 자신의 분위기를 지니고 있었습니다. 투자사가 삼성영상사업단이었는데, 처음엔 안정적인 기성 배우를 원하더라구요. 설득 끝에 투자사도 동의했습니다. 그때만 해도 투자사가 감독과 제작자의 의견을 많이 존중하던 시절이었으니까.

안재석 신은경 씨도 당시 X세대를 대표하는 여성 연기자였는데요, 이정재 씨와 케미가 아주 좋았습니다.

배창호 신은경 씨는 자신의 역할 비중이 이정재 씨보다 작아도 선뜻 출연에 응했습니다. 톡톡 튀는 그녀의 발랄함이 영화에 활력소가 되었죠. 그리고 나중에 중견 연기자로 성장한 여러 배우들이 이 작품에 신인으로 등장했습니다. 권오중 씨를 비롯해 강성진 씨, 정찬 씨, 이태란 씨, 최재원 씨들이지요.

안재석 박중훈 선배님도 톱스타 역으로 카메오 출연하셨더라구요?

배창호 박중훈 씨가 나를 응원하고 싶어서 특별 출연을 해줬습니다.

안재석 이 영화는 주인공 이한(이정재)이 교통사고 당하는 장면부터 플래시백으로 펼쳐지는 이야기인데, 〈꿈〉 이후에 즐겨 쓰셨던 이런 구성을 선호하신 이유가 있으십니까?

배창호 내러티브의 구성을 할 때 실타래를 어떻게 풀 것인가를 생각하는데, 그 작품들은 그렇게 시작이 풀린 거예요. 어니스트 헤밍웨이Ernest Hemingway의 『킬리만자로의 눈The Snows of Kilimanjaro』이 "눈 덮힌 킬리만자로의 정상에 한 마리 표범이 죽어있었다"라는 식으로 시작되어 궁금증을 주는 것처럼 〈젊은 남자〉도 "텅 빈 도로의 한복판에 차가 불타고 있었고 한 남자가 비틀거리며 쓰러졌다"라고 시작한 것입니다. 우리가 고속도로에서 스치는 하나의 일상적인 사건에서부터 이 젊은 남자의 지난 삶을 따라가 보는 것으로 영화가 전개되는 것이지요.

안재석 이 영화도 시나리오 거의 그대로 만들어졌던데요. 물론 몇몇 부분 삭제되거나 다른 점이 있는데, 먼저 시나리오에서는 재이(신은경)가 아르바이트를 하는 일이 코엑스 모터쇼장의 내레이터 모델인데, 영화에서는 레스토랑 서버로 바뀌었더라구요?

배창호 배급을 맡은 삼성영상사업단과 그해 12월에 개봉하기로 약속을 했어요. 8월에 크랭크 인 해서 12월에 개봉하는 것이 타이트한 스케줄이었기 때문에 촬영 기간 내에 모터쇼가 열리지 않았던 것으로 기억이 납니다. 그래서 설정을 바꾼 것이지만, 작품에는 흠이 가지 않았다고 생각합니다.

안재석 이한의 동경의 대상인 미술관 관장 차승혜(이응경)가 정신과에서 상담을 받는 장면이 빠졌던데, 이 장면 같은 경우는 차승혜가 왜 일탈 행동을 하는지에 대한 중요한 장면이라는 생각이 들었거든요?

배창호 찍었는데 뺐어요. 차승혜가 이한과 바닷가 여행을 갔을 때 자신이 성공 우울증이 있다는 말을 하는데, 그 대사 한마디로 관객이 차승혜에 대해 느낄 수 있는 부분이라서 뺀 것입니다.

안재석 이한이 차를 타고 가다 다리가 끊어져서 낭떠러지를 만나는 꿈 장면도 빠졌던데요?

배창호 이때가 한국영화에서 CG를 하던 초창기였는데, 기술적으로는 안 될 것이 없다고 생각해서 시나리오에 넣었어요. 그런데 막상 결과에 대한 우려가 있어서 포기했습니다.

안재석 이한이 차승혜를 처음 보는 장면에서 트랙 인 줌 아웃 장면이 나와 반갑더라구요. (웃음)

배창호 이한이 차승혜를 처음 볼 때 그에게 끌리는 감정을 카메라로 표현한 건데. 요즘 영화에는 카메라 워킹으로 심리 표현을 잘 안 하던 편이던데 필요하다면 써야죠.

안재석 재이가 던진 라이터의 움직임이 맥주캔의 움직임으로 연결되는 편집이 참 좋았습니다. 시나리오에 보면 이런 식의 몽타주 설계가 여럿 보이는데, 영화에선 거의 안 쓰셨더라구요?

배창호 일종의 멋인데, 장식적인 거 많이 뺐어요.

안재석 이한이 우발적으로 에이전시의 손 실장(김보연)을 죽이고 나서 화면이 한 바퀴 빙글 도는 특이한 장면이 있습니다. 그동안 한 번도 안 쓰셨던 기법인데요?

배창호 이한이 우발적인 살인 직후에 느끼는 충격과 혼란감을 카메라로 표현해준 거죠.

안재석 실제로 카메라를 360도 돌리셨나요?

배창호 카메라를 거꾸로 한 바퀴 돌렸어요. 그런데 이번에 리마스터링하면서 이 숏을 빼버렸습니다. 왜냐하면 김보연 씨가 숨을 참고 있어야 하는데 숨을 쉬고 있는 것이 살짝 보여요. (웃음)

안재석 이한과 재이가 건물 옥상에서 이야기하는 신이 아주 인상적이었습니다. 소파 설정도 특이하면서 좋았고, 특히 이한이 고층빌딩의 난간 위에 서서 비틀거리면서 이야기하는 모습이 이한의 심정을 시각적으로 보여주는 듯했습니다.

배창호 이 시점에서 옥상 장면까지의 스토리를 간단히 말하겠습니다. 모델 지망생인 이한은 에이전시의 손 실장과의 불편한 관계를 청산하려고 할 즈음 우연히 만난 상류층 여성인 미술관 관장의 소개로 대기업 CF의 메인 모델로 발탁됩니다. 그런데 이한이 손 실장과 맺은 전속 계약이 방해가 되어 이한은 몰래 전속 계약서를 불태우다가 손 실장에 발각되자 우발적으로 그녀를 죽이게 되고 그녀의 시신을 강에 유기합니다. 그다음이 바로 앞에서 말한 이한의 갈등 장면이 고층빌딩 옥상에서 펼쳐집니다. 이 점이 주인공 이한에게 매우 중요한 순간인데요, 〈천국의 계단〉의 신분 상승을 원했던 오유미(이아로)가 가면을 벗고 어둠에서 빛으로 나왔다면, 같은 신분 상승을 원했던 이한은 옥상에서 재이가 무슨 일 있냐고 몇 번이나 물었을 때 진실을 말하지 못하고 자기가 벌인 일을 은폐함으로써 어둠으로 들어가는 것입니다.

안재석 이 영화에도 감독님이 즐겨 쓰신 360도 팬이 있는데, 호텔 멤버십 바에서 이한이 앞으로의 성공에 대한 기대감에 도취되어 카메라를 보며 독백하는 장면이 그것입니다. 특이하게도 인물과 배경이 함께 움직이거든요? 어떤 의도가 있으셨고 어떻게 촬영하셨습니까?

배창호 안 감독이 말한 대로 이한의 도취감을 표현한 거죠. 일류 모델이 될 날을 앞두고 고급 오피스텔을 얻고 여자친구인 재이에게도 연락을 끊고 현실을 망각하고 도취되어가는 심리를 그린 것입니다. 자신이 바라던 꿈의 세상이 곧 펼쳐질 것 같은 이한의 정신 상태를 360도 이동으로 배경과 함께 움직임으로 표현한 것이지요. 배경도 같이 움직여야 세상이 자기중심적으로 돌아가는 것 같은 몽상적인 느낌을 표출할 수 있으니까요. 촬영은 카메라가 돌 때 백back이 같이 움직여야 되니까 연기자도 같이 움직였어요. 카메라가 도는 방향에 따라 같이 돌면서 연기하고 상황이 굉장히 어려웠는데, 이정재 씨가 잘해줬지요.

안재석 바닥에 어떤 장치가 있었던 것이 아니구요?

배창호 장치 없이 직접 했어요. 특수촬영도 아니고.

안재석 이한이 선글라스를 쓰고 숨을 거두는 라스트 장면도 상당히 인상적이었는데, 원래 시나리오에는 담배를 꺼내 무는 것으로 되어 있더라구요. 이렇게 선글라스를 쓰고 숨을 거두는 장면을 어떻게 생각하신 건가요?

배창호 그건 아내인 김유미 씨의 아이디어예요. 김유미 씨와 차승혜의 내레이션 부분도 같이 썼고 또 인테리어 디자이너인 전직을 살려 소품이나 의상 등에도 기여를 많이 했어요.

안재석 담배 꺼내 무는 장면도 찍으셨나요?

배창호 안 찍었어요. 콘티 하는 단계에서 이미 바뀌어서.

안재석 감독님께서는 인물의 죽음에 대해 많이 고민하시는 분인데, 이한은 처음부터 죽어야 했습니까?

배창호 만약 이한이 체포되는 데서 끝을 맺는다면 뻔한 결말이 되는 것이고, 그대로 성공 가도를 달리는 장면으로 끝을 맺어 이한의 범죄를 인정할 수는 없잖아요? 지금 영화에서처럼 죽음으로 끝을 맺어야 여운이 남고 관객들이 이한의 삶에 대해 생각해볼 수 있었을 거예요.

안재석 시나리오 에필로그 장면에는 이한의 죽기 전 일상이 담긴 동영상이 모니터에 보이고 나서 "이윽고 지지직하고 화면이 거칠게 변해버리면서 잡음 소리와 함께 영상이 끊어져 버린다. 허무하게 사라져 버린 이한의 짧은 삶처럼"이라는 지문이 있거든요? 근데 영화에서는 이렇게 끝내지 않으셨는데, 이 지문이 묘사된 대로 끝을 맺는 게 이 작품에 더 맞지 않았을까요?

배창호 시나리오를 쓸 때는 상상에 의존하는 부분이 많이 있어요. 영화를 찍어나가면서 시나리오가 실체로 만들어지는 과정에서 상상했던 부분이 바뀔 수 있죠. 〈젊은 남자〉의 에필로그 장면을 앞에서 말한 시나리오대로 찍었다면 감독의 냉담한 시각이 나타나는 것이지요. 그러나 이 작품 속의 이한은 분명 잘못된 길로 들어섰지만 미워할 수 없는 인물로 그려졌습니다. 자신의 꿈을 이루고 싶은 보통의 젊은이와 다름없어요. 이한은 손 실장과의 불편한 육체적 관계도 정리할 만큼 도덕성도 있고, 재이를 위기에서 구하는 정의감도 있는 인물입니다. 그의 범죄적 행위는 받아들일 수 없어도 그 인물에게 연민을 가지고 있습니다. 나의 연민이 표현된 장면이 바로 영화의 에필로그 장면이지요. 자신이 생전에 직접 찍은 해변에서 햇살을 즐기는 이한의 모습에 '인 드림스In Dreams'가 깔리면서 끝이 나는데, 나와 같은 연민을 갖는 관객들도 많이 있었을 겁니다.

안재석 방금 말씀하신 로이 오비슨Roy Orbison의 '인 드림스'는 이한을 대변하는 삽입곡인데, 정말 좋은 효과를 거두었습니다. 어떤 계기로 이 곡을 사용하셨는지요?

배창호 배병호 작가가 영화사 작업실에서 함께 시나리오를 쓸 때 음악을 들으며 일했어요. 그때 오랜만에 '인 드림스'를 듣는 순간 이 작품에 잘 어울리는 것 같았습니다. 가사도 이한의 삶과 어울렸어요. "꿈 속에서 나는 그대와 함께 걷고, 그대와 함께 말을 나눕니다" 하는 노랫말이.

안재석 이 영화가 감독님께 어떤 작품인지 감독님 스스로 평가를 내리신다면…?

배창호 내 스스로 분류하자면 〈젊은 남자〉는 〈적도의 꽃〉, 〈깊고 푸른 밤〉과 더불어 '욕망의 3부작'이라고 할 수 있습니다. 제작자를 겸한 새로운 출발이었는데, 흥행에는 성공한 편이었지만 평론계에서는 별로 주목하지 않았습니다. 그 당시 영화를 본 젊은 관객들이 세월이 지나 중년이 되어 만날 기회가 가끔 있는데, 〈젊은 남자〉에서 깊은 인상을 받았다는 말을 자주 듣습니다. 특히 손 실장을 거부하고 그녀의 차에서 내려 비를 맞으며 다리를 걸어가는 이한의 뒷모습이 생생하다고. 이 영화가 나온 몇 년 후부터 일부 에이전시의 연예인에 대한 일종의 노예 계약이 사회 문제가 되었으니까 시대를 미리 본 작품이라고 할까요. (웃음) 2021년 12월에 〈젊은 남자〉의 상영회를 가질 기회가 있었는데, MZ세대라고 할 수 있는 젊은 관객들이 이 작품을 보고 놀라워했습니다. 자신들의 세대와도 공감 가는 스토리뿐 아니라 당시의 패션, 장소, 음악에 매료되었습니다.

〈러브스토리〉

안재석 앞서 말씀하셨지만 〈러브스토리〉는 〈젊은 남자〉 이전에 시나리오를 쓰신 작품인데요?

배창호 결혼 전 아내가 될 김유미 씨를 만나기 시작하면서 카페, 차 안, 고궁, 교외, 지리산 등에서 데이트를 했어요. 긴 대화를 나누어도 마음이 편했고, 가끔은 두 사람의 성격 차이로 부딪치기도 하다가 금방 화해하기도 했습니다. 평범한 데이트를 한 거지요. 그러면서 노총각 영화감독인 나의 모습이 객관화되면서 나의 이 체험을 바탕으로 일상성이 있는 꾸미지 않은 사랑의 이야기를 만들면 좋겠다는 생각이 떠올랐습니다. 작가 기질이 많은 아내와 의견이 통하여 신혼여행을 설악산 콘도에서 보내며 시나리오부터 함께 쓰기 시작했어요. 신혼집도 시나리오 작업실로 변했구요. 시나리오 완성 후 영화화를 잠깐 추진하다가 조금 더 숙성시키는 것이 나을 것 같아 미루어두고 〈젊은 남자〉를 먼저 하게 된 것입니다.

안재석 이후 다시 〈러브스토리〉를 해야겠다고 마음먹으신 계기가 궁금합니다.

배창호 당시 시나리오까지 마친 다른 작품이 있었어요. 두 군데 투자사에서 모두 마음에 들어했는데, 막상 내키지가 않는 거예요. 내가 기획하고 시나리오도 썼지만, 기획성은 좋은데 작품의 의미가 잘 안 와닿는 거예요. 그래서 〈러브스토리〉로 방향을 바꾼 겁니다. 꼭 해야 할 것 같았어요.

안재석 감독님과 김유미 선생님이 출연하지 않은 〈러브스토리〉는 상상할 수가 없습니다. 그만큼 두 분의 출연이 이 영화에서 중요했는데요, 어떤 계기가 있으셨습니까?

배창호 처음에는 기성 연기자로 하려고 했어요. 그런데 내 실제 이야기를 바탕으로 하는 영화라는 점이 마음에 걸렸는지 캐스팅이 잘 안 됐어요. 그러다가 나와 아내가 직접 출연한다는 생각에 이르렀어요. 나도 연기 경험이 있고 아내도 인테리어 디자이너로 일하기 전 대학 시절 한국영화에 몇 편 출연한 경험이 있었어요. 그러나 부부가 함께 출연한다는 것은 예외적인 일이라서 흥행성에 부담이 될 것이라는 판단은 했습니다. 기성 연기자가 두 주인공을 맡으면 대중성도 생기고 더 영화적인 작품이 될 것으로 알았지만, 이 작품은 장 르누아르Jean Renoir가 말한 연기의 '내적인 진실성vérité intérieure'을 위해 우리가 하는 것이 더 생생해질 것이라는 최종 판단에 이르렀습니다. 아내와 나는 이 인물들의 심리와 직업에 대한 충분하고도 확실한 이해를 갖고 있으니까요.

안재석 시나리오의 도입부를 보면, 감독님과 김유미 선생님이 영화 속 성우와 수인 역뿐 아니라 실제 본인들로도 출연하는 장면이 있더라구요? 감독님 사무실에서 시작해서 시사회에 가고 하는….

배창호 실제와 픽션을 섞은 구조로 시작하려고 했어요. 우리 부부가 시사장에 가서 〈러브스토리〉를 보는 것으로 영화가 시작되는 것으로요. 그런데 편집할 때 관객들이 혼란스럽게 느끼지 않을까 싶어 이 부분을 뺐어요.

안재석 이 영화가 감독님에게 새로운 시작 같은 작품이었다고 하신 인터뷰를 봤습니다.

배창호 (웃음) 첫 독립영화라고도 할 수 있는 작품이었으니까.

안재석 〈젊은 남자〉하고는 또 다른 심정이셨겠지요?

배창호 독자적으로 투자받은 영화라서 창작은 편하게 했지만, 흥행에 대한 부담은 있었어요.

안재석 영화에 보면 수인(김유미)이 비디오 대여점에 가서 하성우 감독(배창호)의 신작을 찾으면 비디오 대여점 주인이 〈천국의 계단〉 비디오 테이프를 꺼내주는데요?

배창호 사실 〈천국의 계단〉이 아니라 하성우가 연출한 가상의 작품이어야 하는데 그냥 내 작품으로 했어요. 편의상. (웃음)

안재석 왜 이 질문을 드렸냐 하면요, 실제 감독님과 영화 속 하성우 감독의 경계가 어딘가 해서요.

배창호 내가 출연했기 때문에 보는 사람 입장에서는 하성우 감독을 나와 일체화하기 쉽지만, 영화에서 재창조한 인물입니다. 내가 체험한 이야기를 바탕으로 했기 때문에 나와 비슷한 점도 많지만 그대로는 아니니까요. 실제로 처음 만난 장소도 커피숍이었지 영화에서처럼 벼룩시장이 아니었어요. (웃음)

안재석 김유미 선생님께서는 선뜻 출연 제의에 응하셨나요?

배창호 부담감을 많이 가졌죠. 그전에 영화 출연 경험은 있지만 지속적으로 연기자 생활을 했던 것도 아니고. 아내 말로는 상황이 흘러가는 것으로 보아 해야 할 것 같았대요. 그런데 연기만 했으면 오히려 나았겠는데 감독 부인이어서 처신하기도 힘들었고, 시나리오도 같이 고치고 본인 의상과 내 의상까지도 직접 담당했기 때문에 매우 힘들었어요. 게다가 우리 딸이 아기 때여서 육아에도 신경 써야 했고.

안재석 실제의 두 분 사이처럼 영화에서도 역시 케미가 좋을 수밖에 없더라구요. 김유미 선생님을 연기 지도하실 때 어려움이 없으셨나요?

배창호 나는 아내라는 것을 의식하지 않고 연기 연출을 했는데, 아내 입장에서는 힘들 때가 많았던 것 같습니다. 섬세하고 친절하게 연기 연출을 하지 않고 무신경하게 말을 하거나 짜증을 냈던 모양이에요. 다른 연기자보다 편하게 느껴져서 긴장하지 않았던 거겠죠. 촬영이 끝나고 집에 돌아가서 현장에서의 일로 불편해질 때도 몇 번 있었어요.

안재석 두 분의 연기에 대해서 만족하십니까?

배창호 최선을 다했습니다. 동시녹음용 카메라가 아니어서 비디오로 현장을 다 찍어놓고 ADR로 대사를 넣었는데, 오히려 그것이 현장의 잡음도 없고 대사 톤도 맞출 수 있어서 좋았습니다. 단지 극장에서의 사운드 시스템이 낡은 경우가 많아 상영 때의 사운드가 좋지 않아 대사 전달이 잘 안 되는 경우가 많아 속상했습니다. 지금의 최신 음향 설비로 다시 보니 대사며 사운드가 좋더라구요.

안재석 이 작품의 대사는 살아있고 유머도 뛰어납니다. 시원시원한 성격의 성우와 세심한 성격의 수인의 대비도 재미있구요.

배창호 연주로 치면 이중주인데, 서로의 조화와 대비가 리듬감 있게 펼쳐져야 지루하지 않지요.

안재석 성우가 수인에게 "릴렉스relax"라는 말을 자주 하는데요, 〈기쁜 우리 젊은 날〉에도 나오는. (웃음) 감독님이 즐겨 쓰시는 말인가요?

배창호 일상생활에서 가끔 씁니다. 성우가 감독이라는 직업 때문에 연기자의 불필요한 긴장감을 없애주기 위해 쓰는 말로 설정했죠.

안재석 냉면집에서 성우가 빨리 자기 그릇을 비우고 더 먹고 싶은 듯 수인의 냉면 그릇을 힐끔 보자 수인이 드시라고 자신의 냉면을 내주는 장면은 실제 있었던 일인가요? (웃음)

배창호 지금도 자주 있는 일이죠. (웃음)

안재석 성우와 수인이 데이트하는 강북의 소박하고 구수한 풍경이라든지 가을날 유원지의 정감 있는 풍경 같은 것이 참 좋더라구요.

배창호 이런 장소들이 관객들에게 친근감을 주었습니다. 벼룩시장,

신촌역, 경복궁, 포도밭, 유원지, 지리산 민박집 등 많은 관객들이 데이트할 때 가보았던 장소들이죠. 2008년 특별전에서 〈러브스토리〉를 본 젊은 관객들이 영화가 끝나도 행복한 기분 때문에 일어나지 않는 거예요. 시대가 흘러 사랑의 방법도 많이 변했는데, 성우와 수인의 사랑이 너무 흐뭇하고 영화의 배경들이 이제는 판타지처럼 느껴졌던 거죠.

안재석 수인과 결별하고 나서 성우가 대학 영화과에서 특강하는 장면에 한 대학생이 이런 질문을 합니다. "감독님은 작품 속에서 사랑을 강조하시는데, 감독님이 생각하는 사랑은 어떤 것입니까?" 이 질문을 받은 하성우 감독은 머뭇거리다가 대답하지 못합니다. 왜 대답을 못하는 겁니까?

배창호 영화에서는 사랑을 말하고 삶에서는 과연 사랑을 실천하고 있는가 하는 자문이 들었겠죠. 상대방 입장에 서지 않고 무신경하게 말하는 버릇, 자기식으로 불쑥 프러포즈한다든지 데이트 중에 자기 기분만 살리려고 절제 없이 술을 마시다든지 하는 행동들이 사소한 것 같아도 자신의 자기중심적 사고에서 비롯된 것이라는 것을 깨닫게 된 것입니다.

안재석 〈러브스토리〉는 당시 한국영화계에서 사라진 화면 비율이었던 2.35:1의 시네마스코프 사이즈를 택하셨는데, 그 이유는 무엇입니까?

배창호 당시 우리 영화계에서 시네마스코프 화면을 구사하는 애너모픽 렌즈를 사용하지 않은 것은 기자재에 대한 투자가 없어 새 애너모픽 렌즈를 구입하지 않았기 때문입니다. 당시에 있던 애너모픽 렌즈는 너무 낡아 쓸 수가 없었지요. 나는 〈러브스토리〉가 꾸밈없는 일상성의 작품이고 알려진 배우가 주인공도 아니어서 비주얼만큼은 영화적 요소를 강조하고 싶었는데, 그 해결점이 시네마스코프 대형 화면이었어요. 송행기 촬영감독과 합의하여 타 영화사 창고에 있던 애너모픽 렌즈들을 빌려 수리하면서 촬영을 감행했습니다. 역시 렌즈 문제로 애를 먹었지만, 최종 프린트 상태는 다행히 몇 장면을 제외하고는 전체적으로 괜찮았습니다. 영화계 관계자나 이 작품을 좋아한 관객들부터도 영상미가 좋다는 말을 들었구요. 디지털로 리마스터링하면 확실히 더 좋아질 겁니다. (웃음) 그러나 해상력 좋은 1.85:1 렌즈로 찍었으면 더욱 세련된 영상이 나왔을 텐데 하는 생각은 했습니다.

안재석 벼룩시장에서 성우가 선글라스를 고르는 신에서 선글라스 시야 숏이 나오잖아요? 〈기쁜 우리 젊은 날〉의 안경 숏이랑 거의 비슷한 장면인데, 이 영화에서는 너무 어정쩡하게 나왔어요. 시나리오를 보니까 "갑자기 어두컴컴하게 변하는 화면. 마치 시간이 흘러서 저녁이 된 듯하다"라는 지문으로 묘사되어 있던데요?

배창호 말한 대로 어정쩡하게 찍혔어요.

안재석 그때도 모니터를 사용하지 않으셨습니까?

배창호 모니터 사용 안 했어요. 오래된 카메라여서 모니터 연결이 안

됐거든.

안재석 모니터를 안 보시고 연출하기 힘드셨을 텐데요. 연기까지 직접 하셨는데….

배창호 연출부가 비디오로 찍은 것을 확인했어요. 그래도 디테일한 것은 놓치는 것이 있었습니다.

안재석 성우가 수인에게 공중전화를 거는 장면에서 360도 팬이 쓰여지는데, 반갑기도 했지만 왠지 여기서는 스타일을 위한 스타일 같은 느낌이 들었습니다.

배창호 성우가 데이트를 승낙받아 놓고 설레이는 마음을 표현한 것인데, 카메라 워킹이 의도대로 되지 않았던 것 같아요.

안재석 감독님이 의도적으로 계속 '내 영화다' 날인을 찍기 위해 쓰신 게 아닌가 해서요.

배창호 그건 아닌데. (웃음)

안재석 카페에서 디졸브를 통해서 시간 경과를 보여주는 장면도 감독님 작품에서 익숙한 표현이라 반가웠습니다. (웃음) 시나리오에 보니까

성우와 수인이 경복궁 전철역에서 만난 뒤에 박물관 신이 있던데, 영화에는 빠졌더라구요?

배창호 찍었는데 편집에서 뺐어요. 유치원 아이들이 연기자들이 아니니까 다큐처럼 생경하더라구요.

안재석 또 시나리오에는 성우가 제작자에게 조언을 듣고 나서 거리에서 방황하는 장면이 있거든요. 특히 수인을 처음 만났던 벼룩시장 가게 파라솔에 앉아서 수인을 생각하던 성우가 수인이 앉았던 자리에 누가 앉으려고 하면 "자리 있습니다" 하는 장면은 상당히 좋다고 느꼈는데, 영화에는 없더라구요?

배창호 애초부터 안 찍은 것 같기도 하고, 뺀 거 같기도 하고. 시나리오 쓸 때의 첫 느낌이 좋을 때가 있기도 하고 나중에 편집할 때 객관적으로 보고 뺄 때도 있어요. 다른 얘긴데 벼룩시장 장면이 조용해 보여도 촬영은 힘들게 했어요. 벼룩시장이 엄청 복잡한 곳인데 사람들을 통제하고 파라솔 신을 찍었어요. 시장 거리 장면은 숨어서 찍었는데, 내가 소리 없이 왔다 갔다 하니까 날 알아보지 못한 장사하는 사람들이 몹시 궁금해했어요. 형사대가 뜬 줄 알고. 어느 제작자가 벼룩시장 장면을 보고 "어떻게 그렇게 찍으셨어요?" 하더라구. 엑스트라 한 사람도 없이 실제 인물들 속에서 연기했으니까.

안재석 수인의 회상 장면은 흑백 필름으로 촬영하신 건가요?

배창호 아니에요. 색 수정했어요.

안재석 감독님의 영화를 보면 인물이 과거의 사연을 얘기할 때 대사로 길게 풀어버리는 경우가 많습니다.

배창호 영화마다 영상으로 전달하는 경우가 있고 대사로 할 때가 있는데, 대사로만 전달할 때는 연기 연출이 잘 되어야 합니다. 관객들이 연기자의 대사로도 그 사연들이 잘 느껴지게끔 연기와 연출의 호흡이 맞아야 하는데, 그렇게 못한 경우가 있어 아쉽습니다. 프랑수아 트뤼포가 "영화 연출은 침몰하는 배의 구출 작전과 같다"라고 말했는데, 연출할 때 실패할 수 있는 여지가 너무 많아요. 하나하나 신중히 찍어야 되는데, 그게 어렵지요.

안재석 성우가 구상 중인 작품을 수인에게 말하는 장면이 흑백 영상으로 보여지는데, 마치 흑백 무성영화를 보는 것 같았습니다.

배창호 함께 시나리오를 쓰는 중에 김유미 씨가 어느 집 안에 새가 들어온 일화를 떠올렸어요. 그 일화를 바탕으로 영화 속 스토리를 구상했습니다. "죽으려는 남자의 집에 비둘기 한 마리가 들어온다. 죽기 직전의 남자는 새가 성가시게 느껴져 여러 방법으로 쫓으려 하다가 점점 일상으로 복귀하게 되고 문을 활짝 열어 새를 날아가게 한다." 요약하면 이런 이야기를 무성영화 형식으로 푼 겁니다.

안재석 그 내용을 들은 수인이 "관념적이다"라는 말을 하잖아요. 수인 자신은 체험이 있는 영화가 좋다고 덧붙이면서요.

배창호 (웃음) 그래서 나도 체험이 담긴 〈러브스토리〉를 만들었잖아요.

안재석 다른 이야기인데요, 성우가 수인과 지리산 여행할 때 찍은 16㎜ 필름을 집에서 보는 장면 있잖아요? 그런데 그 화면들에 성우가 카메라를 들고 있는 모습도 보이거든요?

배창호 내가 실수했네. (웃음) 편집할 때 아무도 그걸 발견 못했구나.

안재석 감독님의 작품에서 돋보이는 것은 스토리 전개의 리듬감뿐 아니라 편집에서도 리듬감이 잘 느껴진다는 건데요, 감독님의 영화적 리듬은 어떻게 나오는 겁니까?

배창호 리듬감은 태어날 때 어느 정도 타고 나야 합니다. 그리고 영화를 보면서 자연스레 습득하고 자신의 작품을 만들면서 경험을 많이 쌓아야 해요. 노련한 연주자도 매일같이 연습하는 사람이 있잖아요? 서예에서 획의 리듬감이 중요한데, 오랜 시간의 연습과 훈련을 통해 만들어진다고 합니다. 영화의 리듬감도 어느 정도의 선천성과 경험과 수련에서 나온다고 말할 수 있어요. 2000년 프랑스 베노데영화제Festival International de Cinéma de Bénodet에서 〈정〉이 심사위원 특별상과 관객상을 수상할 때 〈스타 워즈 에피소드 5: 제국의 역습Star Wars Episode V: The Empire Strikes Back〉(1980)을 만든 어빈 커쉬너Irvin Kershner 감독을 만났어요. 그분이 〈정〉을 보고 리듬감이 아주 좋은 영화라는 코멘트를 내게 해서 반가웠던 기억이 납니다.

안재석 성우가 수인에게 정식으로 프러포즈할 때 수인이 받아들면서 "우리의 30년 후의 모습은 어떨까요?" 하면서 상상하는 장면이 매우 인상적이었습니다. 가을 길에서 노년의 두 사람이 함께 걸어가는 뒷모습 말입니다.

배창호 이 작품 찍은 지가 오래됐어요. 나도 그만큼 나이가 먹었죠. 부부는 같은 길을 함께 걷는 동반자예요. 서로에게 채워주고 도와주는 친구 사이라는 것이 날이 갈수록 느껴집니다.

안재석 크레딧을 보니까 이한 감독과 정용기 감독이 연출부를 했더라구요?

배창호 두 감독들은 〈정〉도 같이 했어요. 내가 독립영화 할 때 같이 고생했던 감독들이지요.

안재석 흥행 결과에 대해 실망하셨나요?

배창호 실망이라기보다는 경제적 손실에 대해 걱정했죠. 그것 때문에 고생도 했지만, 인간적으로 큰 경험을 했어요.

안재석 당시 관객들이나 평론가들의 반응은 어땠습니까?

배창호 영화평론가들이 주는 영평상에서 각본상을 두 번째로 받았어요. 첫 번째는 〈기쁜 우리 젊은 날〉이었고. 관객들 반응은 엇갈렸어요. 그런데 차차 〈러브스토리〉 마니아들이 생겨났어요. 영화 대사를 녹음해서 줄줄 외우는 한의사, 결혼 선물로 지인들에게 이 작품 비디오를 선물하던 아나운서 등이죠. 가장 기억에 남는 평은 당시 영화 잡지《스크린》의 이지훈 기자가 쓴 것인데, "배창호 감독의 겸손함을 물씬 느낄 수 있는 작품이다"라는 식의 구절이 기억에 남습니다.

안재석 〈러브스토리〉와 관련해 또 하실 말씀이 있으신가요?

배창호 소설가 헤밍웨이가 『무기여 잘 있거라A Farewell to Arms』를 쓸 때 이렇게 말했어요. "내가 그때 전쟁에서 겪었던 상처에서 벗어날 수 있을 때 이 작품을 쓸 수 있었다." 자신의 체험을 작품으로 할 때는 객관화되는 시간이 필요합니다. 내 체험으로 느낀 것을 객관적으로 바라보는 데는 짧게든 길게든 시간이 필요해요. 자신의 체험을 거르지 않고 날 것 그대로 하는 것은 창조적인 면이 떨어집니다.

〈정〉

안재석 작품 이야기를 하기 전에 〈정〉을 만드시게 된 배경부터 말씀
해주세요.

배창호 1997년 가을쯤에 잠시 미국에 체류했어요. 미국을 배경으로
한 재미교포의 정체성을 다룬 이야기를 해보려다가 문득 다른 생각이 들었
어요. 한국영화의 제작 환경도 투자 환경도 바뀌고 있는데, 내가 하려는 영
화를 하려면 자본의 간섭이 없는 독립영화 제작방식을 다시 택해야겠다는
결심에 이르렀어요. 그러다 〈정〉을 떠올렸습니다. 미국에 있으니까 오히려
한국적인 소재를 하고 싶었고 또한 〈정〉은 그전부터 염두에 둔 작품 중의
하나였기 때문입니다.

안재석 그래서 귀국하시고 준비하신 건가요?

배창호 귀국하자마자 빠른 시간에 초고를 완성했어요. 왜냐하면 이미 내 안에 작품에 들어갈 많은 에피소드가 쌓여 있었고, '정情'이라는 확실한 테마가 있으니 작품의 방향을 어렵지 않게 풀 수가 있었습니다. 그리고 아내와 다시 고쳐나갔고 대사와 디테일은 촬영해나가면서 자주 수정했지요.

안재석 시나리오를 보니까 지문과 대사가 마치 문학 소설같이 쓰여져 있더라구요. 그래서인지 〈정〉은 김유정, 이효석의 단편소설이나 이를 영화화했던 1960년대 문예영화의 정취가 느껴집니다. 혹시 그런 것에 대한 향수가 있으셨습니까?

배창호 한국영화의 전통적인 장르 중의 하나가 소위 문예영화라고 불리우는 것입니다. 주로 한국의 근대문학을 원작으로 하거나 향토색 짙은 작품을 말할 때 문예영화라고 하는데, 나는 이런 작품들이 사라져가는 것이 아쉬웠습니다. 중학교 1학년 때 학교 앞 책 세일즈맨에게서 『한국근대문학전집』을 사서 틈틈이 읽었고, 소설뿐 아니라 유현목, 김수용, 신상옥 감독님 등의 문예영화도 많이 봤어요. 그렇게 자연스레 한국적인 정서가 내 창작의 원천 속에 스며든 것 같아요.

안재석 이 영화의 세 개의 단락으로 이루어진 서사 구조는 〈황진이〉를 생각나게 하는데요, 〈황진이〉에 세 번의 내려놓음이 있듯이 이 영화도 세 번의 떠남이 있구요. 그런 걸 염두에 두셨나요?

배창호 〈황진이〉와 〈정〉은 인물의 일대기를 다루고 있는 공통점이 있어요. 〈정〉은 나이 든 순이(김유미)가 봄꽃이 활짝 핀 언덕에서 아들을 기다리며 과거를 뒤돌아보는 구성으로 되어 있습니다. 첫 부분은 1920년대 조혼을 한 순이(강기화)의 혹독한 시집살이와 세월이 지나 연하의 남편이 신여성과 사랑하는 사이가 되자 그들의 결합을 위해 순이 스스로 떠나기까지, 두 번째 부분은 술을 빚으며 생계를 유지하던 순이(김유미)가 그녀를 흠모하던 옹기장수 덕순(김명곤)과 함께 살며 행복한 날을 보내던 어느 날 덕순이 술을 많이 마시고 사고로 물에 빠져 죽게 되기까지, 세 번째 부분은 다시 혼자 몸이 된 순이가 갑자기 찾아온 갈 곳 없는 복녀(윤유선)와 그녀의 아기와 함께 살다가 복녀는 전남편의 노름빚 때문에 소장수에게 팔려가고 복녀의 아들 돌이를 순이가 맡아 키우게 되기까지, 마지막 부분은 세월이 흘러 대학생이 된 돌이(김승수)와 정다운 주말을 보내고 다시 공부하러 떠나는 돌이를 배웅하고 혼자 집으로 돌아오는 순이의 모습까지가 영화의 대략의 줄거리입니다.

안재석 내러티브에 중점을 두신 점은 어떤 것들입니까?

배창호 한국인에게 흐르는 정을 어떻게 인물들 속에 녹여내는가 하는 것이었습니다. 근대문학에 나타난 여성들은 삶과 운명에 수동적인 모습으로 그려진 경우가 많아요. 그러나 이 작품의 순이는 자신의 삶에 대해 자신이 스스로 결정합니다. 첫 챕터의 남편이 연인과 밀회를 하는 장면을 숨어서 보는 순이는 두 사람의 사랑하는 모습에 질투를 느끼지 않고 오히려 애틋함을 느껴 스스로 떠나줍니다. 두 번째 챕터에서 순이는 옹기장수 덕순에게 엉겁결에 보쌈을 당하지만 덕순을 단단히 혼을 냅니다. 어쩔 수 없는 운명으로 보쌈당해 사는 것이 아니라 덕순의 사죄와 함께 진심 어린 청혼을 받아들이는 것으로 그녀가 선택한 삶을 삽니다. 흔히 다루어진 소재이더라도 인물을 어떻게 그릴 것인가에 따라 크게 달라지지요.

안재석 이 영화는 투자사의 투자도 받지 않고 소위 독립영화 제작방식으로 만들어진 작품인데, 시나리오 이후에 어떻게 촬영을 시작할 수 있었습니까?

배창호 그렇게 시나리오를 쓰고 이걸 어떻게 추진해야 하나 막막했어요. 그러던 어느 날 지하철 플랫폼에서 열차를 기다리는데, 벽보판에 "당

신의 신념이 재산입니다"라고 쓰인 공익 광고지가 붙어있었어요. 그 문구에 자극을 받아 확신과 열정으로 나가야겠다는 결심을 했어요. 일단 착수를 하고 영화진흥위원회에서 제작을 활성화시키기 위해 계획 중인 지원사업에 응모해 보자는 생각이 들었어요. 겨울 장면과 설경이 중요하기 때문에 첫 촬영을 서둘러야 했고, 평소 나와 함께 일하던 스태프들에게 취지를 설명하고 힘을 합해주기를 부탁했습니다. 우선 초가집 한 채를 지을 얼마간의 제작비를 마련해서 나와 함께 오래 일한 미술감독인 김유준 선생님을 찾아갔어요. 이것밖에 없으니 대관령에 집 한 채 지어달라고 했더니 김 선생님이 흔쾌히 응해주셨어요. 실제 예산의 반도 안 되었을 금액인데도. 이렇게 모든 스태프가 힘을 모아 첫 촬영을 할 수 있었습니다. 이 작품의 프로덕션 디자인은 강승용 씨가 맡았고 김유준 선생님은 세트 제작을 맡아주었어요.

안재석 김유미 선생님이 이 영화에도 주인공 순이 역으로 출연하셨는데, 이번에도 선뜻 승낙하셨나요?

배창호 〈러브스토리〉로 촬영 과정에서나 개봉 후의 결과로 힘들었던 아내는 〈정〉의 출연을 원치 않았어요. 그래서 내 설득이 시작되기 전 머리를 짧게 잘라버렸어요. 긴 머리를 해야 하는 시대극이니까 머리가 짧으면 아예 출연 얘기가 안 나올 것이란 생각에. 결국 이 작품의 중요성을 알고 내가 추진하는 흐름에 동승하게 되었습니다. 나는 김유미 씨가 순이 역에 적역이라고 믿었어요. 순이 역할에 원한 것은 무엇보다도 자연스러움과 순수한 감정이었으니까요.

안재석 옹기장수 덕순 역의 김명곤 선생님 캐스팅은 어떻게 이루어졌습니까?

배창호 김명곤 선생은 판소리를 잘할 뿐 아니라 한국적인 정서를 잘 표현해내는 연기자죠. 그래서 힘을 합쳐 달라고 했어요. 알고 지낸 지 오랜 사이지만 내 작품 출연은 처음이었어요.

안재석 김명곤 선생님이 영화에서 흥얼거리는 '육자백이'나 장터에서의 구수한 입담에서 정말 그 시대의 정서가 물씬 느껴졌습니다. 이 영화는 캐스팅적인 면에서 네오리얼리즘이나 이란의 사실주의적 영화에 가깝다는 생각을 했는데, 조단역이나 엑스트라는 물론이고 김명곤 선생님이나 윤유선 선생님 같은 기성 배우도 딱 제 옷을 입은 듯이 너무 영화에서 잘 맞았습니다.

배창호 단역들도 거의 지역의 연극배우들로 캐스팅했고, 엑스트라들도 직업적이 아닌 현지 주민들이 출연해서 실감이 났습니다.

안재석 이 영화는 저예산의 독립영화 제작방식으로 만들어졌음에도 미술이나 소품, 의상 등에 상당히 공을 들이신 것 같습니다.

배창호 나는 이 작품이 스토리뿐 아니라 한국의 전통적인 생활 문화의 미를 표현하려고 했습니다. 대영박물관The British Museum의 아시아 전시관을 가보면, 일본 문화재들은 감각적으로 눈길을 끌고 중국 문화재는 힘과 강렬함으로 눈길을 끕니다. 반면 한국 전시관의 문화재들은 감각적인 면과 강렬함 대신 직관적이며 자연스러움을 갖춘 작품들이 많아요. 〈정〉에서도 단번에 눈길을 끌지 않아도 은은하고 자연스러운 멋이 있는 우리의 전통 문화를 영화에 담고 싶었습니다. 혼례, 장례, 장터, 한의사, 술 빚는 것, 옹기 굽는 것, 아침 상, 장독대뿐 아니라 소품이나 한국적인 색감과 질감의 의상에도 고증과 준비에 꼼꼼히 신경을 썼어요. 결국 스태프들의 능력과 열성이 좋은 결과를 만들어냈습니다. 나뿐만 아니라 스태프, 연기자들 모두 우리의 정서와 문화를 잘 나타낸 가치 있는 작품을 만들었다는 자부심을 가졌습니다. 당시 독립영화협회장이던 조영각 씨는 〈정〉을 '독립영화의 블록버스터 blockbuster'라고 했어요. (웃음)

안재석 "40회 정도의 촬영 회차를 25회차에 맞추면서 작품에 흠이 안 가게 하는 것이 최대 전략"이라는 인터뷰 기사를 봤는데, 실제 촬영 회차는 몇 회였습니까?

배창호 30회차 정도 촬영한 것 같아요. 1998년 2월에 촬영을 시작해서 그해 9월에 크랭크 업 했습니다. 촬영 회차를 줄인다는 것은 제작비를 줄인다는 뜻이죠. 그런데 문제는 작품을 잘 찍으면서 회차를 줄이는 것이었어요. 그 비결은 준비를 철저히 하는 것과 현장에서 최대의 효율성으로 일하는 것이었습니다. 현장에서 10분을 아낍니다. 10분 때문에 해가 넘어가면 하루를 더 찍어야 하니까 숨이 가빠요. 그렇게 집중해서 찍다 보면 시간이 늘어난 듯한 것을 느낍니다. (웃음) 완벽주의를 가진 감독은 이렇게 일을 못해요. 나처럼 최선주의자가 하는 방법이죠.

안재석 적은 회차였음에도 한국의 자연이 스토리와 잘 어우러져 탁월한 영상미를 보여주고 있는데, 사계절을 담으신 거죠?

배창호 가을 전에 촬영을 끝내려고 했는데 가을까지 가고 말았어요. (웃음) 구례, 비슬산, 대관령, 태백, 하회마을, 낙안 읍성, 봉평 등 여러 지역에서 촬영했습니다.

안재석 이 영화는 숏이 꽤 많은 편인데, 카메라 움직임이 거의 없는 절제된 연출이 돋보이거든요? 360도 팬 같은 건 안 보이구요. 연출 플랜이라고 할까요, 그런 게 있으셨나요?

배창호 영화 전체에 대한 카메라 플랜을 미리 세우지는 않았구요, 각 촬영 분량에 대한 장소 헌팅을 마치고 콘티 작업할 때 카메라 플랜을 세웁니다. 장소를 알아야 인물 배치나 동선, 배경 등 종합적으로 고려하여 카메라 플랜을 세우는 거죠. 그런데 겨울 장면을 찍을 때 숏의 호흡이 뭐랄까 차곡차곡하게 이루어지는 것을 느꼈어요. 그래서 그 호흡을 따라갔습니다. 그러다보니 전체의 톤이 잡히고 담담하게 표현이 된 거 같아요.

안재석 이 영화에는 데이 포 나잇 촬영 기법도 여러 번 쓰여지고 있는데, 제가 이제껏 봤던 데이 포 나잇 장면들 중에 효과가 제일 좋았던 거 같습니다. 데이 포 나잇은 이 영화가 만들어진 1990년대는 잘 안 쓰여지던 기법이거든요?

배창호 달빛의 로케이션 밤 장면은 데이 포 나잇이 더 리얼해요. 콘트라스트를 잘 이용하면요.

안재석 덕순이 절구질하는 순이를 훔쳐보는 장면은 실제 밤에 촬영하셨던데요?

배창호 황혼이 저무는 초저녁에 찍으려고 했는데 시간이 다 가버렸어요. 이동차 테스트를 여러 번 하느라고. 그래서 조명으로 밤 장면으로 찍었어요.

안재석 저는 굉장히 좋게 봤거든요. 순이가 절구질하며 부르는 노랫소리도 카메라 움직임도 좋았어요.

배창호 밤 조명으로 찍은 게 오히려 잘 됐네. (웃음)

안재석 어린 순이가 20대의 여인이 되는 세월의 변화 장면이라든가 보쌈한 덕순이 순이 앞에 무릎 꿇고 있는 장면 등에서 조명의 변화를 이용해 시간 경과뿐 아니라 인물의 감정이나 정서를 드러내는 기법이 반갑더라구요.

배창호 덕순의 진심에 대해 순이가 긴 시간에 걸쳐 생각하고 느끼는 것을 컷으로만 몽타주하는 것보다는 조명 표현법도 고전적이기는 하지만 적절한 표현 같았죠.

안재석 고전적이라기보단 감독님이 참 즐겨 쓰시는구나 싶거든요. 당시 한국영화에서는 잘 안 썼던 기법이니까 자꾸 영화 볼 때마다 찾게 되더라구요. 매 영화마다 있어요. 〈흑수선〉에도 있구요.

배창호 〈길〉도 있어요?

안재석 〈길〉에는 없어요.

배창호 〈흑수선〉은 뭐가 있나?

안재석 마루에 비가 그치고 햇살이 비추는 장면.

배창호 아, 있구나!

안재석 이 영화의 시대적 배경이 1920년대부터 1960년대까지로 설정되어 있는데, 삿뽀로 맥주 포스터라든가 박가분 같은 소품, "활동사진 〈월하의 맹서〉 봤지라" 하는 대사 등으로 어렴풋이 가늠할 수 있을 뿐 역사적 배경이 직접적으로 묘사되지가 않거든요?

배창호 이 작품에서는 생활상으로 시대를 느끼면 충분하다고 생각했어요. 사회적인 변혁 안에서 인간을 바라보는 영화가 아니기 때문이기도 했고. 순이가 만나는 인물들과의 정에 집중했어요.

안재석 순이는 슬프거나 고단할 때뿐만 아니라 행복할 때도 늘 『장화홍련전』을 끼고 있습니다. 다른 영화나 드라마에서 보지 못했던 조금 낯선 장면이었는데요, 이런 설정을 하시게 된 계기가 있으십니까?

배창호 실제로 우리나라 여인네들이 방에 모여 누군가 『장화홍련전』

을 낭독하면 함께 울면서 서러움을 풀었다고 해요. 자신의 삶을 위안하는 대중문화적인 요소죠. 내가 어릴 때만 해도 길거리 노점에서 『장화홍련전』을 팔았어요. 순이의 나이 든 모습에 부분적으로 우리 어머니 모습이 투영되어 있는데, 『장화홍련전』은 읽지는 않으셨지만 '춘향가' 판소리를 흥얼거리시고 하셨어요. 영화를 본 관객 중에서 자신들의 어머니 생각이 난다고 말한 사람들이 여럿 있었어요.

안재석 영화의 중요한 소품인 박가분은 실제 우리나라 최초의 화장품으로 알고 있습니다.

배창호 박가분이 중요한 역할을 한 것은 덕순이 순이에게 주기 위해 산 박가분을 주막에 놓고 와서 그걸 다시 찾으려다가 결국 사고를 당한 것이죠. 덕순의 무덤 앞에서 남편이 죽을 때도 손에 꼭 잡고 있던 박가분을 순이가 발라보며 넋두리를 합니다.

안재석 바로 그 무덤가에서 순이가 분을 바르면서 넋두리하는 장면이 무척 인상적이었습니다.

배창호 감정이 강한 장면일 때 어떻게 찍을까 생각이 많아집니다. 앵글을 찾는 데도 멀리 갈까 가까이 갈까, 카메라를 세팅하기 전에 인물 주위를 여러 번 돌았어요. 감정이 강한 장면일수록 관객에게 그 감정을 강요하지 않도록 표현에 세심한 주의를 기울입니다. 결국 픽스와 한 숏으로 찍기로 결정했어요. 화면 오른쪽에 무덤을 살짝 걸고 그다음에 인물의 사이즈인데, 미디엄과 풀의 사이 그게 적절할 것이다. 그리고 연기자한테 맡겼는데. 이렇게 고민한 이유는 바로 절제 때문이었어요. 감독이 강요하지 않고 절제하면 관객들이 스스로 느끼게 됩니다. 그렇게 느낀 감정은 깊이 남습니다. 또 믹싱할 때도 고민했어요. 음악을 넣을까. 음악을 넣으면 감정에 도움을 받거든요. 음악을 넣었다 뺐다 넣었다 뺐다 하다가 뺐지요.

안재석 영화의 메인 포스터 이미지이기도 한 덕순이 순이를 엎고 메밀밭을 걷는 장면도 인상적이었는데요, 이 장면을 촬영한 장소는 어디인가요?

배창호 강원도 봉평. 이효석의 「메밀꽃 필 무렵」의 무대예요. 모두들 이 장면을 매우 좋아하는데, 당시 《필름2.0》으로 자리를 옮긴 이지훈 기자가 이 장면에 대해 "아름다운 장면인데 왜 눈물이 나죠?" 하고 묻던 것이 기억이 나네요.

안재석 이 영화에서는 간간이 롱 테이크가 보이는데요, 특히 복녀가 주막에 몸 팔러 가는 신에서 카메라가 미세하게 움직인다거나 창문의 그림자를 향해 서서히 이동한다든가 하는 멋진 장면이 있거든요. 근데 이 장면에서 왜 롱 테이크를 쓰셨는지?

배창호 시적인 느낌 때문이죠. 컷을 잘못 나누면 느낌이 단절될 때가 있거든요. 설명적으로 풀지 않고 압축한 표현. 그런 것은 카메라 워킹이라든지 인물의 배치, 음악, 배경 등 미장센의 요소들이 잘 조화가 돼야 합니다. 찍기가 쉽지 않아 NG가 많이 나는 장면이죠. (웃음)

안재석 이 영화의 음악도 너무 좋았는데, 〈황진이〉 때부터 같이하신 이성재 선생님이 맡으셨더라구요?

배창호 이성재 선생님이 애를 많이 쓰셨죠. 정말 좋은 영화음악이 나왔어요. 국악고등학교 음악교사를 하시던 분인데, 국악 찬송가도 여러 편 만들었지요. 캐롤 리드Carol Reed가 〈제3의 사나이The Third Man〉(1949)를 만들면서 민속악기 연주자였던 안톤 카라스Anton Karas를 쥐어짜게 해서 그 유명한 주제 멜로디가 나올 수 있었던 것처럼 나도 이 선생님에게 오래 남을 수 있는 멜로디를 만들어달라며 그분의 최대한의 능력이 나올 때까지 만족하지 않았습니다.

안재석 감독님께서 "우리의 원형질적인 정서가 한이 아니라 정이라는 것을 표현하고 싶다"라고 하셨는데, 어느 여성 평론가가 "이 영화는 정이라기보다는 한이라는 말이 적절하게 표현될 수 있는 여인의 고단하고 서럽고 곡절 많은 삶을 고즈넉하면서도 여유롭게 펼쳐보인다"라고 평을 했어요. 저는 동의할 수 없지만, 여성의 입장으로 봤을 때는 정이라기보다는 한으로도 보이기도 했던 모양입니다. 이런 평가에 대해서 어떻게 생각하십니까?

배창호 순이의 삶을 외부적으로 보면 한이라고도 볼 수 있어요. 그 사람을 힘들게 한 한스러운 삶이지만, 그걸 정으로 감싸 안고 극복하는 마음이 있습니다. 내적인 것이 본질적인 정서입니다. 우리말에 '미운 정 고운 정'이란 말이 있어요. 어떻게 미운 사람한테 정이 갑니까? 바로 한국인들의 정서죠. 〈정〉의 영어 타이틀을 만들면서 'My Heart'라고 했습니다. 우리 마음속에 정이 있다는 의미에서요. 정이라는 말에 대해 중국 사람한테 물어보고 일본 사람한테도 물어보면 우리가 쓰는 뜻이 아니라 감정이라는 뜻으로 쓰여요. '오만 정이 다 들었네', '정을 떼야지' 하는 표현에서도 정은 폭넓게 사랑을 뜻합니다. 외국인들이 우리나라 사람들을 평가할 때 정이 많다는 것을 가장 많이 꼽습니다. 내 생각에는 한은 일본의 전통적인 정서입니다. 가부키歌舞伎를 들어보거나 미조구치 겐지의 작품을 보면 일본인의 전통적인 한을 느낄 수 있어요. 반면 『춘향전』이나 『심청전』 등의 고전에서도 표현되는 우리의 전통적인 정서는 정입니다.

안재석 프랑스 베노데국제영화제에서 심사위원 특별상과 관객상, 이탈리아의 우디네극동영화제Udine Far East Film Festival에서 관객상을 받으셨는데, 그때 말씀을 해주세요.

배창호 베노데영화제에서 이 작품을 본 어느 프랑스 시인이 내게 편지를 전해주었는데 이렇게 쓰여 있습니다. "모든 화가들이 찾고자 하는 색깔의 조화와 모든 그래픽 디자이너가 따르고자 하는 선을 배창호는 마침내 얻어냈다. 그의 영화는 시적 언어로 말을 건넨다. 그에게는 색을 다루는 힘과 너그러움이 있다. 또한 영화를 위한 진심으로 투쟁하는 이들을 위한 철학에 이르는 길을 터놓았다. 그는 세대 간의 대립을 해체한다. 떠오르는 태양을 그리는 인상파 화가처럼 그는 미래를 위해 우리에게 황금시대를 엿보게 할 수 있게 한다."

안재석 이 영화에 대해 더 하실 말씀이 있으신가요?

배창호 2012년도에 스페인어권의 한 관객이 〈정〉을 스페인어 자막을 붙여 유튜브에 올렸어요. 스페인어권 관객들이 찾기 시작하더니 한국 관객들에게도 소문이 나서 조회 수가 불어났고, 최근 확인해보니 1,170만 회가 넘었더군요. 이 작품에 출연한 아내와 함께 그동안 관객들이 남긴 댓글을 보며 보람을 많이 느꼈습니다. 세월이 지날수록 관객들이 우리의 정서와 자연의 아름다움에 대해 더욱 섬세히 느끼는 것 같아요.

안재석 2000년 개봉 때에는 관객이 만 명이 안 되었죠?

배창호 참 어렵사리 배급을 했어요. 서울의 몇 개 극장과 부산에만 배급하고 전국 개봉은 하지 못했습니다. 마케팅, 배급 비용이 많이 부족해서 잘 알려지도 못했어요. DVD가 출시되고 입소문을 통해 〈정〉의 팬들이 꾸준히 늘어났어요.

〈흑수선〉

안재석 〈흑수선〉은 당시 언론에서 감독님의 상업영화 복귀작으로 대서특필했던 것이 기억나는데요. 투자자였던 강우석 감독님하고 영화 잡지의 표지 모델로도 나오시고. 이 영화는 어떻게 기획하시게 된 작품인가요?

배창호 상업영화라는 표현보다 대중적인 영화라고 표현합시다. 〈흑수선〉을 하게 된 배경은 이렇습니다. 〈정〉의 다음 작품으로 고려해보던 기획 중에서 수사물과 6·25전쟁 소재가 합쳐진 작품을 떠올리게 되었어요. 수사물은 학창 시절부터 좋아했었고 수사물 형식으로 6·25전쟁에 관한 영화를 만들고 싶었습니다. 그때 대학 시절 읽었던 김성종 선배님의 소설 『최후의 증인』이 생각났어요. 의미와 재미를 갖춘 추리소설이었고, 1980년대 초 영화화된 이두용 감독님의 〈최후의 증인〉(1980)은 좋은 작품이었는데도 당시에는 주목을 받지 못하다가 후일 재평가가 이루어진 작품이지요.

안재석 소설이 발표된 지 30년이 지난 시점이었고 또 이미 영화로 만들어졌던 작품을 리메이크하는 데 부담이 있으셨을 텐데, 이 소재를 선택하셨던 이유가 있으신가요?

배창호 리메이크 생각을 하고 소설을 다시 읽어보니 1970년대에 쓰인 소설이라 2000년대의 영화 관객들에게는 공감력이 부족할 것 같았어요. 그런데 시대를 뛰어넘어 내 마음을 끄는 것이 있었는데, 전쟁에 희생당해야 했던 황석과 손지혜의 사랑이었습니다. 그래서 리메이크라는 생각을 안 하고 원작을 토대로 새로운 작품을 만들려 했던 것입니다. 제목도 바꾸고.

안재석 방금 말씀하셨지만, 〈흑수선〉은 원작 소설에서 일부 모티프와 인물 설정만 빌려 왔을 뿐 거의 다시 쓰여진 작품인데요, 특히 거제도 포로수용소 폭동 사건의 경우는 원작에는 없는 새로운 사건이에요. 이 사건에 관심을 가지고 특별히 넣으신 이유가 있으신가요?

배창호 〈정〉을 끝내고 우연히 거제도를 여행하게 되었어요. 거제도 포로수용소라는 유적관이 있어서 우연히 들렀을 때 이곳저곳 둘러보다가 문득 거제도 포로수용소가 6·25전쟁의 흔적인데 영화에 본격적으로 다루어지지 않았구나 하는 생각이 심어졌어요. 〈흑수선〉 시나리오를 구상할 때 이 생각을 구체화한 것입니다.

안재석 시나리오를 쓰시면서 가장 염두에 두신 것이 미스터리 스릴

러인가요, 사랑이었나요?

배창호 미스터리적 형식은 인물들을 태운 선박이고 중요한 것은 인물들이 가는 항로와 목적지죠. 본격 미스터리 스릴러라면 과거의 이야기를 그렇게 길게 펼치지 않았을 겁니다. 관객들과 머리 쓰기 경기를 하는 그런 영화는 아니지요. 중요한 것은 황석과 손지혜 그리고 그들을 둘러싼 인물들입니다. 6·25전쟁에 참여하고 휘말리게 된 사람들의 각각의 선택과 운명들. 손지혜(이미연)는 아버지 때문에 좌파가 된 단순 좌파예요. 그런 사람들이 많았거든요. 황석(안성기)은 손지혜를 사랑했기 때문에 어쩔 수 없이 좌파가 되었고. 실제로 여자 빨치산 중에 남편 따라 산에 올라갔다가 빨치산이 된 사람들도 있어요. 남도 청년회장 양달수(이기영)는 극우파, 경찰서장 김중업(김동수)은 자기 이익을 구하는 우파, 빨치산 대장인 한동주(정준호)는 극좌파, 동지를 배반하는 강만호(강성진)는 기회주의적 좌파. 이런 여러 인물들의 지난날과 현재의 모습을 전쟁이 끝난 몇십 년 후, 오 형사(이정재)의 눈을 통해 관객들이 바라보는 겁니다. 오 형사가 최후의 증인인 것이죠. 손지혜와 황석의 사랑은 중심축이고.

안재석 시나리오와 영화는 오프닝 신이 다른데요. 시나리오를 보면, 나비 떼가 날고 철쭉꽃이 만발한 길에 군인들이 총을 들고 행군하는 장면으로 시작하는데….

배창호 토벌군들이 도주한 포로들을 추격하는 장면 말이죠?

안재석 네. 그다음에 흑백으로 초등학교 시절 손지혜에게 머슴의 아들 황석이 우산을 받쳐주는 애틋한 추억 장면이 이어지구요. 그런데 영화에서는 골동품 가게의 묘령의 여인이 화장하는 장면으로 바뀌었습니다. 오프닝 신을 바꾸신 이유가 무엇인가요?

배창호 먼저 묘령의 여인이 화장하는 장면부터 살펴봅시다. 여자가 단순히 화장하는 도입부는 시시하죠. 그런데 〈흑수선〉에는 어느 여인이 화장대 앞에 화장하는 장면에서 그녀가 바라보는 거울을 향해 카메라가 이동하면 거울이 없고 거울 틀만 있어요. 많은 관객들이 이것을 놓쳤는데, 내 잘못도 있어요. 거울 틀의 조명이 어둡게 되어 전달이 잘 안 된 면도 있었거든. 내 의도는 '여인이 거울을 바라보며 화장을 하는데 거울 틀 속에는 막상 거울이 없다'입니다. 그 여인에 대한 궁금증으로 시작하는 것이죠. 시나리오의 첫 장면인 군인들의 추격 장면은 이미지적이라 자칫하면 괜히 멋있게 시작하려는 것 같은 기분이 들었고. 그리고 손지혜의 어린 시절 장면, 황석이 손지혜에 대한 애틋한 감정 신을 찍어서 편집도 그렇게 해봤는데, 사연도 없이 감정을 보여주는 것 같아 뺐어요.

안재석 그래도 시나리오의 도입부처럼 나비 떼가 날아다니고 철쭉꽃이 피어 있는 아름다운 길에서 전쟁을 벌이는 군인들, 거기에 피치 못하게 영향을 받게 되는 어린 남녀, 이렇게 시작하는 것이 앞서 감독님께서 말씀하신 영화의 테마에 더 어울리지 않나 싶거든요?

배창호 시나리오를 볼 때는 사람들의 상상력을 최대한 돋구거든요. 그런데 상상한 것과 실제로 촬영하면 달라지는 경우가 많아요. 찍어서 편집해봐야 객관적으로 알 수가 있어요. 다른 사람들의 의견도 들으면서.

안재석 이 영화의 촬영은 언제부터 언제까지 진행됐습니까?

배창호 2001년 3월부터 9월까지. 내 작품 중에 촬영을 가장 많이 나갔어요. 70회차 정도. 수중 촬영이라든지 교실 화재 신 같은 장면들은 하루에 몇 컷 못 찍어요.

안재석 독립영화 제작방식으로 만드시다가 〈흑수선〉은 변화된 제도권 시스템 내에서 만드신 거잖아요. 그런 시스템 내에서 연출하시면서 제작

자와의 의견 조율은 어떻게 하셨습니까? 어려움도 있었을 거 같은데요.

배창호 제작자가 작품에 대한 참여 의식이 높았고 지원도 아끼지 않았어요. 작품에 대해 의견도 자주 나누며 공감이 가는 의견은 당연히 받아들였어요. 그런데 제작자는 사실적인 장면을 기대했는데 내가 스타일적인 연출을 할 때 당황하기도 했지만, 영화의 성공을 위해 힘을 합쳤습니다. 이 작품의 순제작비가 35억 정도인데, 그 안에는 일본의 미야자키宮崎시와 거제시의 지원금도 포함된 금액이에요. 제작비 대비 제작의 효율성은 높았어요.

안재석 캐스팅 같은 경우도 호화 캐스팅이잖아요. 제작자와 함께 캐스팅하셨나요?

배창호 물론 같이 합의하여 정했는데, 추진력이 강한 제작자라서 캐스팅이 빠르게 진행되었어요. 내가 애초에 생각하던 캐스팅과 바뀐 부분은 한동주 역인데, 재일교포 연기자를 마음에 두고 있었어요. 우선 일본어를 능숙하게 써야 하니까. 그런데 제작자가 한동주 역에 정준호 씨를 제의했고 잠깐 득실을 생각하다가 수락했어요. 정준호 씨는 한동주 역할로 주목도 받았고 연기상도 탔어요.

안재석 안성기 선생님이야 당연히 내정돼 있었을 거고, 당시 이미연 씨의 인터뷰를 보니까 그때 한창 일이 많아 쉬려고 했는데 감독님께서 하신다고 해서 출연했다고 하더라구요?

배창호 이 작품의 배역들의 비중이 누구에게 쏠리지 않고 골고루 나뉘어져 있어요. 연기자라면 자신이 주도하는 작품을 더 하고 싶었을 텐데, 이미연 씨와 안성기 씨, 이정재 씨 모두 나를 신뢰해서 출연해준 것입니다.

안재석 시나리오와 영화가 크게 달라진 부분은 오 형사가 등장하는 현재 장면이 영화에서는 많이 삭제되었더라구요. 시나리오에서는 오 형사가 위장해서 다이아몬드 밀수범을 잡고, 수사과장과 사이가 안 좋아서 마찰을 빚다가 방황하는 장면 등이 들어가 있는데, 그런 부분을 영화에서 빼신 이유가 있으신가요?

배창호 나는 이 작품을 수사물의 전형이나 리얼리즘을 따라 만들려고 하지 않았어요. 대신 고전적인 스타일을 내고 싶었어요. 예를 들어 나이

트클럽에서 오 형사와 김중만과의 액션 장면이 나오는데 전부 픽스예요. 핸드헬드로 할 수도 있었지만 그렇게 하고 싶지 않았어요. 대나무 숲의 총격전이라든가 일본에서의 추격 신, 마지막 서울역 장면, 포로들의 탈출 장면 등에 각각의 스타일이 나오죠.

안재석 스타일 이야기를 좀 더 해보면, 형사과장실이라든지 양달수의 쪽방 같은 실내 장면에서 콘트라스트가 강한 표현주의 조명이 주를 이루고 있습니다. 물론 이런 조명을 다른 작품에서도 쓰신 적이 있는데, 이 영화에서는 강도가 좀 센 편이에요. 어느 인터뷰에서 "한국영화 중에 스모그를 제일 많이 뿌린 영화일 것이다"라고 말씀하시기도 했는데, 어떻게 생각하실지 모르지만 〈세븐Se7en〉(데이비드 핀처David Fincher, 1995)과 조명 분위기가 비슷하다는 평도 있었거든요.

배창호 그런 톤의 분위기는 〈세븐〉뿐 아니라 다른 작품들, 예를 들면 리들리 스콧Ridley Scott의 거의 모든 작품에도 나와요. 내가 늘 얘기하듯 필요하면 콘트라스트가 강한 조명이든 로우 키low key든 쓰는 겁니다. 이 작품의 무거운 이야기에 그런 조명 분위기가 어울린다고 생각했습니다.

안재석 덧붙이자면 강력반 사무실이라든지 오 형사의 아파트 같은 공간의 세팅이 좀 비현실적이라고 할까요?

배창호 가급적 현실 그대로 영화에서 재현하려는 경우도 있지만 감독에 따라서, 작품에 따라서 현실을 재창조하는 경우도 많아요. 바로 영화적 현실이 되는 겁니다.

안재석 비현실적이라는 표현이, 오 형사의 아파트를 예로 들면 너무 좋아요. 사람 사는 공간 같지 않고 CF에서나 나올 법한 그런 느낌이 들었거든요.

배창호 오 형사의 성격의 일면을 보여주는 공간이죠. 현대적인 인테리어에 가구도 심플하고 어항에 기르는 물고기도, 푸른색 열대어도 한 마리뿐이죠. 이 작품 헌팅차 서울시경 강력반을 방문한 적이 있는데, 늘 영화에서 보던 경찰서 강력반 분위기와 달랐어요. 양복을 입은 형사들이 여러 사람 보이더라구요.

안재석 배우들의 연기 톤도 작품 스타일에 맞추신 건가요?

배창호 영화에서 형사면 말을 거칠게 해야 하고 시골에 사는 사람은 반드시 사투리를 써야 한다는 것에는 벗어났어요. 밀로스 포먼의 〈아마데우스Amadeus〉(1984)를 예로 들면, 인물들이 오스트리아 태생이라 독일어로 대사를 해야 사실적인데 영어로 합니다. 독일어로 대사를 했으면 더 실감 났을 테지만 관객과의 약속으로 넘어간 것이죠. 나는 이 작품에서는 사실적인 대사법보다는 감정에 충실한 연기를 바랐습니다. 그러나 문어체의 대사를 줄였어야 했다는 아쉬움이 있습니다.

안재석 감독님께서 포로수용소 탈출 장면이나 불탄 학교에서의 총격전 장면에 슬로 모션을 쓴 것은 전쟁의 비극성을 관객들이 느끼게 하기 위해서였다는 말씀을 하셨는데, 저는 슬로 모션 때문에 그 장면이 너무 멋있게 찍혀졌다고 느꼈거든요.

배창호 감독들이 슬로 모션을 사용할 때 멋으로 사용할 때도 많지만 참혹한 장면을 걸러내기 위한 필터로도 씁니다. 우리가 현실 세계에서 참혹한 현장을 목격했을 때 보고 싶지 않아 눈을 감을 때가 있습니다. 이렇듯이 참혹함을 참혹함 그대로 영화에서 묘사하는 것은 혐오감을 주기 쉽습니다. 그래서 감독은 현실 세계의 날것을 걸러서 간접적으로 관객이 느낄 수 있게 하는 필터로서의 표현법을 생각합니다. 그중에 하나가 슬로 모션입니다. 스탠리 큐브릭의 〈풀 메탈 자켓Full Metal Jacket〉(1987)에서 여자 베트콩이 미군들에게 사살되는 장면을 매우 느린 슬로 모션으로 묘사한 것도 그와 같은 이유일 것입니다. 〈흑수선〉의 포로들의 탈출 장면과 교실에서의 사살되는 장면의 슬로 모션은 참혹한 죽음과 비장감을 걸러서 나타낸 것인데, 러쉬 필름을 볼 때 음악 없이 보니까 비장감을 살리려했던 내 의도가 더 잘 살았습니다. 음악을 넣지 않았어야 했는데.

안재석 감독님의 영화를 찬찬히 보다 보니까 남대문도 그렇고 낙산사, 경복궁, 서울역 같은 역사적인 공간들이 작품들 속에 고스란히 담겨 있어서 감회가 새롭더라구요. 이 영화의 라스트 시퀀스를 옛 서울역사와 돔 지붕 위에서 찍으신 계기가 있으신가요?

배창호 서울역 옆의 고가 차도를 지나가다가 문득 생각이 떠올랐어요. 옛 서울역사는 많은 사람들에게 추억과 사연이 있는 곳이죠. 일제강점기에 지어져서 역사를 견디어낸 하나의 상징적인 건물이라는 의미도 있고, 또한 고전적인 분위기가 이 작품과 어울릴 것 같아 중요한 장면의 장소로 택했어요. 지금은 박물관으로 사용하는 서울역사의 지붕 돔 촬영은 한국영화에서 최초였을 겁니다. 스태프와 연기자들이 고가사다리를 타고 오르락내리락해야 하는 어려움이 있었어요. 서울역 내부와 광장의 밤 촬영 때는 잠자리를 뺏긴 노숙인들이 몰려와 항의를 하기도 했는데, 차츰 협조를 했습니다.

안재석 손지혜가 지붕에서 추락사한 후 황석이 "아무도 손대지 마!" 하는 대사는 시나리오에는 없거든요? 굳이 감정 과잉인 듯한 표현을 할 필요가 있었을까 싶더라구요.

배창호 전쟁이라는 운명의 소용돌이를 묵묵히 참아온 황석이 시대를 향해 외치는 절규입니다. 이 작품에 빠져든 관객들에게는 이 외침이 큰 울림을 주었습니다. 내가 아는 영화제 스태프가 20대 시절에 이 영화를 보고 황석이 소리치는 이 장면 때문에 지금껏 30번 넘게 다시 보고 있다고 합니다. 2002년 일본의 모리오카추리영화제Michinoku International Mystery Film Festival in Morioka의 개막작으로 상영되었을 때도 일본의 관객들이 모두 숨을 죽이고 이 장면의 감동에 젖어 드는 것을 봤습니다.

안재석 죽은 손지혜를 황석이 안고 있는 부감 숏이 인상적이었는데요, 〈그해 겨울은 따뜻했네〉에서 오목(이미숙)이 남편(안성기)이 죽고 빗속에서 절규할 때의 부감 숏이 떠올려졌습니다.

배창호 그 영화의 핵심적인 것을 전하는 숏들이 있기 마련인데, 앞에서 말한 장면이 그중의 하나입니다. 서울역 광장에서 죽은 손지혜를 황석이 안는데 그녀의 몸에 흐른 피가 황석의 손에 묻혀져 있어요. 그리고 다시 만날 때 전해주려던 손지혜의 반지를 그녀에게 끼워줍니다. 이때 카메라는 부감으로 두 사람을 잡는데, 이런 앵글이 이들의 운명과 사랑을 바라보는 감독의 시각이며 관객의 시각이 되는 것입니다. 그리고 나서 황석이 손지혜를 안아 들고 구급차를 향해 걸어갈 때 그들을 바라보는 오 형사의 단독 숏에서 카메라는 점점 뒤로 멀어집니다. 마치 자신이 이제껏 수사하며 목격했던 손지혜와 황석의 기구한 삶에 대한 최후의 증인처럼.

안재석 이 영화의 테마 음악으로 쓰인 헨델Georg Friedrich Händel의 '라르고Largo'는 감독님의 아이디어입니까?

배창호 내가 쓰자고 했어요. 황석과 손지혜의 테마로 '라르고'가 떠올려졌어요. 라스트 신에서 황석이 죽은 손지혜를 안고 걸어가는 장면에서 이들의 기구한 운명을 감싸주는 듯 '라르고'의 선율이 흐릅니다. 탈출한 공산 포로들이 초등학교 교실의 지하 바닥에 숨어 있을 때 들려오는 '고향의 봄'도 떠올렸지요. 이념은 달라도 고향과 어머니에 대한 그리움은 누구나 마찬가지니까. 교실 안에서 사살된 젊은 포로가 끝까지 손에 쥐고 있던 것은 어머니의 사진이었습니다.

안재석 한 가지 더 아쉬운 점이 있는데요, 이미연 씨의 노역 분장입니다.

배창호 명백한 내 실수입니다. 약간의 변명을 하자면, 특수분장을 위해 본을 뜨고 테스트도 마치고 나서 촬영을 위해 2시간 넘게 이미연 씨 분장을 했는데, 특수분장 재료 때문에 이미연 씨 얼굴에 피부 트러블이 일어났어요. 그래서 어쩔 수 없이 일반 메이크업으로 대체했는데 미흡했습니다.

안재석 이 영화는 2001년 제6회 부산국제영화제에서 개막작으로 선정되어 화제가 되기도 했는데, 저도 이때 봤습니다. 오랜만에 감독님의 상업영화, 아니 대중영화 복귀작이라 개봉 전에 하루라도 빨리 보고 싶었거든요. (웃음) 흥행 성적은 어땠나요?

배창호 전국 100만 명이 넘었어요. 해외 수출까지 치면 손익분기점은 넘었다고 들었습니다.

안재석 이 영화에 대해 덧붙이실 말씀이 있으시면 해주세요.

배창호 연출에서 놓친 부분들이 있지만, 극장의 스크린으로 보아야

이 영화의 장점인 힘 있는 영상을 느낄 수 있습니다. DVD나 VOD는 원래의 화면비가 아니라 축소한 것이라 많이 아쉬워요. 올해로 만든 지 21년이 되네요. 리마스터링을 해서 대형 스크린으로 관객들과 함께 다시 보고 싶습니다.

제5장

아직도 가야 할 길, 2002~

〈길〉
〈여행〉

〈길〉

안재석 〈흑수선〉 개봉 전후로 해서 감독님을 비롯해 박찬욱, 곽재용, 이무영 감독님 등이 에그필름이라는 영화사와 전속 계약을 맺었다는 기사가 크게 났었습니다. 이후에 다른 감독님들은 에그필름에서 한 편씩은 다들 만들었는데, 감독님은 기사에만 나고 실제 작품은 안 만드셨거든요?

배창호 〈흑수선〉 개봉하고 영화에 대한 내 인식이 더 신중하게 된 것 같습니다. 대중성을 의식하면서 하고 싶은 작품 기획이 쉽게 안 되더라구요. 그러다가 내가 원한 작품을 함께 추진했지만 무산된 경우도 있었고, 시나리오까지 썼지만 에그필름에서 주저한 작품도 있었어요.

안재석 그럼 〈길〉은 어떻게 준비하시게 된 건가요? 다시 〈정〉과 같은 독립영화 제작방식으로 만드셨는데요.

배창호 2002년에 그렇게 작품 주신을 하면서 데생을 배웠어요. 지난 번에도 얘기했지만, 어릴 때 그림을 잘 그렸는데 콘티 그림도 다 연출부가 그리니까 불편하기도 하고 배우고도 싶어서 학원에 나갔어요. 데생을 배우면서 창작이라는 것에 대해서 느낀 바가 많았습니다. 회화나 영화나 창작의 원칙은 같으니까요. 하여튼 창작의 여러 기본 원리들을 재확인하면서 어느 날 〈길〉이 떠올려졌고 자연스럽게 하고 싶은 마음이 드는 거예요. 그런데 이 작품은 에그필름이 원하는 스타일의 영화가 아니라서 그때 마침 〈러브 스토리〉와 〈정〉에서 라인 프로듀서를 했던 강충구 대표가 영화사를 설립해서 제의를 했더니 흔쾌히 동의했습니다. 그래서 에그필름에 양해를 구하고 시작하게 됐어요.

안재석 '길'이라는 제목은 펠리니의 〈길〉을 좋아하신 것과 연관이 있습니까?

배창호 펠리니의 〈길〉과 직접적인 연관은 없습니다. '길'이라는 말이 주는 깊은 느낌 때문에 이 제목을 썼습니다. '길'이라는 제목과 스토리를 떠올리면서 자연스럽게 로드무비 구성이 된 것 같습니다.

안재석 〈길〉은 전라도의 장터를 돌아다니는 떠돌이 대장장이 태석(배창호)과 아버지의 장례를 치루러 고향집을 가기 위해 길을 나선 여공 출신의 신영(강기화)이 우연히 함께 길을 가면서 펼쳐지는 이야기인데요, 이런 이야기를 떠올리신 계기가 있으십니까?

배창호 이 작품을 하기 몇 해 전에 이 시대의 사라져가는 직업을 다룬 잡지 기사에서 떠돌이 대장장이의 삶을 다룬 내용을 흥미롭게 봤던 적이 있어요. 그 기사를 본 후 1950년대에서 1970년대를 배경으로 영화를 만들어봐야겠다는 생각을 하고 있었습니다. 그 시대는 내가 태어나 청년이 되는 시기인데, 본격적인 산업화 이전의 이 시기에는 한국적인 정서가 많이 살아있을 때였습니다. 나는 시대가 새로워질수록 잃어가고 있는 우리의 정서와 문화에 대한 향수가 있었어요. 이 작품에 등장하는 주막, 여인숙, 이발관, 장터, 간이 터미널, 염색집, 엿 만드는 집 등이 내 기억이 불러낸 장소들입니다. 또한 지금은 거의 콘크리트나 아스팔트 길이지만 지난날은 흙을 밟는 길이 많았습니다. 뚝길, 꽃길, 언덕길, 골목길, 눈길까지. 이런 장소들을 배경으로 인간의 고통과 용서의 문제를 다루려고 했어요.

안재석 시나리오는 언제부터 쓰신 건가요? 시나리오를 보니까 탈고 날짜가 '2002년 12월 11일'로 적혀 있더라구요?

배창호 2002년 가을 때부턴가. 작품의 방향이 정해지자 시나리오 작업에는 어려움이 없었습니다. 그 작품을 숙성시킨 지는 꽤 되어서 시나리오는 빨리 썼어요.

안재석 촬영은 언제부터 언제까지 진행되었습니까? 촬영 회차가 그리 많지 않았을 것 같은데, 영화에 사계절이 다 담겨 있습니다.

배창호 기간으로 따지면 2003년 2월서부터 거의 10월까진데, 촬영 회차는 별로 안 됐어요. 촬영기간이 길었던 게 제작비 마련에 어려움이 있어서, 제작비가 구해지면 찍고 또 쉬다가 제작비가 구해지면 찍고 그렇게 해서 시간이 갔어요. 가을까지 안 가도 끝날 수 있었는데. 나도 제작자도 촬영팀도 인내심을 가져야 했어요.

안재석 촬영을 이규민 촬영감독님이 하셨는데, 어떤 계기로 함께 작업하시게 되셨습니까?

배창호 〈러브스토리〉, 〈정〉을 같이 찍은 송행기 촬영감독이 첫 촬영은 나갔는데 스케줄 때문에 안 돼가지고 추천을 했습니다. 이규민 촬영감독은 정광석 촬영감독님 조수를 했던 신인 촬영감독이었는데, 조명만 잘 컨트롤 해주면 촬영의 다른 부분은 내가 많이 알 때니까 편하게 호흡 맞출 수 있는 신인 촬영감독도 괜찮겠다 싶었어요. 이 감독이 조명을 정말 잘 컨트롤했어요.

안재석 주인공 태석 역을 감독님께서 직접 연기하셨습니다. 〈러브스토리〉 이후 8년 만의 출연이신데, 특별한 이유가 있으셨습니까?

배창호 독립영화여서 프리 프로덕션이 매우 빨리 진행되었습니다. 설경을 찍기 위해 크랭크 인을 서둘러야 했는데, 시간상 기성 배우가 섭외가 쉽지 않았어요. 그래서 어떻게 하나 고민하고 있는데, 제작자인 강충구

대표와 상의하다가 주인공 태석 역에 내가 거론됐어요. 처음엔 '아, 내가 해야 되나?' 고민이 많이 되었습니다. 영화를 위해서 빨리 겨울 신은 찍어야 하고, 결국 하기로 했습니다. 태석과 길을 동행하게 되는 여주인공 신영 역에는 〈정〉에서 어린 순이를 맡았던 강기화 양을 캐스팅했습니다.

안재석 염두에 두시고 오디션 없이 바로 캐스팅하신 건가요?

배창호 예, 오디션 없이 일사천리로. 독립영화의 장점은 투자자가 관여하지 않으니까 의사결정이 빠르다는 거예요. 다른 배역에도 제작자와 친분이 있던 연극배우들이 참여했어요.

안재석 태석은 선통적인 방식을 고수하는 대장장이인데요, 혹시 감독님의 영화 만드는 방식을 이 인물을 통해 비유하신 것은 아닙니까? (웃음)

배창호 고집스러운 장인 정신 같은 것은 태석과 나와 비슷한 면이 있지요. 영국의 산업혁명 이후 대량 생산이 시작되어 많은 기술자들이 공장에 흡수되면서 물건을 만드는 장인들의 정신과 기쁨이 점차 사라지게 되었습니다. 요즘 대부분의 영화 만들기와 마찬가지죠. 독립영화를 제외하고.

안재석 태석을 비롯해 이 영화의 인물들은 전라도 사투리를 구사합니다. 감독님께서는 원래 전라도 사투리를 알고 계셨습니까? 시나리오에도 대사가 전라도 사투리로 쓰여 있던데요.

배창호 잡지에서 봤던 그 실제 인물이 구례 출신이에요. 그래서 전라도 사투리로 설정했는데. 나는 경상도 사투리를 잘하거든요, 부모님 영향으로.

안재석 전라도 사투리를 구사하는 데 어려움은 없으셨나요?

배창호 사투리 코치를 통해 연습을 했습니다. 어미 처리의 변화가 많아 어려웠어요. 뿐만 아니라 연출까지 겸하면서 연기하는 것은 몇 배의 에너지가 소모되는 일이었습니다. 또 우려가 되었던 점은 내 얼굴이 알려진 편인데, 영화가 시작되자마자 관객들이 감독인 나를 의식하는 것이 극의 몰입에 방해가 되지 않을까 하는 점이었습니다. 그런데 녹음실에서 최종 믹싱을 할 때 화면을 10여 분 보던 녹음기사가 "저 배우 못 보던 배운데 잘하는데요" 하는 말을 내가 옆에서 듣고 싱긋 웃었습니다.

안재석 영화 첫 장면의 장터 풍경이 생생했습니다. 소를 사고파는 사람들이며 흥정하는 시골 사람들의 모습이 마치 실제 장터에서 촬영한 것처럼 사실적이었습니다.

배창호 처음 장터는 전라남도 함평 장턴데, 협조를 받아서 실제 장이 벌어졌을 때 그곳 주민들을 그냥 찍은 거예요.

안재석 따로 세팅하신 게 아니구요?

배창호 세팅한 게 아니에요. 제작비를 줄이기 위한 이유도 있고 현장의 생생함을 주려고 한 의도도 있었어요. 그렇게 장터의 사실감을 주고 나서 대장장이 태석이 자연스럽게 장터 인물들과 섞이도록 했습니다.

안재석 이 영화는 〈정〉보다 더 적은 예산으로 만들어졌다고 알고 있습니다. 그래서인지 시나리오에서 묘사하신 몇몇 장면들을 포기하셨더라구요. 특히 태석과 친구 득수(권범택)의 과거를 이어주는 주점 진주집 장면이 시나리오에는 풍성히 그려져 있던데, 축소되어 아쉬웠습니다.

배창호 제대로 투자받은 영화에서는 제작비를 아끼지 않으니까 머릿속으로 상상한 걸 많이 재현하지만, 독립영화는 그렇지 않잖아요? 그 시대 주점의 재현을 제대로 하려면 세트를 지어야 하는데, 제작비가 꽤 들잖아요. 그래서 알맞은 실제 장소를 찾기 위해 여러 군데 돌아다니다가 강원도 도계에서 찾아냈어요. 주점이 아닌 그 실제 장소를 미술감독이 최소 비용으로 분위기를 살렸어요. 여인숙도 그렇고.

안재석 여인숙두요?

배창호 그곳은 여인숙이 아니라 실제 집을 꾸민 건데, 강원도 임계 산골에 있는 집입니다. 그런 장소를 곳곳에 돌아다니면서 찾아낸 거예요. 세트로 할 수 없는 것들은.

안재석 여인숙 방 안이라든가 태석의 집, 신영의 고향집의 방 안 장면 등은 세트인 거 같은데, 적은 예산임에도 세트 촬영을 하신 이유가 있으십니까?

배창호 아무리 제작비가 적어도 그 정도는 해야죠. (웃음)

안재석 근데 그것도 실제 장소에서 촬영하는 게 더 낫지 않았을까요?

배창호 영화의 톤에 따라 실제 장소가 어울리는 경우가 있는데, 이 작품에는 깊이 있는 조명을 위해 세트 작업이 필요했어요. 물론 앵글도 그렇

고. 앵글이 원하는 대로 나오니까.

안재석 '길'이라는 제목에 걸맞게 이 영화에는 여러 길이 나오는데, 그중 특히 인상적이었던 길이 해안의 뻘 길이었습니다. 영화 포스터에서도 쓰인 장면인데, 하늘에는 철새가 날아가고 뒤로 폐선이 보이고 회색빛 뻘에 붉은 해초들이 피어난 배경 속에서 울고 있는 태석의 모습이 시적인 느낌을 주었습니다.

배창호 장면의 배경은 미장센의 매우 중요 요소입니다. 이 장면의 배경은 태석의 슬픔을 더해주기도 하고 곱게 걸러내기도 하지요.

안재석　이 영화는 〈꼬방동네 사람들〉처럼 인물의 회상 형식으로 현재와 과거가 교차되어 보여지는데요, 스토리 전개상 이런 구성을 할 수밖에 없었겠다는 생각이 들면서도 감독님께서 자주 강조하셨듯이 좀 더 압축해서 과거를 보여줄 수는 없었을까 싶기도 하던데요?

배창호　좋은 점을 짚었습니다. 〈길〉을 지금 다시 만든다면 태석의 과거 사연보다는 그가 느꼈던 심리에 치중하여 과거를 압축된 영상으로 만들 것 같기도 해요. 역시 선택의 문제였죠. 이 작품을 만들 때는 태석의 과거를 내러티브 영상으로 보여주는 것을 선택했고, 신영의 과거는 독백으로 처리했습니다.

안재석　근데 영화에서 태석의 과거를 보여주는 플래시백 장면 전에 매번 태석의 내레이션이 들어가 있는데 굳이 이 내레이션이 필요했을까요? 시나리오에선 플래시백 영상만으로도 태석의 심경이 느껴지게끔 아주 잘 표현이 되어 있더라구요.

배창호　내레이션은 없어도 됐을 거예요. 근데 찍고 나서 나중에 추가했어요. 내레이션이 없으면 더 모던한 방식일 것이라는 건 알았는데 관객들이 인물의 마음을 좀 더 느꼈으면 했어요. 태석이라는 인물은 한이 많은 인물 아니에요? 그래서 속 쌓아둔 얘기도 있을 것 같았고.

안재석　또 신영의 과거를 알려주는 방식도 아주 긴 대사에 의존하고 있습니다. 긴 독백 장면은 감독님께서 이전 작품에서도 자주 쓰셨던 방식이라 이해가 가는데, 이 영화에서 신영의 독백 대사는 좀 과하다는 생각이 들더라구요. 태석이 단지 "넌 서울서 뭐 했냐?" 하고 물었을 뿐인데 신영이 뜬금없이 그간 자신이 살아온 이야기를 아주 긴 대사로 풀어내거든요.

배창호 자연스럽지를 못했어요. 그 시점에서 신영이 자신의 얘기를 하게 한다는 연출 의도를 빨리 전개하려다 보니 자연스럽지 못한 흐름으로 독백을 시작하게 된 겁니다. 긴 독백 장면이 하나 더 있잖아요? 뒷부분에 고향집에서 아버지의 죽음 앞에서 하는 긴 독백 말입니다. 과거 장면을 같이 찍어서 신영의 독백과 교차 편집을 해준다든지 그랬으면 어땠을까 나중에 생각했습니다.

안재석 전 오히려 뒷부분의 긴 독백은 괜찮았어요. 그 전에 태석이 득수의 편지 읽는 장면에서 그 내용이 영상으로 펼쳐지잖아요. 그리고 곧바로 이어져서 또 그렇게 영상으로 나오면 반복되는 표현이 되니까요.

배창호 그럴 수도 있겠네.

안재석 시나리오에선 신영이 공장에서 일하다 손을 잃고 의수를 한 어딘지 모자라는 아가씨로 설정되어 있는데, 영화에선 공장장의 아기를 임신 중절한 간질을 앓고 있는 인물로 바꾸셨더라구요?

배창호 어린 나이에 아버지 득수로부터 버림받고 사회로부터, 타인으로부터 받은 깊은 상처를 가진 신영의 고통을 강조하려고 설정을 바꾸었습니다. 그래서 신영이 상처받은 과거를 떠올릴 때마다 발작을 일으키게 됩니다.

안재석 태석과 신영 두 사람은 삶의 상처를 지닌 사람들인데요, 이들의 상처가 치유되는 계기가 득수의 영정 앞에서입니다. 태석은 득수가 남긴 편지를 읽고서, 신영은 아버지에게 버림받은 기억을 말하다 "우리 아버지 나쁜 놈"이라고 외치며 발작을 일으키면서 득수를 '용서'하게 되는데요, 이러한 상황을 설정하신 것은 어떤 의미가 있습니까?

배창호 한 사람의 죽음 앞에서는 죽은 사람에 대한 원망이나 그 사람이 자신에게 행한 과오를 마음에서 내려놓아야 하지 않겠냐는 의미를 두었습니다. 태석이 신영에게 말하길 "니 아버지 나쁜놈이지만 어떡하겠냐. 이젠 떠난 사람 아니냐"라고 합니다. 나는 그렇게 생각해요. 용서는 상대방이 행한 잘못에 대해 분명히 인식을 하고 나서 용서에 이르러야지, 그런 힘든 과정 없이 '괜찮아, 괜찮아. 그럴 수도 있어' 하고 머리로 용서하는 건 아니라고 봐요. 그렇기 때문에 어린 시절 자신을 버려두고 사라져버린 아버지에 대한 긴 얘기를 신영이 하게 한 거예요. 그리고 가슴 속에 묻어두었던 아버지가 자신에게 저지른 잘못을 힘들게 토해내며 울음을 터트리죠. 울음을 터트리는 그 과정 속에서 자신의 상처가 드러나고, 아버지의 장례를 치루며 관을 묻을 때까지 차츰차츰 용서가 되죠. 장례 이후에 버스 대합실의 첫 컷

이 환한 햇살을 받은 신영의 얼굴인데, 뭔가 씻겨나간 듯한 그런 느낌을 주려고 그랬지요.

안재석 이 영화의 음악도 이성재 선생님이 맡으셨는데, 특히 영화에서 신영이 아버지에게 배웠다며 부르는 노래와 태석이 부인(설원정)을 업고 부르는 노래가 중요한 모디프로 쓰여지고 있습니다. 원래 있던 곡들인가요?

배창호 신영이 부르는 노래는 원래 있던 곡인지 전래되는 곡인지 잘 모르겠어요. 태석이 부인을 업고 부르는 "어하둥둥 내 사랑~" 하는 건 내가 그냥 흥얼흥얼거린 거예요. 부모님한테 들었던 옛 가락이 떠올려져가지고.

안재석 친구 득수의 편지를 통해 태석이 부인에게 품었던 의심은 사라졌습니다. 그런데 마지막 장면에서 옛집으로 돌아간 태석이 마당에서 부인과 장성한 아들을 숨어 보다가 다시 길을 떠납니다. 가족과의 재회로 끝낼 수도 있었는데 굳이 다시 떠나게 하신 의도가 있으십니까?

배창호 태석이 다시 떠나는 마지막 장면에서 과거에 장터를 나서던 자신을 배웅하는 부인과 어린 아들의 장면을 플래시백으로 보이면서 태석이 곧 다시 돌아올 것이란 암시를 했습니다. 훈훈한 재회의 확실한 결말보다는 관객의 상상에 맡기는 것으로 끝을 맺은 겁니다.

안재석 이 영화를 만드시고 2003년 9월에 건국대 영화예술학과 교수로 부임을 하셨는데, 갑자기 학교로 가신 이유가 궁금합니다.

배창호 그전에도 학교 교수직을 두어 번 제안을 받았는데 결심이 서질 않았어요. 그때는 학과 창설이기도 하고 해볼 마음도 생기고 해서 결심했지요.

안재석 소위 말해서 안정적인 생활을 염두에 두신…?

배창호 그런 마음도 있었죠. 물론 가르치면서 의미도 있을 거라는 생각이 먼저였고.

안재석 근데 2003년 9월이면 〈길〉 촬영이 아직 안 끝났을 땐데요?

배창호 9월에는 학과 창설 준비였지 강의는 없었어요. 강의는 2004년부터 했어요.

안재석 이 시기의 교수 생활은 어떠셨나요?

배창호 적절한 시기에 재충전을 했어요. 학생들을 가르치며 영화에 대한 생각도 점검했구요. 시간 날 때 지난 내 작품을 다시 편집해보며 만들 때는 느끼지 못했던 점도 깨닫는 기회도 가졌습니다. 당시 젊은이들에 대한 고정관념도 깰 수 있었고, 학생들 작품을 지도하며 젊은 영화 세대의 감성도 알게 된 기간이었습니다.

안재석 〈정〉때도 그랬지만, 이 영화의 심의일자는 2004년 6월 1일인데 개봉은 2년 뒤인 2006년 11월 2일에 했습니다. 촬영까지 포함하면 3년 정도 기간이 걸렸는데 개봉이 왜 이렇게 늦어진 건가요?

배창호 제작자가 배급 비용을 마련하기 위해 동분서주했지만 그렇게 시간이 소요된 거죠.

안재석 처음에 배급을 정해놓지 않고 진행을 하신 건가요?

배창호 그렇죠. 우선 완성하는 것이 급선무였으니까. 해외 영화제에서 성과가 있으면 배급하는 데 도움이 될 거다 했죠. 미로비전에서 해외 배급을 맡았는데, 필라델피아영화제Philadelphia Film Festival에서 수상을 해서 힘을 받았고. 나중에 영화진흥위원회에서 독립영화배급지원 프로그램의 지원을 받아 배급하게 됐어요. 전국 4개관에서만, 서울의 씨네코아를 비롯해 부산, 대구, 광주의 예술영화 개봉관에서 조촐하게 했습니다.

안재석 말씀하셨듯이 이 영화는 2005년 제14회 필라델피아영화제에서 극영화 부문 최우수작품상도 받았고, 미국 잡지《버라이어티Variety》에서는 "태석과 신영의 연기 케미가 좋았고 한국의 자연을 담은 영상도 뛰어났다"고 평하기도 했습니다. 국내보다 해외에서 먼저 이 영화의 진가를 알아준 깃이 안타깝습니다.

배창호 국내에서도 평가가 좋았어요. 한국영화문화상도 받았고 광주 국제영화제 폐막작이기도 했고. 기억에 남는 일화가 있는데, 지하철 안에서 일어난 일이었어요. 〈길〉이 개봉하고 몇 해 후 열차 안 내 옆의 좌석에 앉은 중년 남성이 휴대폰으로 영화를 집중해서 보고 있었어요. 그때까지 나는 휴대폰으로 영화 보는 것에 대해 부정적이었거든요. 그런데 옆의 남성이 하도 열심히 영화를 보고 있길래 궁금해져서 휴대폰 안의 영상을 힐끔 내려다봤어요. 바로 내 작품 〈길〉이었어요. 그 이후에는 휴대폰으로 영화를 보는 것에 부정적인 생각을 하지 않기로 했습니다. (웃음)

안재석 재미있는 에피소드네요. (웃음) 그래도 다행히 교수로 재직하고 계실 때 개봉을 했더라구요.

배창호 필라델피아영화제 수상 기념으로 학교 강당에서 우리 과 학생들하고 임직원들하고 같이 시사도 했고.

안재석 학생들 반응은 어땠나요?

배창호 학생들이 아주 좋아했어요. 자신들을 가르치는 교수가 직접 연기하는 거 보고 그러니까 더 친근감이 들었는지. (웃음)

안재석 이 영화가 개봉하고 몇 달 뒤인 2007년 2월에 교수직을 그만 두셨는데, 어떤 계기가 있으셨습니까?

배창호 교수직이라는 둥지가 편안하고 학생들과 함께 소통하는 것도 좋았지만 둥지를 떠나야 할 필요를 느꼈습니다. 오랫동안 구상하던 작품이 있었는데 그 작품의 추진에만 전념하고 싶었어요.

〈여행〉

안재석 〈여행〉은 〈길〉 이후 6년 만에 만드신 작품인데, 이 영화를 만들게 되신 계기부터 말씀해주세요.

배창호 2009년 평소 친분이 두터운 영화평론가이기도 한 오동진 대표로부터 제의를 받았습니다. 아리랑국제방송에서 '영화, 한국을 만나다'라는 기획으로 국내 감독 5인의 작품을 지원하기로 했는데 제작을 오 대표가 맡게 된 것입니다. 나는 제주를 배경으로 하는 작품을 하기로 했어요. 저예산이었지만 한국의 여러 장소들을 영화를 통해서 해외에 소개하는 것이 기획의도였기 때문에, 그것만 충족시키면 내가 하고 싶은 이야기를 만들 수 있고 흥행에 부담도 없었으니까요. 그리고 내가 좋아하는 제주에서 촬영할 수 있어서 더욱 좋았습니다.

안재석 이 영화는 '여행', '방학', '외출'이라는 세 편의 중편영화가 옴니버스로 구성되어 있는데, 특별히 옴니버스 구성을 취하신 이유가 있으신가요?

배창호 제주라는 영화의 배경이 정해지고 나서 스토리에 대한 아무 생각 없이 조감독과 함께 제주를 찾았습니다. 제주를 좋아한 나는 몇 작품의 로케이션을 그곳에서 했어요. 이번에는 영화의 전 배경이 제주라서 제주에 맞는 스토리를 생각해야 했습니다. 제주도의 박물관도 가보고, 유적지도 가보고, 명소에도 다시 가보고 해도 저예산에 맞는 스토리가 언뜻 떠올려지지 않았어요. 그럴 때쯤 제주 해안 길을 사이클을 타고 다니는 사람들을 자주 보게 되었고, 동행한 조감독도 제주도를 사이클로 여행한 경험이 있다기에 곧바로 첫 번째 챕터가 떠올랐습니다. 바로 젊은이들의 제주 사이클 여행이었습니다. 제목도 자연스럽게 정해졌구요. 제목이 정해지면 테마나 방향, 영화의 톤 등이 정해질 때가 많습니다. 극적인 요소를 배제하고 누구나 경험했을 만한 젊은 세대의 여행의 이야기를 구상해보니 장편보다는 중편이 맞을 것 같았고, 이왕이면 세 파트의 다른 여행의 이야기를 옴니버스로 만들어야겠다고 결정했어요.

안재석 첫 번째 챕터인 '여행'의 시나리오를 건국대 제자들과 함께 쓰셨다는 인터뷰를 봤는데, 크레딧에 각본 보조로 조감독과 스크립터 이름이 올라 있더라구요. 연출부를 제자들로 꾸리신 건가요?

배창호 모두 건국대 제자들이에요. 조감독과 스크립터를 맡은 제자들에게 "너희들이 인물 입장에 서서 여행을 한다고 상상해보라." 주문해놓고 두 사람 얘기를 들으면서 정리는 내가 했죠. 대사도 제자들이 거의 만들구요. 젊은 친구들 시각에서 나온 것들에서 선택은 내가 했어요. 어떤 선택이냐에 따라 어떤 영화가 될지 결정되는 것이니까.

안재석 준형 역의 박상규 군과 경미 역의 박주희 양도 제자들이라던데, 교수로 재직하실 때 눈여겨보던 학생들인가요? 혹시 오디션을 따로 보셨나요?

배창호 두 사람뿐 아니라 재능을 보인 학생들이 여럿 있었어요. 그들 중에서 이 작품 인물에 어울리는 제자들을 캐스팅했죠. 물론 오디션을 거쳐서.

안재석 첫 번째 챕터는 대학생들인 준형(박상규)과 경미(박주희)가 사진 공모전을 준비하기 위해 제주도를 여행하는 이야기인데요. 시나리오를 쓰실 때 지난 3년여간 학생들을 가르치시면서 소통하셨던 경험이 도움이 되셨을 것 같습니다.

배창호 교수를 하면서 젊은 세대에게 기성세대보다 섬세한 면이 있고 관찰력도 뛰어난 것을 알 수 있었습니다. 그래서 첫 번째 챕터를 쓸 때 두 제자를 신뢰했죠.

안재석 프리 프로덕션 작업은 어떻게 진행되었나요? 세 편 다 시나리오를 탈고하고 캐스팅, 장소 헌팅 등을 동시에 진행을 하신 건지, 아니면 챕터별로 따로따로 준비하신 건가요?

배창호 처음 챕터의 촬영을 시작할 때는 두 번째, 세 번째 챕터는 생각 안 했어요. 첫 챕터 먼저 찍고 와서 두 번째, 세 번째 챕터인 '방학'과 '외출'의 시나리오를 쓰고 촬영은 두 챕터를 차례대로 연달아 찍었어요.

안재석 첫 번째 챕터 촬영은 언제 시작하셨나요?

배창호 두 번째 챕터 촬영이 한여름으로 기억하니까 첫 챕터 촬영은 5월 말인가 6월인가?

안재석 시나리오에는 준형과 경미가 공사장 가름막 페인트칠 아르바이트를 하는, 여행을 떠나기 전 장면이 있더라구요. 준형이 여행 짐을 꾸리며 영화에 나오는 경미의 핑크색 우비를 챙기는 장면도 있구요. 이 장면들 촬영하셨습니까?

배창호 촬영 안 했어요. 예산이 한정돼 있어서. 총 제작비 예산이 2억 정도였으니까.

안재석 〈길〉보다도 더 적네요. 혹시나 하고 여쭤봤습니다. 전 제주도행 페리에서 시작하는 지금의 영화가 더 좋았습니다. (웃음) 준형과 경미의 여행은 용두암으로부터 시계 방향으로 제주도를 한 바퀴 도는 여정인데요, 영화 내내 해안도로를 따라 펼쳐지는 아름다운 풍경에 실제 여행을 하는 기분이 들었습니다.

배창호 함덕, 성산 일출봉을 거쳐 서귀포로 해서 되돌아오는 코스입니다. 가능하면 이 작품을 통해 제주의 여러 장소를 많이 보여주고 싶었어요. 관객들이 제주를 여행하는 기분이 들게끔.

안재석 첫 챕터는 풋풋한 청춘의 모습과 더불어 준형과 경미의 미묘한 애정 심리가 섬세하게 잘 묘사되어 있는데요, 특히 준형이 사진을 찍다 동영상 모드로 경미를 촬영하고 이를 나중에 경미가 보고 준형의 마음을 알아차리는 장면이 참 좋았습니다. 이 동영상은 경미와 싸우고 혼자 주상절리에 온 준형이 마음을 푸는 계기가 되기도 하구요.

배창호 동영상 설정은 자연스럽게 나온 거지 특별한 의도는 아니었어요. 요즘 생활이니까. 준형과 경미가 사진 공모전 준비하는 거는 여행 중의 디테일이 필요할 것 같아서 넣었구요.

안재석 사진 합성하는 장난을 치며 준형이 경미에 대한 애정을 드러내는 장면도 좋았습니다.

배창호 그건 제 자인 스크립터가 아이디어를 냈어요. 싱크로율 몇 프로 이런 것도. 나는 싱크로율이 무슨 뜻인지 처음에 몰랐어요. (웃음)

안재석 테디베어뮤지엄 장면부터 날씨가 잔뜩 흐리고 비까지 내립니다. 시나리오에도 같은 날씨로 설정되어 있는 걸 보면 원래 의도하셨던 것 같은데, 흐리고 비 오는 날을 기다려서 촬영하신 건가요?

배창호 두 사람 여행의 마지막 고비 같은 그런 느낌을 주려고 비를 설정했어요. 그렇지만 비를 기다렸다가 찍은 거 같지는 않은데. 하여튼 실제 비예요.

안재석 준형과 경미가 여행 도중에 제주도행 페리에서 우연히 본 스쿠터 타는 여인을 여러 번 마주치게 되는데, 시나리오와 영화에서 이 여인에 대한 자세한 설명이 없거든요? 어떤 의도가 담겨 있습니까?

배창호 우리도 여행하다 보면 모르는 사람들과 스치고 지나가잖아요? 준형이 스쿠터 타는 여인을 마지막으로 보는 장면이 서귀포의 주상절리에서 자신의 카메라로 발견할 때인데, 그 카메라로 포착된 여인의 모습이 어딘지 외롭고 슬픔에 젖어있어요. 아마도 무슨 사연이 있어 혼자 여행 온 것이겠죠. 세 번째 챕터의 은희(김유미)가 일상에서 탈출하여 제주에 온 것처럼. 준형과 경미의 여행 안에 다른 사람의 여행의 모습도 보여준 것이지요. 근데 준형의 카메라에 잡힌 여인의 감정 연출이 부족했어요.

안재석 거기에 진짜 은희가 있었으면 더 좋지 않았을까요?

배창호 잘 얘기했어요. 작품 끝내고 나니까 은희가 그 여자였으면 좋았을 걸 하는 생각이 나더라고. 3부 전체를 다 생각해놓고 시나리오를 썼어야 그런 디테일이 떠올랐을 텐데.

안재석 두 번째 챕터인 '방학'은 해녀 할머니(오영순)와 단둘이 사는 여중생 수연(김지은)이 어릴 때 집 나간 엄마를 그리워하다 만나는 이야기인데, 이 이야기는 어떻게 떠올리셨습니까?

배창호 두 번째 챕터는 첫 번째 챕터 촬영을 할 때 우리 숙소 근처에 동복리라는 마을이 있는데 그 마을로 아침에 산책을 나갔어요. 로케이션 촬영 때의 즐거움은 촬영 전에 잠깐의 아침 산책길인데, 그 산책길에서 문득 '다음 이야기는 여기 살고 있는 사람들의 이야기를 하자'라는 생각이 들었어요.

안재석 근데 제주도에 살고 있는 사람들, 해녀 할머니와 결손 가정의 소녀 이야기는 이해가 가는데, 거기에 엄마를 찾는 스토리가 들어가 있더라구요?

배창호 이 작품을 만들기 몇 해 전에 전라도 신안군의 비금도에서 며칠 민박하면서 가족여행을 한 적이 있어요. 그때 그 민박집 아줌마가 어느 가족의 얘기를 하는데, 그 집 며느리가 섬이 답답해서 객지로 나갔다는 얘기를 하더라고. 그게 불현듯 기억이 났어요. 그래서 수연의 엄마를 섬을 떠난 사람으로 설정하게 됐고. 마지막 장면에 딸이 "엄마 왜 떠났어?" 하고 묻자 엄마는 "답답해서"라고 대답하죠. 그렇게 떠났던 엄마가 결국은 제주로 다시 돌아와 있는 걸 수연이 찾아내는 겁니다.

안재석 이 챕터의 시나리오는 당시 중학생이었던 딸과 함께 쓰셨다구요?

배창호 두 번째 챕터는 중학교 소녀 얘기 아니에요? 그래서 딸과 함께 썼어요. 여중생의 심리나 대사는 딸한테서 많이 나왔죠. 딸이 순발력이 있어 대사가 툭툭툭 나오더라고. 그때가 기말고사 때라 집사람이 나보고 좀

심하다고 그랬을 거예요. (웃음)

안재석 재미있어 했나요?

배창호 재미있게 작업했어요. 나는 시나리오를 쓸 때 사람들의 체험을 잘 끌어냅니다. 마치 기름틀이 기름을 짜내듯이. (웃음)

안재석 "뾰로롱 뾰로롱 뿅뿅~"이런 거나 향수 이벤트 같은 것도…?

배창호 "뾰로롱~"은 만화영화에 나왔던 말을 내가 기억해냈고, 향수 이벤트는 딸의 아이디어예요. 수연의 대사, 디테일은 많은 부분이 딸한테서 나와서 생생했죠.

안재석 두 번째 챕터는 한여름에 촬영했다고 하셨는데 7월, 8월 쯤인가요?

배창호 8월 같아요. 아주 더웠어요.

안재석 챕터별로 그렇게 많은 회차는 아니었죠?

배창호 7, 8회 정도? 그래야 예산에 맞추죠. 그래서 카메라 이동 장비도 거의 안 썼어요. 촬영 막바지에 크레인을 제주영상위원회에서 빌려서 두 번째, 세 번째 챕터의 엔딩 부분에만 썼어요.

안재석 시나리오에 보면, '방학'의 첫 숏이 첫 번째 챕터에서 경미가 준형에게 카메라를 빌려서 찍으려고 했던 길가를 걸어가는 해녀의 뒷모습으로 시작합니다. 첫 번째 챕터와 두 번째 챕터의 연결고리 장면으로 설정하신 듯한데, 영화에선 물질을 마친 해녀 할머니가 바다에서 걸어 나오는 다른 장면을 쓰셨더라구요?

배창호 두 번째 챕터의 해녀 역에는 전문 연기자가 필요했는데, 이미 찍은 첫 번째 챕터의 해녀 할머니는 전문 연기자가 아니라서 첫 등장의 설정을 다르게 했어요.

안재석 이 챕터에서 엄마 역의 양은용 씨와 고모부 역의 인성호 씨 정도만 기성 배우이고 수연 역의 김지은 양과 해녀 할머니 오영순 선생님 등은 모두 낯선 얼굴들입니다. 캐스팅은 어떻게 하셨습니까?

배창호 의도적으로 제주에 사는 연기자들로 캐스팅했습니다. 해녀 할머니는 제주도에서 민속극을 하는 분이고, 수연 역의 김지은 양도 제주도 연기학원에 다니는 학생이었고, 단역들도 다 제주도 사람들이에요. 수연 친구, 학교 선생님, 시장 아주머니들까지 연기에 관심있는 현지 사람들을 캐스팅했죠. 몇 연기자를 제외하고는.

안재석 제가 좀 의식하며 봐서 그런지는 모르겠는데, 특히 이 두 번째 챕터에서는 엄마를 보고파하는 수연의 심정을 얕은 심도의 쉘로우 포커스shallow focus로 보여주는 장면들이 많더라구요? 첫 번째 챕터 같은 경우는 딥 포커스deep focus가 많아요. 그리고 엄마를 처음 보여줄 때 수연이가 찾아가기 전부터도 직접적으로 안에서 보여주는 장면보다 쇼윈도 바깥에서 보여주는 장면들이 많던데, 의도하신 건가요?

배창호 네일아트숍에서의 장면은 수연과 엄마의 심리적 거리감 같은 걸 표현한 것 같은데.

안재석 또 쇼윈도 밖에서 엄마를 바라보는 수연과 눈이 마주치고도 수연을 몰라보는 엄마를 묘사한 장면의 앵글과 편집도 좋았고, 수연과 엄마가 동네의 폐허가 된 건물을 바라보며 이야기를 나누는 장면을 뒷모습의 롱테이크로 처리한 장면도 아주 인상적이었습니다.

배창호 내가 미처 생각하지 못한 걸 느꼈네.

안재석 아, 의도 아니셨나요?

배창호 인물들을 멀리서 잡아 폐허가 된 그 건물의 쓸쓸함과 함께 보여주려고 했죠.

안재석 그러니까요. 그렇게 뒷모습으로 보여지고 나서 그다음에 두 사람이 방파제에서 마주보고 대화를 나누잖아요. 그 전에 그렇게 시작을 하니까 훨씬 더 짠하게 오더라구요.

배창호 안 감독 얘기를 들어보니 그렇겠네. 작품을 만든 감독들은 같은 장면을 여러 번 봐서 장면을 처음 보는 관객 입장이 되기 어려워요.

안재석 그 장면에서 수연과 엄마가 서로 이해하고 위로하는 모습이 보기 좋았구요. 그리고 마지막에 엄마랑 헤어지는데 앞으로 자주 만나겠죠?

배창호 그럼요. 수연이가 경쾌하게 걸어가잖아요. 음악도 경쾌하고.

안재석 저 같으면 매일 갈 거 같아요. 서귀포 얼마 안 머니까.

배창호 결말을 열어둔 거예요. 화해가 이뤄졌으니까.

안재석 '방학'의 마지막 장면도 다른 챕터들처럼 딥 포커스 롱 숏으로 보여지는 길게 뻗은 길을 걸어가는 수연의 뒷모습으로 끝냈으면 좋았을 것 같은데, 노을 진 바다를 크레인 업 하는 장면이 덧붙여 있더라구요?

배창호 다음 챕터 시작 전의 브릿지처럼 했는데. 그 숏이 사실 또 잘 찍힌 숏도 아니고.

안재석 없는 게 각 챕터, 챕터마다 공통점도 생기고….

배창호 짜릅시다. (웃음) 맞아. 없는 게 더 샤프하다.

안재석 세 번째 챕터 '외출'로 넘어가겠습니다. 김유미 선생님께서 〈정〉 이후 오랜만에 출연하셨는데요, 이번엔 쉽게 수락하셨나요? (웃음)

배창호 '외출'은 중산층의 주부가 혼자 제주도로 여행하는 내용이라서 김유미 씨와 함께 시나리오를 썼습니다. 시나리오를 쓰는 과정에서 아내가 출연하기로 서로 합의를 했던 것 같아요.

안재석 이 챕터는 중산층 가정의 주부인 은희(김유미)가 무작정 떠나온 제주도에서 홀로 여행을 하면서 재충전하는 이야기입니다. 시나리오를 쓰실 때 어떤 점에 중점을 두셨나요?

배창호 우리는 반드시 휴식을 필요로 합니다. 쉬어야 할 때 쉬지 못하면 탈이 납니다. 주부들은 가족을 위해 자신의 많은 힘과 시간을 쏟잖아요? 그러다 지치면 문득 회의가 들고 어디론가 혼자 떠나고 싶은 마음이 생기죠. 혼자의 여행은 자신을 객관적으로 바라볼 수 있는 기회가 되고 휴식을 통해 힘을 다시 얻을 수 있습니다. '외출'의 은희도 지친 상태로 제주로 혼자와 자신의 삶을 성찰하고 돌아갈 때는 새 힘을 얻어 갑니다.

안재석 은희의 버킷리스트는 누가 만든 것입니까?

배창호 김유미 씨가 만들었어요. 평범한 주부라면 혼자 여행 가서 하고 싶은 쉬운 일들을 떠올린 거죠.

안재석 은희가 아침에 해변을 혼자 거닐다가 모래사장에 떨어진 부메랑을 던지는 장면에 숨은 의미가 있나요?

배창호 그냥 자유로워진 은희를 보여준 것입니다.

안재석 김유미 선생님께서 직접 대사를 쓰시고 출연하셔서 그런지

식물원에서 만난 전 영어학원 원장인 경자(윤예인)와의 대화를 통해 입시 교육에 대한 현실을 토로한다든지 남편의 답답함을 흉보는 은희의 대사는 사뭇 현실감을 줍니다.

배창호 은희 남편의 답답한 행동들은 나를 모델로 했는데, 나뿐만이 아니라 그런 남편들 많잖아요? (웃음)

안재석 근데 '외출'은 앞의 두 챕터들과 달리 기성 배우들의 출연이 많고, 호텔 직원과 벨보이가 은희에게 보이는 행동들 같은 다분히 재미를 주기 위해 만들어진 장면이 많습니다. 톤을 이전 챕터들과 다르게 가져가신 이유가 있으신가요?

배창호 '외출'이 부분부분 좀 그랬나, 디테일이?

안재석 영화에선 삭제되긴 했는데, 시나리오에는 룸서비스를 온 벨보이가 마스크팩을 한 은희를 보고 놀란다거나 2박 하는 손님에게 하는 이벤트라며 예쁜 모양의 과일 케이크를 가지고 오는 등 그런 장면이 더 많더라구요.

배창호 디테일을 생각하다 보니 이왕이면 재미를 주려고 그랬던 거 같네.

안재석 〈러브스토리〉느낌도 나고 어떻게 보면 이게 더 영화 같잖아요. (웃음) 카페 주인인 준호(김정훈)가 통기타를 치면서 '긴 머리 소녀' 부르는 장면 다음에 이어지는 은희의 여고 시절, 20대 시절 사진 몽타주가 인상적이었습니다. 특히 김유미 선생님의 실제 사진이 쓰여서 그런지 더 아련하게 느껴지더라구요.

배창호 그렇겠네. 어느 관객이 이 사진 몽타주 장면을 보면서 "감독이 착한 사람이라는 것을 느낄 수 있었다"라는 글을 올렸어요. 아마 순수함을 이 장면에서 느낀 것 같습니다. 오동진 제작자는 이 작품을 가리켜 '퓨어리즘purism의 영화'라 했는데 일맥상통하는 느낌이지요.

안재석 은희가 경자의 펜션에 있는 노래방 기계로 '긴 머리 소녀'를 부르면서 울먹이는 장면도 참 인상적이었습니다.

배창호 나도 좋아하는 장면인데, 은희의 섬세한 감정이 잘 표출되었습니다.

안재석 시나리오에는 은희가 고장 난 렌터카에서 딸과 남편에게 온 문자 메시지를 확인하며 집으로 돌아갈 결심을 하는 장면이 영화에선 들판의 벤치에서 은희가 윌리엄 워즈워스William Wordsworth의 시 「초원의 빛 Splendor in the Grass」을 마음 속으로 낭송하는 장면으로 대체되었던데요?

배창호 콘티 작업할 때 이렇게 생각했어요. '혼자 여행 온 은희라면 독서를 했을 것이다. 독서 중에서 영화에서는 시가 좋을 것이다. 그럼 시 중에서 어떤 시로 할까? 인생의 고통에 대해서 얘기하는 게 좋겠다.' 그러다 보니까 「초원의 빛」이 떠올려졌어요.

안재석 「초원의 빛」은 원래 좋아하시던 시인가요?

배창호 좋아한다기보다는 유명한 시니까. 「초원의 빛」을 다시 읽어보니까 삶의 고통을 받아들이는 깊은 감정이 느껴졌어요. 그래서 내가 번역을 했죠. 그 시를 읽어볼까요?

안재석 네, 듣고 싶습니다.

배창호 한때 그렇게 눈부셨던 찬란함이
　　　　　이제는 영영 사라질지라도
　　　　　초원의 빛과 꽃의 영광을
　　　　　다시는 되찾을 수 없을지라도
　　　　　우리는 슬퍼하지 않고
　　　　　오히려 아직 남아 있는 것에서 힘을 얻으리라.

　　　　　그 옛날부터 있어왔고 앞으로도 함께할
　　　　　태초의 사랑 안에서

인간의 고통으로부터 솟아나는
치유의 사색을 통해
죽음을 직시하는 믿음으로
지혜로운 정신을 가져올 세월 안에서
우리는 슬퍼하지 않고 오히려 힘을 얻으리라. (배창호 번역)

안재석 여행을 마치고 제주도를 떠나가기 직전 은희는 버킷리스트를 다 지우고 바다를 바라봅니다. 그 감회가 어땠을까요?

배창호 은희의 얼굴에 잘 나타나 있어요. 미소를 짓고 있지만 현실을 받아들여야만 하는. 어쨌든 첫 장면인 제주도행 비행기에서 보여준 지친 모습의 은희와는 다른 활기를 찾은 모습입니다. 그녀의 외출은 의미가 있었어요.

안재석 은희가 렌터카로 공항을 향해 달리는 마지막 장면의 해안도로가 첫 챕터의 마지막 장면에서 준형과 경미가 자전거를 타고 달리는 도로와 같습니다.

배창호 예, 일부러 같은 장소로 했어요. '같은 길에 서로 다른 사연들을 가진 많은 사람들이 찾아오고 떠나간다. 그곳이 여행지다.' 그걸 얘기하려고 같은 장소로 했죠.

안재석 세 챕터 모두 길로 끝난다는 공통점 외에도 주인공들이 속마음을 일기장이나 노트에 쓰거나 그려서 표현하고, 핸드폰으로 셀카를 찍습니다. 혹시 의도하셨습니까?

배창호 뭐 특별히 의도한 건 아니에요. 하다 보니까 그렇게 됐네. 여행 가서 셀카들 찍잖아요. (웃음)

안재석 이 영화는 감독님의 첫 번째 디지털 작품인데, 디지털 작업은 어떠셨나요?

배창호 필름처럼 아껴 쓰지 않고 테이크를 여러 번 갈 수 있었고, 대화 신도 양방향에서 길게 찍어서 편집하기가 좋았습니다. 영상의 깊이를 표현하기 힘든 단점이 있는데, 디지털 카메라의 성능이 더욱 개발되니까 차츰 보완되리라 봅니다.

안재석 2009년 여름을 경유해서 촬영하고 가을, 겨울에 후반작업을 하셨을 텐데, 개봉을 2010년 5월 20일에 했더라구요? 이 영화가 원래 아리랑국제방송에서 기획, 투자한 거라서 TV 방영을 먼저 한 건가요?

배창호 아니, 극장 개봉하고 나서 나중에 했어요. 그게 아마 약속이었던 거 같아요. TV 영화로 인식되지 않기 위해서.

안재석 이 영화도 그렇게 많은 극장에서 개봉하지 않았죠?

배창호 서울의 두 군덴가 그랬던 거 같아. (웃음) 그러니까 이 작품 상영 중에도 나보고 "요즘 왜 영화 안 만드세요?"라고 묻는 사람들도 있었어요. 난 2000년대 들어서도 〈흑수선〉 했지 〈길〉 했지 〈여행〉 했지, 꾸준히 만들었어요.

안재석 〈여행〉이 개봉된 지 벌써 12년이 훌쩍 지나 2022년이 되었습니다. 그동안 여러 작품을 준비하셨던 것으로 알고 있는데, 지금 준비 중이신 기획이 있으십니까?

배창호 오랫동안 예수 그리스도의 생애에 관한 영화를 구상해왔고 십여 년에 걸쳐 시나리오를 썼습니다. 다음 작품으로 하고 싶은데, 때를 기다리고 있습니다.

안재석 제목이 뭔가요?

배창호 제목은 〈예수 그리스도〉예요. 〈Jesus Christ〉. 영화로는 2시간짜리 한 편씩 총 3부작으로 만들려고 하고 나중에 TV나 OTT로 하면 8부작 정도로 나눠질 수도 있겠죠. 예수의 생애라고 하니까 한국식으로 번안한 영화라고 생각하는 분들도 있던데, 신약성서의 4 복음서를 원전으로 그 시대를 배경으로 한 내용이에요.

안재석 그 작품 하시기 전에 다른 작품은 하실 생각 없으신가요?

배창호 앞일은 알 수 없으니까 다른 작품을 먼저 할 수도 있겠죠.

안재석 하루빨리 감독님의 차기작을 만나고 싶습니다. (웃음) 지금까지 감독님의 유년 시절부터 18편의 작품들에 대한 대담을 나누었는데요, 감독님의 영화관, 영화 세계를 감독님께 직접 들을 수 있어 너무 뜻깊은 시간이었습니다. 더욱이 저한테는 이 시간이 영화 공부하던 학창 시절의 꿈이었거든요. 프랑수아 트뤼포가 알프레드 히치콕과 대담한 『히치콕과의 대화Hitchcock/Truffaut』 보면서 '배창호 감독님과 이런 기회를 가져봤으면 좋겠다.' 그런 소망을 계속 품고 있었는데, 마침 감독님을 알게 되고 이런 기회가 주어져서 정말 행복했습니다. 꿈을 이루게 된 거라서. 기회를 주셔서 감사드립니다. 드디어 책이 나오네요. (웃음)

배창호 이 대담을 하면서 안재석 감독의 질문을 통해 영화에 대한 내 생각들을 다시 점검하게 된 것이 의미있는 일이었고, 독자들에게도 영화에 대한 이해를 넓히는 데 역할을 할 것이라는 생각으로 이 책을 내기로 했습니다. 안 감독, 수고 많았습니다.

대담 안재석

중앙대학교 영화학과를 졸업하고 동 첨단영상대학원 영상예술학과에서 석사와 박사학위를
취득했다. 인제대학교 영상애니메이션디자인전공 겸임교수, 한국영상자료원 한국영화사연
구소 객원연구원, 순천향대학교 공연영상학과 박사후Post-Doc 연구원 등을 거쳐 현재는 한국
영상대학교 영화영상과 겸임교수, 강원대학교 연극영화학과, 순천향대학교 공연영상학과,
홍익대학교 영상애니메이션학부 강사로 재직하며 강의하고 연구하고 있다. 석사학위 취득
후 현장 활동을 병행하며 〈YMCA 야구단〉(김현석, 2002)에서 제2조감독을, 〈슈퍼스타 감사
용〉(김종현, 2004)에서 조감독과 시나리오 각색을 담당했으며, 감독 데뷔작 〈마차 타고 고
래고래〉(2016)로 제38회 황금촬영상영화제 신인감독상을 수상했다.

배창호의 영화의 길

2022년 8월 3일 초판 1쇄 인쇄
2022년 8월 10일 초판 1쇄 발행

지은이 | 배창호
펴낸이 | 孫貞順

펴낸곳 | 도서출판 작가
　　　　(03756) 서울 서대문구 북아현로6길 50
　　　　전화 | 02)365-8111~2 팩스 | 02)365-8110
　　　　이메일 | morebook@naver.com
　　　　홈페이지 | www.cultura.co.kr
　　　　등록번호 | 제13-630호(2000. 2. 9.)

편　 집 | 손희 김치성 설재원
디자인 | 오경은 박근영
마케팅 | 박영민
관　 리 | 이용승

ISBN 979-11-90566-49-0   03680

잘못된 책은 구입하신 서점에서 바꾸어 드립니다.

값 20,000원